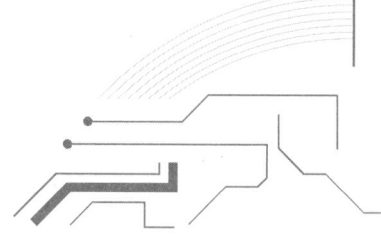

2019
E-GOVERNMENT FRONTIERS
电子政务发展前沿

主　编◎周　民
副主编◎刘建国　赵　农　徐春学

中国市场出版社
China Market Press
·北京·

《电子政务发展前沿（2019）》编委会

顾　　　问　程晓波

主　　　编　周　民

副 主 编　刘建国　赵　农　徐春学

执 行 主 编　王晓冬

执行副主编　董　超

编 委 成 员　（按姓氏笔画排序）

王皓磊　冯　雪　司宏伟　朱　雷　刘一泽

李叶钦　李毅萍　张　靓　陈国渊　舍日古楞

郑　瑜　赵　锐　韩　帅　冀俊峰　臧琳飞

主要编撰者简介

周　民　现任国家信息中心（国家电子政务外网管理中心）副主任、国家公共信用信息中心主任、高级工程师、国家大数据专家咨询委员会委员、国家电子政务专家委员会委员。近年来，主持国家电子政务外网、国家发展改革委信息安全专项、国家大数据专项、电子政务云集成与应用国家工程实验室、国家投资项目在线审批监管平台、全国信用信息共享平台、国家公共资源交易平台等国家级电子政务工程和项目建设。

刘建国　现任国家信息中心公共技术服务部（国家电子政务外网管理中心办公室）主任，高级工程师。参加第三次日元贷款项目国家经济信息系统的设计与实施，参加国家电子政务外网的项目建议书、可研报告、初步设计书的编写与项目的建设实施工作，参加国家发展改革委宏观经济先导工程、国家投资项目在线审批监管平台、国家公共资源交易服务平台、全国信用信息共享平台的建设工作。

赵　农　现任国家信息中心公共技术服务部副主任，高级工程师。近年来，参与了国家发展改革委"十一五"、"十二五"、"智慧发改"电子政务规划工作，参加了国家发展改革委电子政务系统建设，国家发展改革委政务服务大厅建设，国家投资项目在线审批监管平台建设等工作。

徐春学　现任国家信息中心公共技术服务部副主任，高级工程师，长期承担国家电子政务外网的建设运行管理等工作。近年来，致力于政务信息共享、"互联网+政务服务"领域研究，负责组织国家数据共享交换平台（外网）建设和技术保障工作。

序 言

E-Government Frontiers (2019)

当前，以信息技术为引领的新一轮技术革命正在深刻影响和改变人类社会的发展历程。大数据、人工智能、区块链等信息科学技术的深入应用正在重塑世界各国的经济发展方式、社会治理模式和国家综合竞争力。如何抓住信息化发展的机遇是每个国家不得不面对的时代命题。在信息化革命与中华民族伟大复兴进程交汇的历史时刻，习近平总书记提出要推进"数字中国"建设，构建以数据为关键要素的"数字经济"。党的十九大提出要加快建设创新型国家，推进网络强国、数字中国和智慧社会建设。这些战略部署是新时代推进国家信息化发展的重要指引和工作的根本遵循。

在建设"数字中国"的征程中，最关键的一环是要构建"数字政府"。以"数字政府"建设引领"数字经济"发展，信息化将从市场监管"得力助手"转变为经济发展的"新引擎"，促进产业数字化，使市场主体更有创造力；以"数字政府"建设促进社会治理变革，信息化推动社会治理从政府管理向社会共治转变，使传统政府向"开放、透明、参与和合作"的新型政府演进，构建智慧社会；以"数字政府"建设提升政府服务水平，信息技术促进民生保障和便民服务，不断提升公共服务均等化、普惠化、便捷化；以"数字政府"建设实现政府决策科学化，以信息技术赋能政府部门和机构，助力政府实现决策的"智慧化"升级。

实现数字政府的绚丽蓝图需要扎实做好以下几方面的工作：

一是要推动构建全国信息资源共享体系，释放数据要素潜能。深化政务信息系统整合，推动技术、业务和数据融合，实现高效的协同管理和服务。构建全国数据共享大平台，唤醒政务数据价值，推动政企数据共享，为市场注入数据要素，激发市场活力。

二是要强化信息技术在社会治理中的深入应用，实现国家治理体系和治理能力现代化。社会治理体制机制以探索创新为基础，强化市场主体、社会组织和公民参与、监督与反馈机制建设，构建各级政府开放网站，对标国际标准，提高政府管理过程和决策过程的透明度和规范化水平。

三是要以信息技术赋能政府监管和服务，助力"放管服"改革深入推进。要以人民实际需求为中心，不断优化政务服务流程、创新政务服务方式，建设好全国一体化在线政务服务平台，实现"让百姓少跑腿、数据多跑路"，强化教育、就业、社保、卫生、住房、交通、扶贫和环保等重要民生领域服务。以信息技术提高政府对市场运营和宏观经济运行情况的监测分析能力，提高政府对社会风险的防范和处置能力。

四是要切实保障国家网络和信息安全。要加强关键网络和信息基础设施安全保护，强化国家关键数据资源保护能力，增强应对信息安全风险挑战的能力。

实现数字政府发展的美好愿景需要信息化工作者持之以恒、不断开拓进取，同时，也要保持国际视野、学为己用。长期以来，国家信息中心紧密追踪国际电子政务发展趋势和动向，精心打造"电子政务发展前沿"系列丛书，选编发达国家电子政务发展战略规划、政策法规、管理方法和最佳案例，是我国电子政务领域的品牌书刊之一。《电子政务发展前沿（2019）》紧扣时代主题，内容涵盖数字经济、大数据发展和前沿技术与应用等，对于我国建设数字政府具有很高的科研学术价值和现实借鉴意义。相信本书能够给予我国广大电子政务工作者重要参考和借鉴，助力把握趋势、更新观念、改进工作，为我国数字政府建设注入新的活力和智慧。

发展中国家科学院院士
中国科学院虚拟经济与数据科学研究中心主任
中国科学院大数据挖掘与知识管理重点实验室主任

目录

E-Government Frontiers (2019)

第一部分　数字经济篇——001

澳大利亚数字经济发展概述

　　一、概述　/ 005

　　二、数字经济发展背景　/ 007

　　三、促进和支持数字经济　/ 012

　　四、构建优势竞争领域　/ 020

　　五、赋予澳大利亚公民数字权力　/ 024

走向欧洲一体化数据空间

　　一、简介　/ 029

　　二、数据驱动社会经济效益增长　/ 030

　　三、公共数据激发服务创新发展　/ 032

　　四、私营数据促进竞争力显著提高　/ 035

　　五、总结　/ 050

欧洲数字化单一市场战略

　　——建设欧洲统一的物联网市场

　　一、物联网的基本介绍　/ 055

二、建立统一物联网市场的战略导向　　／057

　　三、建设欧洲统一的物联网市场　　／060

　　四、促进欧洲物联网生态系统蓬勃发展　　／068

　　五、建设"以人为中心"的物联网　　／072

　　六、政策建议和启示　　／075

美国信息基础设施的数字化转型
——联邦政府信息技术现代化报告

　　一、网络现代化改造与整合　　／081

　　二、构建支撑共享服务的网络架构　　／094

　　三、结论　　／107

第二部分　大数据发展篇——109

开放数据晴雨表（引领者版本）
——从承诺到进步的演化

　　一、数据开放的十年历程　　／115

　　二、开放数据引领者的成就　　／118

　　三、开放数据的治理　　／126

　　四、数据开放政策建议　　／138

美国实时与开源分析资源指南

　　一、引言　　／146

　　二、ROSA工具的功能　　／147

　　三、ROSA助力刑事情报、调查和公共安全　　／148

四、对隐私、公民权利与公民自由的考量　／152

　　五、操作安全　／155

　　六、消除冲突　／156

　　七、传播与ROSA相关的信息或情报　／157

　　八、重新评估现有的政策、程序、产品和资源　／157

　　九、与ROSA相关的培训　／158

　　十、面向使用ROSA的执法部门和分析人员的具体建议　／160

德国第一个开放政府国家行动计划（2017—2019年）

　　一、德国开放政府国家行动计划介绍　／172

　　二、德国开放政府国家行动计划任务　／177

第三部分　新技术应用篇——189

区块链技术原理与实践应用

　　一、区块链介绍　／193

　　二、比特币介绍　／203

　　三、财政金融应用　／212

　　四、医疗健康应用　／216

　　五、政策建议　／222

区块链技术及应用

　　——电子政务发展的新疆域

　　一、区块链技术简介　／227

　　二、数字货币及智能金融监管体系　／237

三、政务服务创新应用 / 243

四、公共服务应用 / 260

五、技术局限性和理解误区 / 270

全球挑战：区块链解决方案
　　——全球区块链商业理事会（GBBC）2018 年度报告

一、区块链呈现快速可持续发展态势 / 279

二、区块链应用概况 / 289

三、政策建议 / 301

英格兰与威尔士的国家监控摄像机战略

一、引言 / 309

二、构想 / 312

三、任务 / 312

四、为什么我们需要一个战略 / 313

五、挑战 / 316

六、前景 / 320

七、目标 / 322

八、实施和时间安排 / 323

九、管理 / 323

E-Government
Frontiers（2019）

第一部分
数字经济篇

澳大利亚数字经济发展概述

编 译：董 超
译 审：舍日古楞

国家电子政务外网管理中心主办

编者的话

近年来，数字经济作为一种新的经济形态，在全球范围内得到快速发展，成为经济发展的新动能。面对数字经济的发展大潮，各国纷纷提出数字经济发展战略，制定有效政策措施，积极推动数字经济引领本国经济实现新的增长和提升。

作为传统的经济和信息技术强国，澳大利亚一直致力于发展数字经济，并将发展数字经济提升为国家战略，预期到2020年，将澳大利亚建设成为世界领先的数字经济体。本文从以下三个方面阐述澳大利亚发展数字经济的规划。一是促进和支持数字经济。澳大利亚政府计划从数字基础设施建设、数字标准和规范、数字信任、信心和安全等方面入手，构建一系列完整的数字经济发展配套体系，支持澳大利亚数字经济的发展。二是构建数字经济竞争优势。澳大利亚政府制定和启动了国家创新和科学议程，在数字信息技术优势基础上，借助国际平台优势，结合金融、法律等传统领域优势，构建澳大利亚数字经济竞争新优势。三是赋予澳大利亚公民数字权利。澳大利亚致力于提高公民数字素质，推出了一系列措施帮助女性、老年人等特殊人群提高数字素质，让所有澳大利亚公民都享有数字权利。

我国目前正在积极实施"网络强国"战略，推进"数字中国"建设，各级政务部门正在国家的统筹部署下，逐渐整合部门信息系统和信息资源，构建全国一体化的政务服务平台，释放市场活力，优化便民服务，全方位促进数字经济发展。数字经济的发展需要我们坚持探索，不断创新，也需要我们拓宽视野、充分吸收和借鉴发达国家的好经验。希望此文能够对我们的工作有所启发和参考，更好地促进我国数字经济的发展，助力我国经济实现高质量转型升级。

编　译：董超　　译　审：舍日古楞

澳大利亚数字经济发展概述

一、概述

科学技术的迅猛发展正在改变人们的生活、工作和商业活动，这些改变不仅为澳大利亚带来了挑战，也为保障澳大利亚民众就业、增加澳大利亚民众财富提供了机遇。

数字技术蕴藏着巨大的潜力，推动国家竞争、创新和生产力的不断发展。数字技术可以促进社会融合发展，促进环境保护、教育和养老等社会问题的解决，为社会营造和谐氛围。

有证据显示，数字技术发展带来的商业投资会刺激生产率的提高。澳大利亚企业在利用数字技术方面还存在巨大潜力，需要充分利用数字技术来建立多元、灵活的国家经济，使企业抓住国内外发展机遇，提高企业生产力，发挥企业竞争优势，在国际市场上更具有竞争力。到2025年，数字技术的使用将为澳大利亚的国内生产总值带来1400亿到2500亿美元的收入。

科学技术的迅猛发展正在改变澳大利亚民众的生活、工作和商业活动，这些改变不仅为澳大利亚的工业、工作和团体带来了挑战，也为保障澳大利亚民众就业、增加澳大利亚民众财富提供了机遇。

（一）本文的目的

本文旨在与所有澳大利亚民众开展对话，希望民众能为澳大利亚数字经济的发展提供好的想法。本文主要考虑更广泛意义上的数字经济，其中涉及以下三个主题：

（1）促进和支持数字经济（主要从数字基础设施建设，数字标准和规范，数字信任、信心和安全等方面入手）；

（2）构建竞争优势，提高生产力和数字业务能力；

（3）赋予澳大利亚公民数字能力的权利。

（二）数字经济战略

2017年9月19日，澳大利亚政府宣布发展"数字经济战略"。该战略为政府机构、私营部门和社会团体的共同协作制定了工作路线：

（1）构建和开发新的竞争优势：

①发展现有工业生产力；

②借助经济形势的变化；

③开拓新的经济增长点。

（2）发展全球领先的数字业务能力，致力于企业的全球化创新和高速发展。

（3）培养终身学习、全球化视野的文化思维模式，积极应对经济形式变化。

（4）解决技能和信心上的"数字鸿沟"，帮助所有澳大利亚人在数字经济中取得成功。

澳大利亚政府将于2018年上半年启动这一战略，战略将为民众讨论澳大利亚的数字未来提供平台。为了确保战略的有效落实，澳大利亚政府将与企业和社会团体保持对话沟通。汇集、完善和构建现有倡议体系，支持多个跨机构的数字经济倡议。随着时间的推移，将不断对战略进行调整。

二、数字经济发展背景

"数字经济"涵盖了受信息和通信技术所影响的所有经济和社会活动，包括诸如银行、商业、在线教育和娱乐等。数字经济与经济密不可分，它影响着经济活动的各个方面，影响着澳大利亚民众的日常生活方式。同时，各行业也逐渐意识到，数据正在改变它们的行业内部结构，行业间界限逐渐变得模糊，竞争模式也随之发生改变。作为一个经济体和一个社会团体，我们需要做好随时应对变化、把握数字经济发展机遇的准备。

> 过去十年以来，全球经济发生了巨大变化。智能手机已无处不在，全球科技公司迅速崛起，全球经济在金融危机后逐渐转型。许多澳大利亚人认为，当前的数字变革浪潮（第四次工业革命）与澳大利亚以往所经历的所有变化都不同。要确定未来是不可能的，但是，随着科技的不断进步，可以预期过去十年的变化在将来也会继续出现。

（一）澳大利亚的数字化准备

澳大利亚在数字经济中的表现喜忧参半。澳大利亚民众能够充分利用网络技术，截至2016年上半年，91%的澳大利亚民众能够访问互联网，数据下载量同比增长52%，超过了220万兆字节。

然而，在数字化基础设施建设方面，尤其是在高速发展的数字业务中，澳大利亚却相对落后。目前，澳大利亚在世界经济论坛公布的"网络就绪指数"（Network Readiness Index，该指数是衡量各国利用信息和通信技术提高竞争力和福利能力的指标）排名中名列第十八位，比前一年下滑了两位。在信息和通信技术的商业应用方面，澳大利亚的排名更差，仅排在第二十四位。在政府数据开放方面，基于万维网基金会评估的经合组织国家数据开放的准备及影响准备比例，澳大利亚的排名均有所下降，排在第五位。如图1所示。

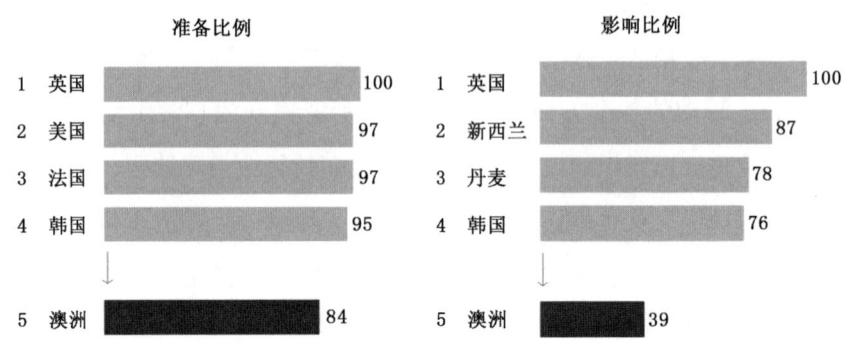

图1　基于万维网基金会评估的经合组织国家数据开放的准备及影响准备比例

世界各地的企业和政府正在培育先进的数字科技能力，研发经费的倾斜也为企业提供了洞察未来发展的能力。据普华永道《全球创新1000研究报告》显示，由于意识到未来巨大的市场利润，那些致力于数字科技的公司正在将资源由实体产品转向软件和服务领域。世界各地的企业正在开发强大的数字技术库。随着数字经济打破市场准入的空间障碍，国外优秀的企业逐渐成为澳大利亚企业的竞争对手。

麦肯锡最近的一份报告发现，澳大利亚工业的数字化率并不均衡，其潜力尚未得到完全开发。金融和专业化服务等知识密集型行业处于领先地位，而建设和农业等行业的数字化水平仍然较低。如图2所示。

（二）存在巨大的发展潜力

尽管澳大利亚面临着重要的数字经济发展机会，但澳大利亚的企业和政府部门迄今为止对数字技术的采用仍显得不完整和不均衡。因此，大多数的澳大利亚公司离真正的"数字前沿"还有一段距离，澳大利亚还需要更加充分地利用现有数字技术。

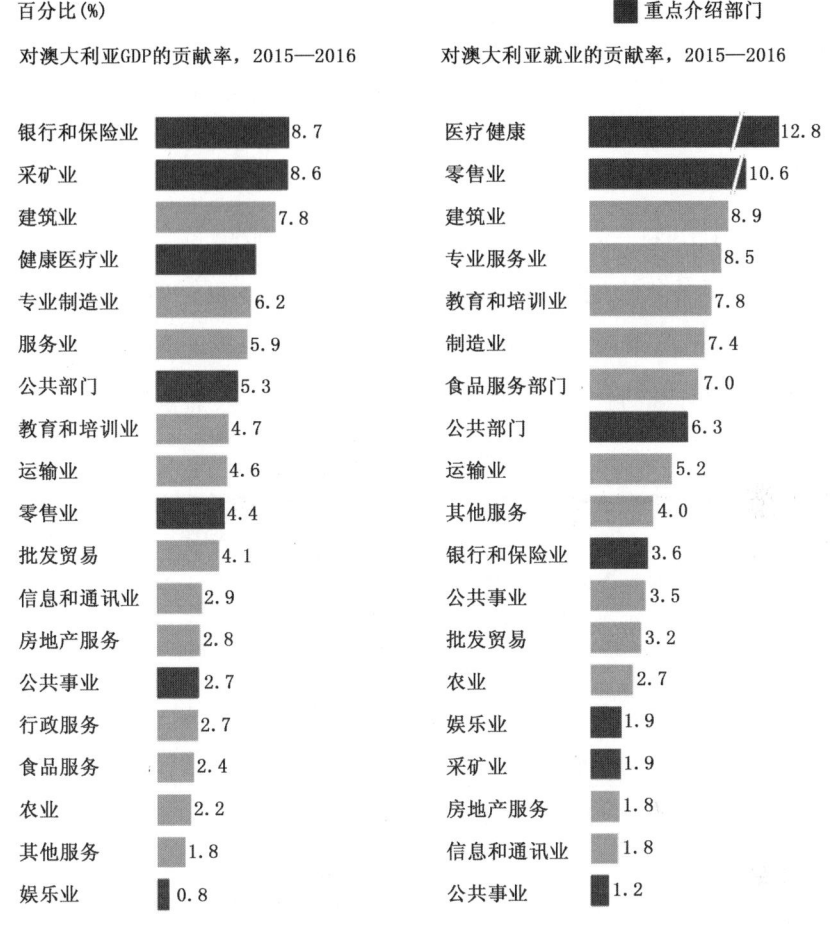

图2　澳大利亚经济主要部门的数字机遇

为了衡量澳大利亚企业和部门的数字化程度，本报告使用了麦肯锡的数字化指数，该指数已经用于绘制美国和欧盟工业部门的数字成熟度图。

衡量数字化的影响需要从数字资产、使用和劳动力的角度出发。

麦肯锡全球研究所开发了一个数字化指数，通过数字资产、数字使用和数字劳动力来审视整个经济部门。该指数提供了关于企业如何投资数字能力、如何部署数字技术与客户之间进行交互，数字化它们的供应链和流程，创造一个数字化的劳动力，数字化工作本身。该指数是对任何给定部门的数字化"成熟度"的综合度量。

本报告使用该指数来度量澳大利亚的数字化程度。体系包括了 37 个指标，详见表 1 所示。在测量数字资产方面，考虑了在计算机系统、互联网和电信上的商业支出，以及 ICT 资产的库存。使用度量包括行业对数字订购、数字营销和社会技术的使用，以及采用数字供应链、业务流程与客户相互作用。对于数字劳动力类别，测量了数字职业中每个部门的工人比例，以及基于每个工人的计算机系统支出。虽然每个部门的数字化水平在某种程度上会由于其独特的特性而有所不同，但是每个部门相对于其他部门的得分，对该部门的数字化水平和数字化潜力产生了有价值的洞察。

表 1　数字化指数指标体系

		度量	描述
资产	数字金融	更换硬件	更换 IT 硬件的费用
		升级硬件或软件	IT 硬件或软件升级的费用
		新置硬件或软件	购买新硬件或软件的费用
	数字支出	计算机系统占所有支出的比例	计算机系统占所有支出的比例
		互联网支出（包括电信）	互联网和电信支出占总支出的比例
	金融资产股票	计算机软件净资本存量	计算机软件净资本存量占总净资本存量的比例
使用	交易	企业在线接单	通过互联网接单的企业的比例
		企业在线下单	通过互联网下单的企业的比例
	数字供应链	自动化供应商业务系统比例	自动化供应商业务系统比例
		客户系统自动化	客户自动化业务系统的占比
		替代品重购自动化	自动重新订购更换耗材的比例
		开票和付款自动化	自动开票和付款的比例
		生产或服务运营自动化	生产或服务操作自动化的比例
		物流自动化	自动化物流（包括电子交付）的占比
		营销业务自动化	自动化营销业务比例

续 表

		度量	描述
使用	客户服务互动	互联网接入企业	互联网接入企业的比例
		拥有网络的企业	拥有网络企业的比例
		拥有社交媒体的企业	拥有社交媒体企业的比例
		拥有社交媒体的企业	ASX300 公司的 Facebook 和 Twitter 帖子数量
		使用社交媒体进行营销	使用社交媒体开发公司形象或市场产品企业的占比
		使用社交媒体进行客户沟通	使用社交媒体与客户沟通的企业的占比
		使用社交媒体进行产品开发	使用社交媒体让客户参与产品开发或创新的业务占比
		使用社交媒体与合作伙伴进行协作	使用社交媒体与企业合作占企业合作的占比
	流程	IT 在会计流程中的使用	会计流程中 IT 使用的范围
		IT 在生产过程中的使用	生产过程中 IT 使用的范围
		IT 在发票流程中的使用	发票流程中 IT 使用的范围
		IT 在库存控制过程中的使用	库存控制过程中 IT 使用的范围
		IT 在业务规划流程中的使用	IT 在业务规划流程中的使用范围
		应用程序用于前端进程	ASX300 公司的 iTunes 和 Google Play 应用程序数量
劳动力	策略和创新	研发支出	研发支出占总投资的比例
		风投资金	风险投资资金占总投资的比例
		在年度报告中使用"数字"次数	每份 ASX300 公司年度报告中每页出现"数字"一词的次数

续 表

		度量	描述
劳动力	数字化工作	数字工作的占比	根据 ASX300 公司计算的，在 LinkedIn 上包含"数字"，"数据"或"软件"字样的职位数量占 LinkedIn 工作总数的比例
		员工在家工作的能力	员工有能力在家工作的比例
	每个工人的数字支出	每人计算机系统支出	每位员工在计算机系统上的支出
	数字人才	社交媒体招聘	使用社交媒体进行招聘的企业的比例
		相关数字签证工作	相关数字签证工作的份额

（三）政府和私营企业的角色

新兴数字技术正在改变工业和商业的工作模式。在大多数情况下，市场会自发地进行数字化转型（Digital Transformation），而不需要政府过多的行政干预。然而，在某些领域，却可能需要政府的参与，例如，在与偏远地区的连通上、在控制安全风险上等。政府和私营企业在应对这些新的挑战方面有着共同的责任和共同的利益。

除了更大经济效益外，政府可以通过让民众感受数字科技和公共数据给生活带来的便捷来提升政府形象，同时，政府也可以作为主要的客户和投资者推动澳大利亚的工业现代化。例如，海军造船计划就是政府通过投资现代化的造船设施和流程来支持澳大利亚工业的发展和创新。

三、促进和支持数字经济

（一）数字化基础设施

民众对数据收集、存储、传输和分析等数字化基础设施的需求日益增长，为了参与数字经济，推动企业创新，提高企业生产力，澳大利亚政府需要提供高质量、性能可靠的通信服务，以及基础数据、平台和协议，以支持政府的数字活动。

1. **连通性**

澳大利亚政府通过向全国宽带网络投资 295 亿美元，让所有澳大利亚家庭和企业使用可负担得起的高速宽带。宽带服务范围已经覆盖了超过 600 万户家庭和企业，服务网络也正日趋完善。同时，随着政府宽带网络建设进程的加速推进，预计到 2020 年，宽带网络覆盖的家庭将达到 800 万户。

截至 2016 年 6 月，4G 移动网络已经覆盖了澳大利亚 98% 的人口，政府第一轮和第二轮的"移动热点计划"（Mobile Black Spot Program）正计划建设 765 个新移动基站，使澳大利亚偏远地区能够覆盖移动宽带。政府在这项计划中已经先后投入了近 6 亿美元，资金主要来自运营商、各州和地方政府以及第三方。政府同时承诺将花费其中的 6000 万美元优先建设特定地区。

政府将通过实施"频谱审查"（Spectrum Review）来了解频谱接入的进程，确保澳大利亚的移动宽带服务紧跟新兴技术并符合国际标准。

随着对数据和连通性需求的持续增加，工业领域正在寻找像 5G 这样的前沿技术来满足需求。例如，2018 年在黄金海岸举办的英联邦运动会上，观众们首次体验到了 5G 移动技术。

新兴技术：5G 技术

5G 技术是第五代移动技术，始于 20 世纪 90 年代的第一代移动技术（1G 技术）。它是建立在前一代移动技术（4G 技术）的基础上，其预期的带宽会得到大幅度提升，并有可能使成千上万的人和设备相互连接，且连接到互联网。虽然 5G 技术在 2020 年后的应用仍不明朗，但 5G 技术将会为诸如物联网、智能住宅、城市和文件共享等服务提供前所未有的机遇。

互联网可能会进一步改变我们的经济。诸如分布式平台技术（如区块链技术）和机器学习技术将助力整个经济体的创新和生产力的提高。

澳大利亚有机会在包括人工智能、机器人学、隐私保护分析和计算机法律等关键技术中构建核心竞争力，这些技术可以为澳大利亚工业的规模发展提供解决方案。

新兴技术：人工智能技术

人工智能，也称 AI，结合如硬件、软件、机器学习、自然语言处理和计算能力等多种技术使机器智能化。AI 技术不仅能推动生产力的改善，也能帮助人类减少重复性的工作。

数据是一项重要的经济财富。它可以刺激经济增长、促进企业创新和改善企业服务，但数据目前仍未被充分利用。大约有 90% 的世界信息产生于过去两年，但只有不到 5% 的数据被实际分析和使用过，澳大利亚企业中有 75% 的企业都认为数据分析对其业务发展并不重要。如果再不收集和使用已有数据，并有效地协调数据的隐私性、保密性和透明度，澳大利亚企业可能很快就会发现自己处于不利地位。

2. 数据共享

澳大利亚政府正在投资建设"政府一体化"工程，这将为企业和研究人员提供机会，同时也确保数据隐私问题得到妥善处理。该工程目的是：对《生产率委员会调查报告》（*Productivity Commission's Inquiry Report*）中数据获取和使用的反馈，收集来自不同政府部门的数据资产，以及增加高价值数据集的数量和可用范围。

例如，政府发布的"澳大利亚地理编码国家地址文件"（Australia's Geocoded National Address File，一个高价值的数字数据集），在推进创新方面迈出了重要的一步。地理编码地址数据可用于多个场景，包括个人导航应用程序和基础设施规划等,澳大利亚是世界上少数几个公开公布这些数据的国家之一。

政府已委托开展独立审查,调查澳大利亚的《开放银行制度》,报告于 2017 年年底公布。该制度将让澳大利亚民众更容易获得个人的银行数据,并有可能改变澳大利亚民众与银行系统的交互方式。

(二) 标准和规则

随着云计算、物联网、自主系统、可信数据分析和下一代数字产品、服务和应用等数字技术的发展,社会对这些技术的标准和规则的统一有着急切的需求,这对政府、决策者、监管机构、标准制定部门提出了重大挑战。

随着技术的进步,过时的或不相关的监管会扼杀创新、提高成本。企业可能会发现自己身处监管的灰色地带,旧的立法可能无法预见新出现的风险。例如,我们需要考虑与新兴技术相关的社会和伦理问题,如人工智能和自治系统等。

作为一个小型开放的经济体,澳大利亚如果想参与全球产业链,还需要参与制定国际公认的标准和规则。

1. 参与全球数字经济

政府参与世界经合组织(OECD)、20 国集团(G20)等国际组织,有助于促进澳大利亚的经济发展,并影响国际数字经济政策的制定。澳大利亚正与三个主要的经合组织成员国合作,助力澳大利亚的经济发展、企业创新和数字政策平台的建设,并通过经合组织的研究和其他国家的反馈获得政策支持。同时,澳大利亚高度重视 G20 合作论坛。2017 年在德国举行的 G20 峰会就数字经济中的问题进行了讨论,2018 年在阿根廷举行的 G20 继续就包括数字融合(Digital Inclusion)在内的数字经济等话题进行深入讨论。

澳大利亚的市场正在进行数字化转型,其速度比现有法律更新的速度要快得多。数字平台通过向消费者和小企业提供以往只有大公司才能获取的信息来解决信息不对称问题,并通过降低市场的准入门槛来解决其他竞争问题。然而,新技术可能会给社会带来包括隐私、安全和道德问题在内的新的社会风险,这其中也包括计算机自控系统为我们或我们使用的工具(例如自动驾驶汽车)做决策所带来的风险。数字化转型也会通过控制数据、网络和平台,帮助我们构建市场力和提高其他企业的进入壁垒。

数字化促进澳大利亚监管改革。随着科技公司进入金融、零售和医疗保健等新型领域,传统行业逐渐受到冲击,行业间的区分也越来越模糊,我们再采用分部门式传统的监管方式也就不合时宜了。这些变化已经影响到政府的监管体系。例如,政府通过对在线购买的低价值进口商品征收服务税并打击跨国避税,为澳大利亚中小企业提供公平的竞争环境。这些新技术还可用于简化业务和自动合规等方面。

2. 数字政府服务

澳大利亚民众希望能在线访问政府机构。调查显示,超过1/3的澳大利亚民众更青睐于在线访问政府机构,该选择方式在中小企业中的占比则更高,达到45%。这正是政府建立"数字化转型委员会"(Digital Transformation Agency)推动政府数字化转型的主要原因。

数字化转型委员会旨在提高澳大利亚公共服务部门的数字交付和政府ICT建设的能力。政府有三个主要的数字化转型目标:

(1) 着力推动政府服务向数字化转型;

(2) 显著提高个人与企业的数字化经验;

(3) 努力改善纳税人花在ICT上的资金成果。

澳大利亚的联邦、州和地方等各级政府在《国家业务精简计划》(National Business Simplification Initiative,NBSI)的基础上共同努力,让企业更容易与政府合作。该计划旨在通过为企业提供更好的数字服务和精简化的监管，为企业带来真正的成本节省，让企业可以专注于业务发展，创造更多的就业机会，开发新产品和开拓新市场。

新南威尔士州政府在 NBSI 的基础上，将商业登记服务系统与新南威尔士州政府服务系统联系起来，使该地区咖啡馆、餐馆的开办更快、更容易。将来，该倡议也将扩展到其他地区和部门。

> **标准**
>
> 　　有效的标准对数字世界的成功至关重要。例如，智能城市、先进制造业、数字医疗保健和金融科技等都依赖于系统集成和交互操作的发展程度。鉴于科技的全球流动性，国际统一标准可以通过确保技术的跨地区交流，帮助企业提高效率，提高生产力，并最大化企业的发展。
>
> 　　世界经济论坛的一项研究显示，47% 的受访者表示，建立和促进共同标准是政府需采取的一项重要措施，有助于推动工业物联网的发展。

3. 制定国际标准

作为澳大利亚工业 4.0 战略的一部分，澳大利亚标准局正组织参考架构、标准和规范专题组制定标准。工业 4.0 战略又被称为第四次工业革命，成功采用工业 4.0 标准对于澳大利亚制造业保持全球竞争力至关重要。

专题组现已与德国工业 4.0 战略组签署合作协议，拟在四个工作流程中进行合作，共同应对工业 4.0 发展过程中的挑战。这些挑战包括参考架构、标准和规范，支持中小企业，工业 4.0 试验平台，网络系统安全、教育和培训等。

澳大利亚标准专题组能帮助澳大利亚政府了解并参与全球的最新动态，也能确保澳大利亚参与国际标准的制定。

> **新兴技术：区块链技术**
>
> 　　分布式分类账本技术（例如区块链技术）有可能彻底改变现行的金融交易和服务方式。它可以应用于任何需要经过验证和信任才能交易的地方，如健康、政府服务、房地产、媒体、能源等。区块链技术允许各方进行交易而无须中介（如银行）来验证交易。澳大利亚财政部和联邦科学与工业研究组织（CSIRO）已经进行了一次联合审查，检查分布式分类账本技术的潜力及其对政府和其他相关行业的影响。在区块链标准制定方面，澳大利亚也走在世界发展的前列。

（三）信任、信心和安全

　　网络参与往往与国家安全、网络犯罪和数据泄露等网络风险息息相关。个人层面上，部分公民也特别容易受到网络威胁、网络暴力和诈骗等影响。

> **网络威胁**
>
> 　　澳大利亚的网络威胁意识和准备程度正得到强化。澳大利亚企业受到越来越多的恶意网络攻击。据统计，2016 年，59% 的澳大利亚企业每月至少会检测到一次造成业务中断的安全漏洞，该数据是 2015 年的两倍多。虽然企业正在积极地采取防御措施。据"澳大利亚网络犯罪在线报告网络"（Australian Cybercrime Online Reporting Network）公布的数据显示，2016 年勒索软件的数量是 2015 年的两倍多。同时，在应对网络威胁方面，据澳大利亚网络安全中心最新的调查显示，71% 的受害企业已制定网络安全响应方案，而该比例在 2015 年仅为 60%。

1. 网络安全

澳大利亚政府已将网络安全确定为国家繁荣与安全的关键因素。网络安全战略（Cyber Security Strategy）旨在确保澳大利亚在互联世界中的繁荣，其战略重点包括：构建国家网络同盟关系，提升网络防御能力，明晰全球责任和影响，培育成长与创新环境，建立智能网络国家等。

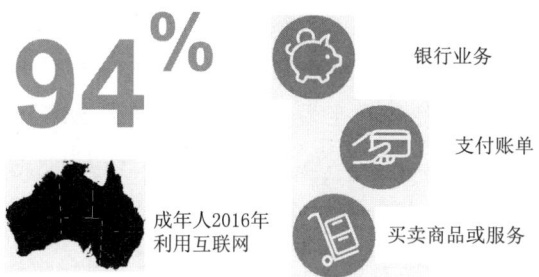

网络诈骗和隐私风险

随着澳大利亚民众上网时间越来越多，他们极易受到网络诈骗和网络犯罪的威胁。据澳大利亚竞争和消费者委员会（Australian Competition and Consumer Commission，ACCC）报道，2016年网络诈骗造成的损失高达4840万美元。

澳大利亚民众也越来越关注与新型技术同步发展的隐私风险，以及网络安全威胁。一项调查发现，69%的澳大利亚民众比五年前更关注他们的在线隐私。然而，在保护个人信息方面，大多数澳大利亚民众却并不使用安全和隐私设置，同时，超过60%的澳大利亚民众也不会定期阅读在线隐私策略或调整社交媒体网站上的隐私设置。

> **澳大利亚的网络安全行业**
>
> 全球网络安全市场预计将从2015年的约1000亿澳元增长到2020年的2000多亿澳元,澳大利亚企业有机会从中分得一杯羹。澳大利亚的网络安全行业规模不大,但发展迅速,雇用了约19000名员工,部分员工作为组织内部网络安全人员,部分则成为网络安全的提供商。
>
> 拥有更强大的网络安全行业将能提升澳大利亚的全球声誉,同时,这也将对国家的经济产生溢出效益。据德勤预测,到2030年,澳大利亚企业对网络安全的关注将会使商业投资增长5.5%,并将新增就业6万人。

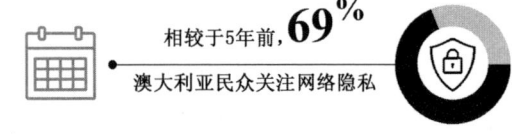

2. 促进澳大利亚网络安全行业发展

根据国家创新和科学议程(National Innovation and Science Agenda)计划,政府承诺将投入3050万美元建立澳大利亚网络安全型增长网络(Australian Cyber Security Growth Network,ACSGN)。ACSGN是一家独立的非营利型公司,由行业领导者推动建立。该网络通过对私营部门、政策制定者和研究人员的访谈,制定部门竞争性计划(Sector Competitiveness Plan),并帮助澳大利亚成为应对网络安全问题的全球领导者。

四、构建优势竞争领域

采取和使用数字技术可以推动经济发展,数字化程度高的企业往往比那些数字化程度低的企业拥有更高的生产力和更强的竞争力。当企业需要提高生产率时，这种能力将成为企业重要的经济增长动力。

> 澳大利亚在金融、法律研究、基础设施和劳动力等领域具有优势。政府有能力推动和发展网络安全等新兴数字产业。现有的诸多竞争性行业，如资源业、制造业、金融和保险服务业，都在利用科技推动经济增长。包括新型传感器、大数据分析、云计算和物联网在内的各项数字技术，正在为澳大利亚各行各业带来生产效益。
>
> 澳大利亚企业并没有根据国际标准迅速采取新技术，并且，在经合组织的一系列数字指标中，澳大利亚也只排在中间位置，若不改良技术，澳大利亚将会面临进一步落后的风险。
>
> 在个人业务层面上，许多澳大利亚企业在数字技术的使用方面也处于追赶状态。虽然大多数企业都已接入互联网（95.3%），约一半企业拥有网站（50.1%），然而，只有较少的企业拥有在线媒体平台（38.2%）。

（一）国家创新与科学议程

澳大利亚政府于 2015 年 12 月启动了总投资 11 亿美元的国家创新和科学议程（The National Innovation and Science Agenda，NISA），该议程为由创新引领的经济增长提供了坚实的基础。NISA 方案包括资助硅量子集成电路的开发（这是开发实用量子计算系统的第一步），以及鼓励澳大利亚年轻人创造和使用数字技术的举措。NISA 还支持澳大利亚领先的数据科学创新网络的发展。目前，NISA 计划中超过 80% 的部分已经实施，我们将继续开展更多工作，同时，《澳大利亚创新与科学 2030 战略计划》（*Innovation and Science Australia's 2030 Strategic Plan*）也将为之提供诸多信息。

> **新兴技术：量子计算**
>
> 　　量子计算机可以借助量子物理的力量快速解决更复杂的问题。普通计算机只能逐条检查可能存在的问题，而量子计算机却可以并行检查，这节约了大量的计算时间。量子计算有望改变澳大利亚和全球企业的发展方式——从进行财务分析的银行，到规划最佳物流路线的运输公司，再到设计和提供个性化药品的医疗保健公司，等等。
>
> 　　澳大利亚也有望成为量子计算领域的全球领导者。澳大利亚政府正在发展和建立量子生态系统，这将为澳大利亚创造新的增长和就业机会。

　　工业发展中心倡议（Industry Growth Centre Initiative）通过相互协作、行业引领的方式，帮助关键部门提升能力，助力澳大利亚企业提高国际竞争力。这些关键部门包括先进制造业，网络安全，食品和农业综合企业，医疗技术和制药，采矿设备、技术和服务，石油、天然气和能源资源企业等。

　　数字化不仅适用于大型企业和初创企业，同时也适用于澳大利亚经济重要引擎的中小型企业。数字技术可以让中小型企业的运行更高效、更智能，并使其源源不断地获得新客户、市场和信息。虽然有诸多的优势，但在数字技术的应用方面，小型企业却常常落后于大型企业。澳大利亚拥有210万家中小企业，占企业总数的97%，雇用的员工占澳大利亚劳动力的40%以上，生产总值占澳大利亚国内生产总值的33%。但许多小企业并没有意识到数字技术的潜力，据联邦银行的研究发现，80%的中小企业推迟采用可提供长期效益的数字技术。

　　澳大利亚国内数字技术的发展将支持企业和消费者参与全球数字化贸易。全球电子商务销售持续快速增长，其占零售总额的比例预计将从目前的 10% 增长到 2026 年的 40% 以上。虽然很大比例的电子商务仍在国内进行，但数字贸易的本质意味着各种规模的企业都可以轻松地瞄准全球市场，这种潜力甚至延伸到以前没有能力开拓海外市场的小企业上。澳大利亚企业可以利用澳大利亚良好口碑的优势，成为全球安全、优质产品的提供商。数字贸易不仅仅包括在线买卖商品和服务，还涵盖了跨境传输信息和数据等。随着互联网使用的增加，亚太地区的数字贸易增长潜力巨大，这也增加了澳大利亚企业出口数字商品和服务的机会。

（二）新方式使用电脑游戏

游戏创新和互动内容开发的潜在收益非常明显。例如，澳大利亚神经科学研究所（Neuroscience Research Australia）研究踩踏练习等多种游戏，用于帮助患有多发性硬化症的患者培养他们的平衡能力，同时，矿山救援组织（Mines Rescue）提供的虚拟现实训练也在彻底改变着矿工的安全教学模式。另一个例子是获奖的在线互动游戏——航海旅程（The Voyage Game）。该游戏由澳大利亚国家海事博物馆（Australian National Maritime Museum）、咆哮影视（Roar Film）、澳大利亚荧屏（Screen Australia）、塔斯马尼亚荧屏（Screen Tasmania）和塔斯马尼亚大学（University of Tasmania）联合开发，为澳大利亚和海外的学生讲授塔斯马尼亚的罪犯历史。

（三）数字贸易

澳大利亚正在制定贸易谈判规则，为企业创造统一、稳定和可预测的营商环境。例如，政府希望通过自由贸易协议来达成统一规则，为企业提供便捷的跨境数据传输和数据存储。除了隐私和网络安全合作规则之外，政府还寻求促成无纸化贸易和电子化交易的统一规则。

APEC 和 G20 等国际论坛也为澳大利亚提供了与主要贸易伙伴合作和

分享数字贸易经验的机会。澳大利亚通过贸易援助投资计划，帮助发展中国家提高数字贸易能力，并借此促进全球贸易法规和标准的制定。澳大利亚在数字贸易领域拥有领先的技术和专业的知识，同时，澳大利亚政府也在鼓励和帮助发展中国家采用这些科技。

五、赋予澳大利亚公民数字权力

数字技术正在悄然影响着澳大利亚社会，改变着澳大利亚的劳动力和行业结构，以及社会关系和文化习俗。澳大利亚有机会利用科技改善教育、健康和社会，然而，那些最有可能受益的人却有被抛弃的风险。

> 澳大利亚民众的日常生活越来越依赖互联网。据调查，2016年6月，94%的澳大利亚成年人使用互联网办理银行业务、支付账单、购买销售商品和服务等。
>
> 尽管如此，数字鸿沟依然存在。2017年澳大利亚"数字包容指数"（Digital Inclusion Index）显示，收入、教育和就业水平较低人群的数量正明显减少。虽然近年来宽带接入的差距一直在缩小，但不同人群间，数字能力、基本技能和对待技术的态度仍存在差异。
>
> 澳大利亚政府还有许多工作要做，比如，促进女性参与数字生产和基础设施等相关领域，培养女性数字经济学家等。

（一）提高民众数字素养

政府正在努力提高民众的数字素养。国家创新和科学议程（The National Innovation and Science Agenda）包含诸多帮助澳大利亚年轻人创造和使用数字技术的举措。同时，澳大利亚政府预计在五年内投资1300万美元来增加女性的就业机会，鼓励更多女性选择并从事数字技术研究相关领域的工作。

政府也在努力提高澳大利亚老人的数字技能。政府推出的"通达项目"（Be Connected）致力于提高澳大利亚老年人的信心、技能和在线安全意识。自 2017 年 10 月初开始，"通达项目"将为 50 岁及以上的老年人提供一系列资源，提高老年人的数字素养。

（二）数字经济改变社会结构

我们的工作方式随着更多兼职工作和"零工经济"（Gig Economy）的兴起而发生变化。经济的结构性变化，正在改变雇主所需的技能，这就要求雇员具有足够的应变能力，以适应不断变化的工作性质，并进行终身学习。

人们需要多项组合技能，如商业贸易、大学学位或在职培训等职业技能，以及沟通、批判性思维和数字素养等创业技能。组合技能对于实现全球规模和捕捉市场价值的数字业务至关重要。同时，我们还需要正确的文化和思维方式来接受创新和终身学习。

技术变革具有广泛的文化影响，为澳大利亚民众提供更好的了解自身文化的机会。例如，澳大利亚文化机构正在利用数字技术教育澳大利亚民众，提高澳大利亚民众对文化遗产和宝藏的认知。科技的创造和使用也会推动社会变革，例如，社交媒体的兴起与民众交流方式的改变都息息相关。

走向欧洲一体化数据空间

编 译:郑 瑜
译 审:舍日古楞

国家电子政务外网管理中心主办

编者的话

当前，数字经济正在全球范围内迅猛发展，深入渗透各行业领域，改变经济社会发展方式和全球治理模式。各国在数字经济各领域主导权的竞争和布局也变得空前剧烈。欧盟委员会在促进欧洲一体化数据空间建设方面动作频出，先后颁布多个法律法规，初步形成了一套完整的法规体系框架。这些法案的发布具有很强的政策引领意义，将极大促进欧洲数字经济的发展。

欧盟有关法律的形成是其采取的一系列政策措施在长期实践中不断优化完善的结果。本文从公共数据驱动经济效益增长、公共部门数据激发服务创新和私营部门数据促进竞争力提升等方面探寻欧盟数据政策措施背后的意图和主要思想，对这些措施进行详细解读。欧盟认为，数据再利用模式主要分为两类，即公共部门数据再利用和私营部门数据再利用。其中，公共部门数据是构成欧洲数据空间的主要基石，涉及政府部门和科学机构信息的再利用。私营部门数据是欧洲创新和竞争力增长的关键驱动因素，涉及企业对企业（B2B）数据共享和企业对政府（B2G）数据共享，数据合作需要遵循一些基本原则以保证合作取得实效，同时，最佳实践做法需要得到进一步大力推广。

我国目前正在推动利用互联网、大数据和人工智能等新技术促进传统产业转型升级，大力发展数字经济，拓展经济发展新空间，亟须我们不断加强国家数据治理能力和丰富治理手段。建设数字经济强国需要我们不断探索创新，也需要我们拓宽视野、充分吸收和借鉴发达国家的好经验。希望此文能够对我们的工作有所启发和参考，更好地促进我国数字经济的发展，为我国经济实现高质量发展助力。

编译：郑 瑜　　译审：舍日古楞

走向欧洲一体化数据空间

一、简介

数据驱动的创新是经济增长和就业的关键驱动力,能够显著提升欧洲在全球市场的竞争力。如果建立了有效的数字经济发展规划并加以落实,欧洲数据经济规模到 2020 年可能会翻倍。

欧盟委员会已经实施了促进欧洲数字产业发展的重要举措。随着 2018 年 5 月 25 日《通用数据保护条例》的正式生效,欧盟为数字经济的发展奠定了坚实的基础,这是欧洲数字经济可持续发展的先决条件。《通用数据保护条例》将数据保护的强度和要求提到了一个更高水平,所有在欧盟从事数字经济的主体和个人都必须严格遵守条例中的内容,为欧盟企业在数字可信网络空间内获得竞争优势打下基础。

为了提高欧盟数据的有效利用和开发,需要采取进一步措施。在 2017 年 1 月,作为"欧盟数字化单一市场战略"的一部分,欧盟委员会发布了《建设欧洲数据经济》战略,并通过同广泛的利益相关者进行磋商,在随后发布的《欧盟数字化单一市场战略中期评估》中宣布了关于非个人的公共数据自由流动和公共数据资源的可访问性和再利用的举措,同时,还进一步提出了具有公共利益的私营部门数据开放的措施。

在现行数据保护法规的基础上,欧盟委员会正在提出一整套的数据保护政策措施体系，建立一个无漏洞的欧盟一体化数字空间。这些措施的核心目的是促进欧盟的数据新产品和新服务繁荣发展，内容主要包括以下三个主要方面：

①公共部门信息共享与开放；

②研究机构科学信息共享；

③私营部门数据的共享与利用。

《建设欧洲数据经济》战略中所制定的指导原则建立在企业与企业之间、企业与公共部门之间的数据共享原则上。欧盟委员会设想的措施涵盖不同类型的数据，因此具有不同程度的开放水平。同时，他们都致力于实现一个更加广泛的目标，即将数据作为创新和发展的关键来源，从不同的部门、地方和学科汇集形成一个共同的数据空间。

二、数据驱动社会经济效益增长

数据是数字化单一市场的基础。数据可以彻底改变人们的生活，为企业创造新的发展机会。最优化的数据使用可以使人们过上更健康的生活，减轻压力，提高环境保护效果，帮助科学家开发出更好的气候变化和自然灾害预测模型。数据的巧妙使用对经济发展各领域都有变革作用，例如，在农业领域，对最新天气或土壤湿润度数据的分析有助于最大限度地提高作物产量；在制造业领域，实时传感器的数据能有效支持对装备仪器的更好维护。

数据驱动的创新还可以改善公共政策制定、提供公共服务和减轻行政负担。有助于制定金融危机环境下的管理政策。流行病爆发研究数据的共享可以更快地推进相关研究，并有助于对病症更及时的反馈。哥白尼哨兵卫星的高分辨率卫星数据有助于实时监测天然水资源，防止干旱或污染。这些数据在提供创新服务方面为公共机构、研究人员和私营公司带来了可观的利益。

数据的经济影响是巨大的。在 2016 年，欧盟共有 254850 家数据公司，

2020年这一数字在高增长率下可能会达到约360000。

一般来说，从数据中分析和学习的能力正在迅速成为企业成功和政府高效率的关键因素。拥有大量数据和掌握数据分析业务的公司将在未来数据经济发展中获得显著的竞争优势。

数据也越来越被认为是人工智能（AI）和物联网（IoT）等新技术发展所必需的一项重要资产。人工智能解决方案为公共部门和私营部门带来了显著的潜在利益，提升了很多领域的生产力和竞争力，帮助应对社会和环境的挑战。在此背景下，欧盟委员会正式发布了欧盟人工智能战略——《最大化人工智能对欧洲的益处》。该战略包含三个方面：提高欧洲的技术水平和工业能力，为社会经济变革做准备和建立一个适当的道德和法律框架。该战略的一个主要目标是使人工智能技术得到普及，支持人工智能初创企业发展。在2019年，为向欧洲研究人员和公司提供高质量的人工智能开发数据、服务和工具，欧盟委员会将启动一个人工智能需求平台。

结合这一背景，欧盟委员会还发起了一项对数据经济发展至关重要的倡议——"在数字单一市场中实现健康与护理的数字化转型，赋予公民权利，建立一个更健康的社会"。这项倡议表明了数据有潜力作为健康与护理数字化转型的关键性推动因素。数据可以促进数百万公民的幸福生活，改善健康和护理服务方式，实现更好的个人化医疗，以及帮助研制抑制传染病传播的药物和医疗设备。

为了在数据经济中发挥数据潜力，欧盟必须利用数据来促进医疗保健方案的创新，同时，确保这些方案完全符合数据保护的法规，这涉及以下三个关键方面：

①公民对健康数据的安全访问和共享；

②为研究、疾病预防和个人化健康和护理提供高质量数据；

③赋予公民数据权利和医疗服务数字工具。

欧盟委员会还部署了将在这三方面采取的行动。包括建立一种自愿共享电子健康记录数据的机制，建立一个创新做法的交流机制，以及提高卫生保健机构能力和技术的援助计划。

此外，欧盟还对新兴数字技术所引起的安全和责任问题进行了初步分析。致力于为企业和投资者提供一个可预见的法律环境，建立信任和问责机制，保障消费者和公民的权益。

这些措施建立在欧洲内部市场规模、欧洲公司的创新能力和欧洲价值观的基础上，致力于使欧洲数据经济的繁荣、安全和可持续发展必将使欧盟从数据革命带来的机遇中获益。

三、公共数据激发服务创新发展

公共数据的获取和再利用是构成欧洲数据空间的基石。在对欧盟一体化数字市场战略进行中期回顾时，欧盟委员会宣布，在对现有法规进行影响评估的基础上，还将制定一项促进政府资助公共数据的可获取和再利用的倡议，该倡议主要包括以下几方面：

（一）政府部门公共数据利用

公共部门机构生产和收集大量数据，为数字化创新服务的发展和更好的政策制定提供了宝贵的原始资料。

公共部门信息可以作为广泛的产品和服务的基础。例如，西班牙国有港口将其发布的信息与西班牙国家气象局提供的风预报信息结合起来，在合作项目中产生了很好的效果。使用该项目应用程序的用户既可以接收实时信息，又可接受航运预测，以便他们能够制定更加安全的海上旅行计划。同样的，国家水利机构最初收集的用于安全导航的水深数据已被EMODnet项目用于地形图绘制，极大地改善了对北海风暴潮预报的精度。

欧盟已经为开放联盟内的政府数据采取了一系列措施。关于公共信息再利用的第 2003/98/EC 号指令创建了一个欧盟范围的框架,致力于促进政府资助数据的跨境使用,有助于泛欧洲数据服务和产品的发展。此外,欧盟委员会还采取了一些措施,方便更加容易地查找和使用跨国界和语言的公共部门数据,例如,推出欧洲开放数据门户网站。欧盟委员会以自身为实例,专门制定一个管理规定来再利用自身的数据,提供欧盟机构数据访问权,这套管理制度是世界上最先进的数据再利用制度之一,欧盟委员会的数据可以被用于非商业的或商业的活动,数据使用不需要个人申请,不向使用者收费,没有任何条件限制,平等对待每一位使用者。

欧盟在对现有公共部门数据利用政策的审查中,进一步提出了改善和优化数据可利用和再利用的条款,主要内容包括:

(1)降低市场准入堡垒,降低企业(特别是中小型企业)使用公共部门信息的费用;

(2)增强数据可用性,将更多的新的公共数据和政府资助数据纳入政府公共数据共享范围,例如,公用事业、运输部门和研究数据等;

(3)降低数据使用先发优势,先发优势会使大公司受益,因此,需要建立一个更透明的公私数据合作模式;

(4)规范技术标准,鼓励采用动态数据发布和应用程序编程接口(API)等技术。

采用应用程序编程接口技术提供数据动态访问是尤为重要的,有利于建立开放的数据生态系统,实现数据下载过程的自动化,节约了时间和成本,能极大地促进各种新产品和服务的开发。事实上,通过正确和安全地使用应用程序编程接口共享数据,可以为数据价值链中不同的参与者带来显著的附加价值。目前,欧盟公共部门对应用程序编程接口的使用是不充分的,许多文档仍然以 PDF 格式提供,导致从公共部门获得的动态数据的次优使用,而非最优使用。欧盟对公共部门信息再利用政策的修改旨在促进数据动态发布和应用程序编程接口的更广泛使用。

此外，作为欧洲开放数据门户部署的后续行动，欧盟委员会通过实施"欧洲基础设施连接计划"继续支持数据全面开放基础设施的部署，这可以提供可共享操作的数据、工具、知识和支持物，以最大限度地对欧洲公共行政机构和企业（特别是中小型企业）的开放数据进行再利用，并为欧洲人工智能的发展奠定基础。欧盟委员会建议，从2019年起，公共部门的数据共享也将由"欧洲基础设施连接计划"下的数据共享支持中心资助。

欧盟委员会还将考虑为2020年之后的公共部门数据再利用和统一的欧洲共同数据空间的建立提供进一步的资金支持。

（二）科学信息的获取与使用

在利用政府资助信息的背景之下，"开放科学"已经被确认为是促进科技发展和造福社会的另一个关键因素。欧盟理事会呼吁欧盟委员会与开放科学政策平台进行合作，并与成员国和利益相关方密切配合，进一步制定欧洲开放科学议程。开放科学要求所有研究者在进行研究的各个阶段都要开放，包括项目设计、方法论、工作流程和结果发布，使研究能够更容易地建立在先前研究的基础之上。这种模式提高了科学研究的质量，避免了重复研究，将极大地增强科学对社会的影响力。欧盟委员会坚信，当前是自2012年数据开放政策颁布后，获取和保存科学信息的最好时机。

欧盟委员会数据开放政策的顺利推进，还要得益于其"2020地平线"计划的实施，该计划为欧洲数据开放科学云的泛欧门户建设提供资金，支持科学信息开放工具和服务的开发。

2012年，欧盟委员会采取了一系列措施改善对联盟科学信息的获取方式，促进公共资金所产生的科学信息尽可能地被获取和重复使用。

对这些政策的评估表明，这些政策是有价值和有影响力的。然而，为了使它们能够在将来持续发挥作用，需要对它们进行修订，以反映最新的研究和实践发展成果和欧盟最近的政策发展趋势。

欧盟对科学信息共享的政策评估与对公共部门信息再利用政策的评估同时进行，建议将科学信息的共享范围扩大到研究数据，确保欧盟数据开放获取方式与数据开放政策的一致和互补，释放公共部门信息和政府资助研究数据的潜力。根据公共部门信息再利用的修订政策，成员国有义务制定相关政策规范研究数据的开放范围，指导研究数据的开放。

四、私营数据促进竞争力显著提高

私营部门数据是欧洲创新和竞争力增长的关键驱动因素。根据欧盟数字一体化市场战略的中期回顾和有关数据使用方的不断实践总结，欧盟对私营部门数据共享利用的原则也正在变得逐渐清晰。

(一) 企业对企业间数据共享（B2B）

为了从私营部门产生的数据中提取最大价值，市场参与者需要能够访问和使用这些数据。然后，这其中不可避免地存在很多问题，例如，对于物联网自动生成的非个人数据，生产这些数据的制造商通常拥有对这些数据的访问和使用特权，他们可以授予或不授予某些用户数据的访问和使用权限。

欧盟从对企业的调查中发现，欧盟企业普遍赞同更多的企业间数据合作，认为这种数据共享是有益的。同时，企业认为，在数据经济发展的这一阶段，现有的数据经济监管框架是适合于目前情况的，对于企业对企业之间数据共享的横向立法还为时尚早。企业对企业之间数据共享的出发点，应该是确保数据市场具备最佳的发展条件，并以企业间的合同为基础。一般而言，企业应该可以自由决定谁可以在什么条件下访问其非个人数据。一般来说，利益相关者也不赞成所谓的"数据所有权"的权利。企业对企业数据共享的关键问题不在于数据的所有权，而在于如何组织访问和利用这些数据。

企业数据共享和利用的利益相关者对欧盟采取的非监管措施也给予了

强有力的支持。这些措施包括，促进数据共享 API 接口技术的使用，使访问和使用数据集更简便和自动化；制定标准化合同条款，为企业数据共享提供标准化的合同服务；提供欧盟顶层的政策和实施指导。

1. 关键原则

欧盟委员会以《建设欧洲数据经济》中所制定的原则为基础，承认数据可以在数据质量没有损失的情况下进行再利用，以数据支撑或改进产品和服务，保持欧盟企业的竞争优势。欧盟认为，企业间的信息共享可以鼓励更多的企业从事数据合作，即与其他公司合作，汇集尽可能多的商业合作者充分利用数据。同时，对于欧洲实现人工智能应用具有重要意义，而人工智能恰恰是欧洲的一项重大工业挑战。

欧盟委员会还认为，为了保证企业信息共享的公平和竞争市场，促进非个人机器生成数据的产品和服务繁荣健康发展，企业间在进行数据合作时，合同协议中应遵守以下关键原则：

①公开透明：相关合同协议应尽可能透明和容易理解，详细描述数据类型和数据目的信息；

②创造数据价值：相关合同协议应明确，数据是产品或服务的副产品，各参与方都为数据价值的产生做出了贡献；

③尊重彼此商业利益：相关的合同协议应保护数据持有者和数据使用者的商业利益和秘密；

④公平竞争：相关的合同协议应确保在交换商业敏感数据时保持正当公平的竞争；

⑤最小化数据锁定：各参与方应尽可能允许并实现数据的可移植性，结合行业特点，提供与产品或服务有关的有限的数据传输。

企业之间数据共享的探讨和实践一直在继续，欧盟委员会将继续评估以上这些原则，并适时地做出修订，以实际行动维持市场的公平开放。

为推动《欧洲工业数字化计划》的落实，欧盟委员会已经采取了很多行动以支持各产业的数字化。例如，向"地平线2020计划"下的工业数据平台和创新中心提供财政援助，该计划的创新研究促进了可信赖的安全平台和隐私感知分析方法的发展，使工业数据和个人数据可以更安全地共享，促进个人和企业更好地遵守相关法律法规（如数据保护条例）。

欧盟的《连接欧洲设施计划》也采取一系列措施支持私营部门数据的共享。例如，采用程序编程接口为企业建立数据共享的生态环境，提高私营企业间数据共享的稳定性、一致性、用户友好性和安全性，保证数据在全生命周期内可管理和可使用。

最后，欧盟委员会将继续开展企业间的数据共享试点工作。例如，在数字跨境通道上推动数据的自由流动，测试在移动互联网生态系统中访问和再利用车辆数据和其他商业相关数据等。这些试点工作所取得的经验对欧洲一体化数字市场的建设也将具有重要的实践意义。

2. 实践指南

企业对企业数据的共享和利用可以在技术机制、基础业务模型和法律支持工具方面采取多种形式。本节将更详细地讲述其中的一些内容。

（1）B2B数据共享模型

数据共享的基本业务模式可能有很大的差异，这在很大程度上取决于所涉及的数据类型和商业战略利益。这些模式可以是开放的多对多数据共享模式或一对一合作模式。

①数据开放方法：数据供应商可以选择数据开放的方法，尽量不设限制地向公开范围内的数据用户提供数据，可以选择不收取或收取有限的报酬，也可以利用第三方应用系统提供数据。

②数据市场的数据货币化：数据货币化或交易可以通过数据市场作为中介，根据双方的合同进行。对于那些不了解潜在的数据再利用机会的用户和希望进行一次性数据交易的公司来说，这可能很有趣。当满足（a）存在非法使用有关数据的风险；（b）数据提供者有理由相信用户；（c）数

据提供者拥有预防或识别非法使用的技术机制其中之一时，该机制似乎适用。采用示范合同条款可以降低起草数据使用协议的花费。

③封闭平台中的数据交换：B2B 数据交换可以在一个封闭的平台上进行，该平台可以由数据共享环境中的一个核心参与者建立，也可以由独立的中介机构建立。这种方法可以维持更稳定的伙伴合作关系，也可以提供增值服务，并允许更多的机制控制数据的使用。

以上这些数据共享的基本业务模式有时是可以变化的或是可以组合在一起使用的，这需要根据具体的业务需求进行调整。

（2）B2B 数据共享的法律方面

B2B 数据共享通常是基于合同实现的。在数据使用或许可协议中，各方就合同的主体、价值和合同条款中的其他规定达成一致。数据货币化协议不仅可以是两方之间签订，也可以是多方缔结。

数据使用许可协议相关合同条款的制定需要特别注意，既要符合现行的立法，特别是那些对数据共享进行抑制或是对数据共享有特定条件限制的立法，又要确保每一方的战略利益和竞争性得到保护。

欧盟委员会正在针对不同类型的数据共享协议制定合同条款模板，同时，还计划通过一个数据共享支持中心（该中心将于 2019 年年初开始运作）收集数据共享的最佳做法、现有的合同条款范例及核对表。

以下考虑可能有助于各公司拟定或协商数据使用协议：

①应提供哪些数据？

——尽可能具体和准确地描述您希望共享的数据类型，例如，研发数据、客户数据、诊断数据以及对这些数据未来预期的更新等级。当分析方法和模型需要与数据集一同进行共享时，也应对它们的类型进行描述。

——随着时间的推移，要持续保证数据质量。共享数据需要具有良好的数据质量，即准确、可靠和最新的。确保数据不丢失、不重复、结构完整。要明确数据的来源、收集途径和数据的构成。要建立数据错误报告机制。

——要明确共享数据是一个数据集还是一个数据流。

——各方要确保遵守数据获取或转让的法律义务。尊重他人在数据上享有的权利。确认数据所代表内容的权利，例如，知识产权和工业产权。

——确保尊重数据保护的法律条令。其中包括根据《通用数据保护条例》处理个人数据的法律依据。

②谁可以共享利用相关数据？

——确保合同以透明、清晰和易于理解的方式界定谁有权访问相关数据、有权再利用相关数据、有权分发数据，以及在何种条件下进行这些操作。

——访问和再利用相关数据的权利不是无限的。协议可以限制访问的权利，例如仅限于特定专业团体（如农民），或将其与使用数据的某些目的联系起来（如仅用于有限的商业用途）。

③数据共享用户可以对数据做些什么？

——在合同谈判中，共享数据的使用用户应尽可能详细告知数据提供方所有关于数据的使用情况，包括用户下游的用户。这将确保数据共享的透明度，增加数据提供者对数据用户的信任度。

——明确指定数据的确切用法，包括对数据衍生产品（数据分析出的结果等）的使用权限。

——定义有关下游方的不披露规则。

④明确数据访问和数据交换的技术手段。

——数据访问的频率和最大负载。

——信息技术安全要求。

——支持的服务级别。

⑤应该保护哪些数据和如何保护这些数据？

——确保采取适当的措施来保护数据。由于数据可能被有组织的犯罪集团或个人黑客窃取和滥用，因此这些措施应适用于数据共享交易和数据存储。数据也有可能被意外释放，例如，由于人为错误或技术问题导致。

数据也可能受到未经授权的访问、披露或丢失。

——确保商业机密、敏感商业信息、许可证、专利、知识产权数据的保护。任何一方均不得以数据交换为目的，从另一方检索敏感信息。

⑥制定关于提供错误数据、数据传输中断、低质量数据，以及数据的破坏、丢失或更改可能导致数据损害的规则。

⑦确定双方拥有对彼此进行审计的权利。

⑧合同的预定期限是什么时候？终止合同有哪些权利？

⑨就适用的法律和争端解决机制达成一致。

（3）数据共享的技术方面

有许多技术手段可以应用于企业与企业之间的数据共享。一些技术手段可以提供数据使用规则，同时，为数据集的交换提供安全可信的环境。

三种技术机制可以被区分为：一是数据持有者将选定的数据直接提供给数据用户，例如，通过应用程序编程接口 API 技术。二是数据持有者通过中介（数据市场）向一个或多个数据用户提供所选数据，数据持有者对于随后这些数据的使用和控制有限制权限。三是数据持有者通过中介（数据空间或数据平台）将选定的数据提供给一个或多个数据用户，允许对随后数据的使用进行更强的控制和追踪。

①通过应用程序编程接口（API）或工业数据平台进行一对多的数据共享。通过开放公共应用程序编程接口使第三方获取数据，即面向更广泛的受众，而不仅仅是对同一组织内的用户开放数据，这种方式正在变得越来越普遍。自 2010 年以来，API 的数量正在急剧增加，并将继续保持这一趋势。

API 技术可以使小公司更加便利地使用其他公司数据。具有用户友好性且设计优良性的 API 可以帮助用户高效地收集数据，并创建和发展具有创新性的产品生态系统。API 具有促进互操作性的潜力，允许软件应用程序交换数据集和数据流，并且可以在技术层面上提供访问权限的管理。

为此，欧盟委员会鼓励欧洲各地的公司考虑更广泛地使用开放、标准化和成熟可靠的应用程序编程接口。这可能包括以机器可读形式提供数据及相关的元数据。

> TomTom 是一家荷兰公司，生产交通、导航和地图相关的产品。根据欧盟委员会资助的一项研究结果显示，该公司的大部分收入来自许可给其他公司的数据（地图和在线服务）。作为数据访问的一种手段，TomTom 为开发人员提供了应用程序编程接口。与用其他手段共享数据相比，TomTom 具有以下优点：
> ——方便快捷地访问数据；
> ——监测数据的使用情况；
> ——核查违约情况；
> ——对数据滥用迅速采取行动，即终止或暂停对数据的访问。

一些大公司也会开发专门的数据平台，以便管理与第三方的定期数据交换。他们在数据交换方面提供了额外的功能，特别是用于双向数据交换、在平台内存储数据，以及基于数据分析提供额外的服务。

> 空中客车公司（Airbus）是一家设计、制造和销售民用和军用航空产品的欧洲跨国公司。在使用了各种向当局和商业伙伴提供数据的方法之后，空中客车公司在 2017 年 6 月推出了"Skywise"，一个开放式航空数字平台。这种技术方法的主要优点是与航空公司现有的 IT 基础设施无缝集成，从而便于参与者在平台上提供数据。空中客车公司可以在原始文件格式的基础上工作，并使用通用表格和可视化工具通过该平台返回个人的见解。

②通过多对多的数据市场实现数据货币化。此处使用术语"数据市

场"是为了描述具有三种基本功能的特定类型的媒介：（a）潜在数据供应商和潜在购买者之间的匹配，可以支持特定的设置安排使潜在的供应商和潜在的购买方之间在建立数据传输准备的第一阶段保持匿名，这是由于提供数据或购买数据的意图可能揭示秘密的商业信息（如未来的商业策略）。（b）支持和实现数据的实际转移。（c）数据市场的认证功能保证实际发生的交易能在公司资产负债表中体现。

此外，这些"中介市场"可以提供附加服务。例如，若交换个人或机密数据时，可提供示范合同条款或匿名服务。一旦开始进行数据传输，这种"中介市场"的作用就结束了。

> DAWEX是一家成立于2015年的法国公司，其自称为"全球数据市场"。DAWEX不会购买或出售数据。相反，DAWEX汇集了对数据货币化和再利用数据感兴趣的公司，通过确保数据供应商和数据用户在平台上直接进行沟通和交易，提高数据供应商和用户之间的透明度。DAWEX开发了一系列工具，帮助数据供应商和用户理解、评估和交流数据。可视化工具（热点地图和树形图等）可以为数据用户提供可在交易完成前安全共享完整数据集的可视信息。采样工具根据算法自动生成代表性的数据样本，以避免误差。数据供应商和数据用户使用平台内的消息传递工具进行通信。此外，DAWEX还支持通过自动生成的合同示范条款来进行合同协议的谈判。

③通过技术推动者进行数据共享。与上文中讨论的"数据市场"作为中间媒介不同，技术推动者除了数据交换外，还格外关注提供服务。例如，对某些业务需求或出现的问题，做出响应并处理相关数据。同时还提供额外的功能，允许数据提供者控制数据的使用，特别是在数据使用过程

中尊重数据传输协议的规定，实现对数据使用的追踪，例如，记录所有对数据访问和对数据处理的操作，可能使用分布式分类账技术（区块链）或数字水印等技术。

> Nallian 公司开发了一个基于云的平台，支持实时数据共享及进程同步。该公司使用的是一个基本的数据共享技术层，可以对其定制，以满足特定社区或领域中数据用户的需求。该平台基于云技术与社区管理工具的结合。使用 Nallian 公司技术解决方案的当前用户是从事物流、垂直供应链和多式联运网络的公司。对于这些公司来说，具有克服碎片问题和以无缝方式共享数据的能力非常关键。
>
> 该平台可接受多种向云注入数据的方式：从简单的文件上传到基于 API 的集成，还可接收通过连接设备推送的数据或通过电子数据交换（EDI）的企业与企业数据共享（B2B）信息。
>
> 该平台允许数据供应商对允许访问数据的人员、类型及目的保持精确的控制。此控件由嵌入在平台中的权限授予引擎启用，该引擎允许数据供应商为不同的成员定义角色和共享规则。此外，该平台有助于数据匿名化和数据的聚合以满足必要的隐私要求。

（二）私营部门与政府间数据共享（B2G）

欧盟委员会还在研究企业与公共部门之间的数据共享。公共部门已经开始评估与私营公司进行数据共享和数据分析的巨大潜力，并准备在提高政府政策决定和改善公共服务等方面进行试点。电信运营商、在线平台、汽车制造商、零售商或社交媒体等公司所持有的数据在这方面具有高度相关性。利用这些数据能够更有针对性地应对流行病、促进城市规划、改善道路安全性和交通管理、促进环境保护以及市场监测和消费者保护。在编制官方统计数据时，对这些数据进行分析可以提高成本效益，并在人口流动、价格、通货膨胀、互联网经济、能源或交通等方面产生更快捷的结果。

共享和利用私营部门的数据可以使政府部门减少大量的调查问卷，降低了公司和公民的负担。在2017年制定的《建立欧洲数字经济》战略中已经讨论了这些机遇，在《欧盟一体化数字市场战略》的中期回顾中，欧盟委员会承诺将进一步探讨这个问题。

1. 关键原则

共享和利用私营部门数据需要完全符合关于个人信息保护的法律法规。同时，在充分考虑了现有的经验和做法，并与利益攸关方协商后，欧盟委员会认为尊重以下关键原则，可以更好地促进公共部门与私营部门之间的数据共享和再利用：

①使用私营部门数据要以有利于公共利益为目的：共享和使用私营部门数据的请求应以明确的公共利益为依据。在利用私营部门数据的细节、相关性和数据保护方面都要与有利于公共利益相对应。同时，私营部门数据的供应和再利用所需的成本和努力与预期的公共利益相比应该是合理的。

②要确保数据的限制性使用：私营部门数据的使用目的要非常明确。在私营企业与政府数据合作的合同条款中，要明确规定有关数据的使用目的。明确使用这些数据的时间范围。政府部门应该向私营公司保证这些数据不会被用于不相关的行政或司法程序。

③要确保数据使用的合法性：私营企业与政府的数据合作必须确保各方的合法利益，特别是要加强对商业机密和其他商业敏感信息的保护。

④数据再利用的基本条件：企业与政府之间的数据合作协议应力求互惠互利，合作目标为获取公共利益，私营企业要给予公共部门和有关公共机构优先于其他客户的优惠待遇。企业与政府之间的数据合作协议应该减

少对其他类型数据收集方式的需求（如调查等），以减轻公民和公司负担。

⑤减轻私营部门数据的局限性：为了减少私营部门数据的潜在局限性，如固有偏见等，提供数据的公司应帮助评估审核有关数据的质量。政府部门和公共机构应确保数据来源的多样性，以避免"选择性偏差"。

⑥透明度和社会参与性：企业与政府之间的合作应对协议各方及其目标保持透明。只要不损害数据的机密性，企业与政府合作的内容和最佳实践做法应当公开。

关于出于公众利益的原因获取私营部门的数据，欧盟委员会将组织一个高级圆桌会议进一步思考和讨论这个问题。应注意在某些领域讨论的成熟度。上述原则将作为进一步与利益相关者讨论的基础。欧盟委员会将继续评估这些措施是否可以促进企业与政府的数据共享，并在必要时采取适当的行动，其中包括在具体部门采取可能的措施来解决问题。

2. 实践指南

企业对政府（B2G）的数据共享在基础机制和法律支持工具方面采取多种形式。本节将更详细地介绍其中的一些内容。

（1）B2G数据共享模型

①数据捐赠：B2G数据供应可以采取数据捐赠的形式。它可以被当作企业社会责任的一种体现形式。数据捐赠计划由专门的团队为任何对使用数据感兴趣的潜在方提供支持。

【万事达卡（Mastercard）数据慈善事业】

万事达卡认为，无论一个组织的规模和影响力如何，只要能够减轻人类痛苦的组织就应该拥有访问和使用有关数据的权利，并得到必要的工具和资源。万事达卡公司积极推动数据共享以及专业知识的利用和共享来增强包容性，缩小慈善事业在数据获取方面的差距。

②奖项：B2G数据共享和合作还可以通过设立奖项的方式来实现。鼓励数据分析的个人或公司针对特定的公共利益难题和挑战提供有效的解决

方案。

【大数据技术地平线奖】

近日，欧盟"地平线2020"（Horizon 2020）资助计划的大数据技术领域的奖项已经宣布，获奖项目通过更精确的大数据预测系统对电网进行优化，并找到了更优的解决方法。获胜项目方案证明了其有能力分析特大规模的结构化地理空间时态数据集和天气状况时间记录数据集，以及能够对电网管理运作中的不同参数数据进行优化处理。

③数据合作关系：B2G协作可以采取"数据伙伴关系"的形式实现，使合作的双方在数据共享中取得互利互惠。

【欧洲统计局联合比利时统计局与移动电话运营公司的合作——"将移动电话数据的质量评估作为统计的来源"】

欧洲统计局联合比利时统计局共同进行的一项研究显示了移动网络数据在统计人口密度方面的潜力。这项研究的目的是评估比利时移动电话数据的质量（数据主要来自比利时主要网络运营商，Proximus），重点关注实际现有人口的情况。统计局对移动网络数据进行了内部一致性测试，并将这些数据与2011年比利时人口普查结果数据进行了对比，将这些数据作为人口登记的一部分不断更新。出于隐私原因，将这两个数据集的内容进行了汇总。

研究结果对双方都有益处。一方面，移动网络数据提供了有效、准确的信息，可以作为对传统统计结果的补充。另一方面，移动网络运营商可以受益于居民人口的数据，提升了新的移动网络应用对人员流动的估计能力。

④中介机构：如果公司与公共部门机构之前没有过任何关系，并且两者之间缺乏信任，则可委托中介机构帮助双方实现合作。

【英国消费者数据研究中心（CDCR UK）】

每天产生大量有关英国消费者的各类数据，CDRC与各组织进行合作，向可信任的研究人员公开数据，为他们提供有价值的见解，帮助组织更有效地运行，以便这些研究人员和他们所在的组织机构能够提供更好的推动经济增长和改善社会治理的解决方案。

⑤公民个人数据共享：可以鼓励个人授权公共部门机构处理以前由私营公司处理的个人数据。应当强调的是，在这种情况下，公共当局要遵守数据保护法律，确保对个人数据的使用符合相关的法律依据。这种"公民数据共享"的形式最有可能在公民与他们所居住的市政当局之间建立紧密的联系，在应对诸如对抗流行性疾病等公共利益挑战时发挥作用。

（2）B2G 数据共享合作中的法律和实际考虑

公共机构和私营公司在编制及协商数据共享和使用协议时，需要考虑以下因素：

①公共机构应确定公共利益的目的、所需的私营部门数据类型和粒度级别。为公共利益目的服务的私营部门数据可以是社会媒体数据、交易数据或零售行业数据。

②各方应明确与数据共享有关的内部挑战与制约因素，这些因素包括：

——公共机构和私营公司可能需要进一步投资知识管理（knowledge management）和数据治理；

——随着 B2G 数据共享对更多私营公司的重要性日益增加，每一次合作的成本和负担可能会下降；

——私营公司和公共部门需要确保遵守《通用数据保护条例》（GDPR）和《电子隐私条例》（ePrivacy）等数据保护法律。确保数据处理的合法性，例如，正确使用匿名技术，尊重数据保护法则设计时的机密性，使用隐私保护分析方法，必要时进行数据保护影响评估；

——为了确保所选择数据的代表性，避免产生数据偏见，公共部门需要仔细分析潜在的数据来源，并查明特定数据提供者的局限性，减轻私营部门数据来源偏见风险和可能造成的数据处理方法限制。

③各方需选择最适合解决其内部挑战的数据共享技术或模式：

——公共机构需确保对合法商业利益的保护，（例如，商业机密信息和商业秘密），并确保获取私营部门数据的技术模式的安全性；转移至公共部门的私营部门数据应视为敏感数据；

——公共部门机构需要提升技术能力，更好地使用私营部门数据。

④合同的内容应明确实施条件、使用时限和具体的数据集：

——公共机构应确保对个人数据的要求符合相称性原则，这些要求必须是为了解决有关的公共利益问题；合同协议中应明确规定，在达成目的或到达时间限制后，应删除所传送的数据；为不同目的使用同一数据时，需遵守新制定的（或修改后的）合作协议；

——合同缔约方应确定数据传输中业务层面的条件得到满足；数据和元数据的格式、数据质量、数据粒度、访问持续时间和访问模式；

——为了使公共机构能够进行必要的数据质量评估，确定是否存在潜在的选择偏差或其他质量问题，提供数据的私营公司应尽力提供相应的支持，帮助公共机构评估、审核或核实数据质量。

⑤各方应共同商定监督合同执行的指导原则：

——可以商定一项准则，或使用现有的准则，例如，"欧洲统计业务守则"，设立一个协调委员会或任命一名独立的审计员来监督对数据的使用；

——公共机构要制定必要的保障措施，防止将获取的数据滥用于合同界定外的其他目的。

⑥合同应包括错误数据、数据传输中断、低质量数据或是数据的破坏、丢失和更改（非法或是意外的）可能造成损害的赔偿责任规则。

⑦合同应建立适用的法律和争端解决机制。当在处理或使用共享的数据方面存在法律或技术风险时，任何一方都应有终止合同的权利。

⑧公共机构应积极传播 B2G 数据协作成果，并建立公共反馈机制，但要保证私营部门数据的机密性。

（3）建立 B2G 合作的技术手段

在过去的 B2G 合作项目中，往往需要将私营部门数据实际转移到有关公共机构的信息技术环境中。然而，随着技术的进步，已经有了更多的实现路径。本节将讨论这些新的技术手段。这些技术手段可以提供数据访问和数据使用规则，同时为数据集的交换提供可信和安全的环境。

①数据平台：数据平台的建立可以为公司和公共机构之间的数据存储和数据交换提供一个安全的环境。这些平台可以与公司合作，为公共机构提供标准化的数据，创建共享的数据资源和解决方案。

【荷兰大数据统计中心】

荷兰大数据统计中心与私营部门合作，收集必要的私营部门数据，创建高质量的可视化数据。由于中心是一个公共部门组织，它还可以访问荷兰的政府大型数据仓库和传感器数据储存库，将这些不同来源的数据源汇集到一起，提供新的更好的数据解决方案。

②算法到数据：将算法引入到数据可以解决一些数据安全、数据保护和个人隐私问题。它将保证尽可能少地移动数据，这是保护个人数据和隐私的主要考虑因素之一。使用"算法到数据"意味着将算法安装在私营公司的 IT 环境中，并在那里进行分析，只有由算法导出的匿名分析结果会被传送至公共部门。数据查询接口由公共部门和私营公司共同设计。

【开放算法（OPAL）】

开放算法项目是由 DataPop 联盟、伦敦帝国理工学院（Imperial College London）、麻省理工学院媒体实验室（the MIT Media Lab）和世界经济论坛（World Economic Forum）公共开发的社会技术创新项目。其目的是以一种保护隐私、可预测、可参与、可扩展和可持续的方式"将算法代码发送给数据"，从而将私营部门数据用于公益目的。该算法的设计得到了当地咨询委员会在发展方向和行为准则方面的意见，使这些算法能够满足当地的需要并且符合当地的标准。

③隐私保护算法：在过去的几年中出现了一些数据保密计算模型。这些模型允许在不公开输入数据的情况下，提取所需的输出信息。因此，数据计算可以跨越不同的管理域（公共或私有）协同进行，不需要将数据移出公司。这些模型意味着从"共享数据"到"共享计算"的基本模式的转变。在现有的隐私保护计算方法中，安全多方计算（secure multi-party computation）似乎非常适用于 B2G 的数据协作环境。一些简单的安全多方计算技术具有很强的可扩展性和强大的功能。一些公司已经提供了相关的技术和平台，并进行了在 B2G 协作中使用该技术的研究。

【安全多方计算】

安全多方计算是一种实用的保护数据的加密方法，目前多用于隐私保护的统计分析。2015 年，爱沙尼亚应用研究中心（CentAR）的统计人员进行了一项大数据研究，寻找大学期间工作与未能及时毕业之间的相关性。这项研究将爱沙尼亚税务局和海关局的个人纳税数据库与教育和研究部的高等教育活动数据库联系起来，使用安全多方计算系统进行数据收集、准备和分析，为数据的分析提供终端到终端的加密保护。在分析中使用了 1000 万条税务记录和 50 万条教育记录，这是有史以来对真实数据进行的最大的加密私人统计研究。

五、总结

在本文中，欧盟委员会提出了许多措施，使公共部门和私营企业从不同的来源中更容易获取和再利用数据。连同已经实施的措施，例如，于 2018 年 5 月生效的个人数据保护监管框架、关于非个人数据自由流动的建议和鼓励高性能计算的倡议，这些措施将在欧盟有关研究与创新资金的支持下，创建一个真正的统一的欧洲数据空间。这些措施对欧盟的经济增长和竞争力提升至关重要。

欧盟委员会呼吁立法者加快立法进程，确保欧盟能够充分受益于数据经济发展所带来的机遇。同时，欧盟委员会还呼吁成员国和其他利益相关者为已经公布的措施和倡议多做贡献。

欧洲数字化单一市场战略
——建设欧洲统一的物联网市场

编 译：李毅萍

译 审：舍日古楞

国家电子政务外网管理中心主办

编者的话

物联网（IoT）技术的快速发展正在改变人类生产模式，促进传统生产方式向网络化、协同化发展。在物联网的世界里，所有产品最终都将成为一个网络终端，万物互联正在使万物智能逐步成为可能。

为抓住物联网发展机遇，世界主要国家已将物联网作为抢占新一轮科技发展制高点的重要战略，纷纷制订物联网发展战略，促进本国经济发展。欧盟在2015年发布的《欧洲数字化单一市场战略》中提出"建设欧洲统一的物联网市场"，期望通过物联网的发展促进欧洲数字化单一市场的构建。本文详细介绍了欧盟的物联网发展思路，包括如何具体构建一个统一的物联网市场，如何促进物联网生态系统的健康发展，以及如何构建一个"以人为中心"的物联网的策略和方法。

当前，物联网整体上处于加速发展阶段，我国已将物联网作为战略性新兴产业，明确提出"加快建设物联网泛在基础设施、应用服务平台和数据共享服务平台，持续优化发展环境，突破关键核心技术，健全标准体系，创新服务模式，构建有国际竞争力的物联网产业生态"。此外，物联网还是"互联网+"国家战略的一项重要内容之一，也是我国工业4.0道路上不可或缺的一个发展领域，是推动我国智能制造发展的重要基础。

可以说，我国物联网产业已经具备了前所未有的发展条件，正由全面布局和规划阶段逐步进入高速发展阶段。我国应充分抓住物联网发展机遇，将物联网技术应用于社会经济发展各个领域，制定统一的标准，为物联网发展扫除网络连通性等方面的障碍，促进物联网系统间数据的有效共享，强化物联网应用中安全机制建设，确保个人数据和隐私安全。着眼于未来，构建"以人为本"的现代化物联网生态系统，以物联网技术推动国家数字经济健康快速发展。

编　译：李毅萍　　　译　审：舍日古楞

欧洲数字化单一市场战略
——建设欧洲统一的物联网市场

一、物联网的基本介绍

（一）物联网的基本概念

物联网（Internet of Things，IoT）技术的发展是互联网时代的又一次重大经济和社会创新浪潮。基于物联网，任何物理和虚拟的物体都可以连接到其他物体和互联网上，在物体之间、人与物体之间构建关系。物联网可以将物理世界和虚拟世界结合在一起，形成一个全新的感知、分析和适应的智能环境，让我们的生活更轻松、更安全、更高效和更人性化。

欧洲数字一体化市场（Digital Single Market，DSM）战略强调要使欧洲成为物联网产品和服务的领先地区，促进欧洲物联网的互操作性，避免物联网的碎片化倾向。为实现这些目标，需要从以下三个方面推进工作：

（1）建设一体化的物联网市场：物联网设备和服务要在欧盟任何地区实现无缝连接和即插即用。

（2）完善物联网生态：构建跨行业领域的物联网开放平台，支撑应用开发者社区创新。

（3）构建"以人为中心"的物联网体系：要赋予人和机器与企业同等的权利，强化个人数据保护，构建"可信任的物联网"。

（二）物联网的发展历程

物联网以互联网等现代通信技术为基础，通过网络将所有物体和人在私人、公共和工业空间内或跨空间进行互相连接，并对其自身状况信息及周围环境信息进行处理。其诞生和发展历程如图1所示。

图1 互联网：从诞生到物联网时代

物联网开创了一个无处不在的互联互通和智能化新时代。物联网具有横向和纵向的特征，通过构建跨领域的共同平台将垂直领域（制造、运输、医疗保健、设备等）相互关联，构建起一个跨越垂直领域的新生态系统。物联网生态系统将多个部门和利益相关者聚集在一起，覆盖日益复杂的价值链，集成不同类型的设备、开放平台和应用程序，为硬件（连接设备）、软件（物联网平台和系统）和服务（物联网应用程序）创造出了一个新的市场。

物联网的实现需要依赖各种学科的不同技术，如传感器、嵌入式系统和各种通信技术，需要对各种对象进行识别和搜索、实现数据共享、采用轻量级通信协议，以及实现基于本地和网络的信息处理之间的平衡等。也就是说，物联网将连接性、数据处理和分析、架构和系统，以及包括自动化和人工智能在内的新技术进行有效结合。同时，物联网的实现还需要考虑到数据安全、责任、标识和身份验证机制，以及信任机制等。

鉴于物联网的特殊性和其市场发展状况，人们将物联网的发展划分为以下几个阶段（见图2）：

图2 物联网的发展阶段

二、建立统一物联网市场的战略导向

（一）物联网产业的预期收益

目前，虽然只有不到1%的对象连接到了物联网，但其发展速度将非常迅速。欧盟的物联网连接对象数量预计将从2013年的约180万增加到2020年的近60亿，到2020年，欧盟物联网市场规模将超过1万亿欧元，带来巨大的经济效益。物联网的优势在于它能够重塑产业结构，使产品和服务之间以及工业部门之间的边界变得不那么明显。这种优势正在进一步得到显现：物联网服务和应用创新层出不穷；不断增强的连通性和互操作性支持新服务和新产品的不断改进；工业企业生产工序不断优化，生产效率持续提升；资源和能源消耗正在进一步减少；对客户需求的进一步了解增加了企业与客户共同生产和创新产品与服务的灵活性和可能性。

与此同时，一系列社会难题的解决也将产生预期的经济效益，例如：

（1）巴塞罗那的智能节能路灯：巴塞罗那市有关部门在路灯上安装传感器，通过分析噪音、空气污染和人口密度，实现路灯亮度的自动控制，每年至少节省30%的能源；

（2）英国的智能交通系统：英国在M42高速公路上建立了基于智能响应设备的交通系统，减少了25%的交通拥堵时间和50%的交通事故；

（3）荷兰医疗机构使用物联网解决方案对慢性病患者的健康状况进行监测，目前已显示，护理工作的效率提升了20%以上。

（二）保持欧洲的全球数字产业优势

欧盟委员会认为，欧洲未来的数字产业优势将取决于其能否抓住数字技术创新所带来的机遇。物联网技术的快速发展为欧洲提供了一个难得的保持数字产业全球优势的机会，物联网可以使欧洲建立和完善新的数字价值链，吸引新的投资和更多的创业者。欧洲工业部门的数字化对于保持欧洲强大的工业基础和优势、创新价值链管理和促进商业模式转型都将具有十分重要的意义。例如，数字化和物联网的使用对于发展智慧农业，实现食品的可追溯性和安全性至关重要。

当前，鉴于物联网技术对经济和社会发展的巨大推动作用及其自身发展的巨大潜力，美国、中国和日本等国家正努力成为物联网领域的全球领导者。虽然欧洲的数字化产业转型为其创造了巨大的发展机遇，但专家指出，欧洲许多主导产业都面临着巨大的挑战。

为了应对挑战，更好地引导欧洲物联网发展。2015年3月，欧盟委员会与物联网行业参与者共同发起了物联网联盟（Alliancefor Internet of Things Innovation，AIOTI）。AIOTI的目标是让欧盟在物联网领域处于领先地位，创建一个动态的欧洲物联网生态系统。AIOTI遵循工业互联网联盟（Industrial Internet Consortium，IIC）等国际倡议，建立跨部门的伙伴关系和协作,推动欧洲物联网战略实施。该联盟还致力于探索如何更好地开展物联网监管,制定有关法律法规体系,以及与欧洲电信标准协会(European Telecommunications Standards Institute,ETSI)和物联网领域国际标准化组织 one M2M 一起促进欧洲物联网标准化。

(三) 实施物联网面临的挑战

欧盟在部署和利用物联网的过程中也面临着一些挑战。

(1) 在许多工业行业,数字技术变革正导致许多公司在整个价值链中的作用和地位发生根本变化,同时,创造和催生出新的市场。物联网领域的垄断和电子围栏可能成为市场健康发展和开放数字平台建设的障碍。

(2) 目前,很多企业在实施物联网时仍持谨慎态度,因为这可能导致企业内部根本性的结构变化和价值创造过程的根本转变。这可以解释为什么老牌大公司常常难以适应新的商业模式,难以加入新的联盟。在这方面,像中小型企业这样的敏捷参与者,尤其是初创企业,最有潜力抓住物联网带来的新机遇。

(3) 整个产品和服务生命周期缺乏共同的标准和可互操作的解决方案。互操作性对于物联网的跨部门部署,以及确保数据在价值链中无缝流动至关重要。

(4) 欧盟在物联网的政策协调方面尚缺乏共识,这造成了至少五个主要风险:

一是市场分裂风险。如果各成员国间协调失败,各成员国将开始制定有利于自己国家物联网发展的政策,国家壁垒会阻止欧洲形成统一的物联网市场。

二是行业分化风险。欧洲许多行业领域已经开始使用物联网。然而,许多行业的参与者都采用了独立的物联网体系结构、标准和业务模型,这有可能加剧孤岛现象,并阻碍物联网跨领域的创新。

三是生态孤立风险。许多物联网体系限制互操作性，限制其他物联网生态系统对本系统内的数据和应用程序的访问，将导致物联网生态系统孤立化。

四是用户数据滥用风险。许多物联网系统无法保证用户信息的完整性、隐私性和安全性，造成物联网系统存在用户数据滥用风险。

五是商业模式和标准体系风险。商业模式和标准体系建设的不确定性可能导致信息不对称和市场失灵，从而阻碍物联网市场投资，阻碍物联网市场健康快速发展。

三、建设欧洲统一的物联网市场

欧洲发展物联网的关键是要建立一个统一、有效的物联网市场，确保物联网产品和服务不受国界影响，在欧盟任何地方实现"即插即用"。此外，欧盟还需要解决诸如连通性、编号和寻址、标准化和互操作性等问题。

（一）统一物联网市场的关键特性

1. 机器到机器（Machine to Machine，M2M）的连接

物联网实现连通性的最基本单元是设备与设备的连接，通常称为机器到机器（M2M）。实现连通性主要依赖于两个方面，一个是连接技术，另一个是连接协议。

在连接技术方面，物联网设备可以通过使用固定电信线路连接，也可以通过无线线路连接。目前，有很多短程或本地可用的无线技术，包括RFID、NFC、Wi-Fi、蓝牙、XBee、ZigBee、Z-Wave和无线M-Bus。此外，还有低功耗、更远距离的无线技术，如LoRa、Sigfox和即将推出的窄带LTE标准（narrow-band LTE，LTE-NB）。GSM和3G也可以用来连接设

备。未来 5G 有望更好地服务于物联网设备，为 M2M 提供高可扩展性、低延迟的高质量服务和更高的频谱效率。

在连接协议方面，目前市场上存在足够多的连接协议，由于 M2M 连通性协议的选择与所连接设备的功能有很强的一致性，所以目前没有发现该领域存在任何市场失灵的情况。电信行业也为 M2M 通信创建了一个全球标准计划（oneM2M），支撑物联网系统的标准化开发和服务的规范化提供。

2. 物联网体系架构

物联网体系架构是一个平台，它为参与者提供了一种公共语言，使参与者可以构建物联网基础设施和功能，并开发增值应用程序和服务。体系结构支持跨价值链、跨产业部门和跨职能层级的产业合作，有助于动员领域内日益活跃和日益壮大的创新者和企业家群体。

AIOTI 开发了一个参考架构来解释不同物联网系统的运行，以及各个组件之间的连接。AIOTI 参考架构的功能模型由三层组成：

（1）应用层：包含进程间通信使用的通信方法和接口方法。通过应用程序编程接口（Application Programming Interfaces，APIs）实现。

（2）物联网层：包含物联网特定功能，如数据存储和数据共享。

（3）网络层：包含数据服务（提供数据连接和数据转发）和控制服务（提供位置、设备触发等服务）。

3. 数据处理

物联网在产生大量数据的同时，也需要对数据进行正确的处理，收集和汇总大量不同来源的数据。在目前的物联网解决方案中，包含以下几个业务数据处理模型（见图 3）：

图 3　物联网业务模型及其在数据处理方面的特性

为了实现统一的物联网市场，欧盟委员会认为有必要采取措施进一步促进物联网系统的数据流动，强化对数据生成、传输、存储和处理等环节的管理，提供更优质的数据服务。

数据处理的每一个环节都可能妨碍物联网系统和解决方案在泛欧洲范围内有效运行。为了提高物联网系统的灵活性和可互操作性，在每个数据处理环节，数据都应该是有效的、可访问的和可信任的，并且易于聚合和处理，也就是说，要保证数据的质量、可靠性和安全性。

（二）克服网络连接阻碍

物联网的通信频谱和网络覆盖对于一体化的物联网市场构建至关重要。

1. 通信频谱

物联网连接设备的数量正在迅速增加。预计 2014—2020 年，物联网连接设备的年复合增长率为 23%，总连接数量将达到 1.9 亿。为了满足这些连接设备之间的通信量，必须增加可用的频谱数量。

目前，25MHz～1000MHz 之间大约有 20 个不同的频带，供短程设备通信使用，然而，这些频带是用来满足不同使用目的的，所以并不是所有的设备都同时支持这些频带，这在某种程度上导致了设备资源的碎片化。为了避免这一现象和可能出现的阻碍，欧洲委员会需要制定更加有效的物联网频谱政策。

2. 网络覆盖

为了构建统一的物联网市场，实现在欧盟任何地方都能够做到物联网设备的"即插即用"，需要考虑到的另一个关键问题就是通信网络的可用性。目前，在不同的物联网解决方案中，往往采用不同的技术来解决用户不同的连接需求。例如，对于小型的、低功率的传感器与联网的汽车就分别采用了不同连接技术。过多地采用不同的网络连接技术，将导致物联网的"割裂"，阻碍统一网络体系的构建，为解决这一现状，欧盟委员会认为，欧洲宽带网络政策的制定必须考虑到物联网的特殊性。

（三）扫清设备接入障碍

构建统一的物联网市场的另一个潜在阻碍就是如何应对大量的、不同类型的连接设备。这需要考虑到如何对设备进行编号、寻址，如何快速发现和安全识别这些设备，并将它们成功地接入物联网系统。

1. 编号和寻址

数以亿计的物联网设备通常都不会有一个固定的静态位置，往往都在随时移动中。例如，设备都要经历从生产到使用，再到回收的全过程。再如，车联网中的汽车时时都在移动行驶中。因此，物联网发展迫切需要解决好设备统一编号和寻址的问题。然而，欧洲目前的编号方案太局限，无法支持未来广泛的 M2M 应用。

为此，欧盟委员会于 2015 年通过欧洲电子通信监管机构（Body of European Regulators of Electronic Communications，BEREC）和欧洲邮政和电信管理局（Conference of European Postal and Telecommunications Administrations，CEPT）开始着手解决物联网编号问题，了解欧洲各成员国对物联网编号方案的新需求，并就编号问题进行公众咨询等。

2. 识别和发现

物理和虚拟物联网设备标识和发现机制是物联网应用和服务开发、部署和操作的关键条件。物联网标识机制应该具有命名、寻址和发现等机制，这些标识机制在不同的网络层级上操作，服务于不同的目的。

目前，欧盟很多不同类型的物联网应用采用了不同的识别技术。这些技术包括 IPv6、标记标识符（UPC、RFID）和 DOI/Handle 技术等。其中，欧盟委员会认可 IPv6 具有极其重要的作用，并积极鼓励 IPv6 的部署。此外，欧盟委员会还通过 Horizon2020 项目，重点资助对物联网集成平台的研究，这些平台将主要解决设备的认证、识别和发现问题。

（四）提高标准化水平

标准化可以促进全球范围内不同技术解决方案之间的互操作性、兼容性、可靠性和安全性，消除碎片化，促进新生态系统的出现，促进研发和创新能力。

同样，标准化也是构建欧洲统一的物联网市场的重要保障，是实现任何设备都可以在任何地方"即插即用"的关键。标准化可以激发物联网业务模型的创新，释放物联网系统的商业价值。物联网标准包括连接性、互操作性、应用程序接口（API）、数据共享、个人数据保护和安全等标准等。

1. 欧洲物联网标准化现状

目前，欧洲有大量针对特定需求的、专有的或半封闭的物联网应用案例，这些案例中的应用系统基于不同体系结构和协议，往往相互之间缺少互操作性。这导致物联网应用程序的部署在规模和范围上受到了限制，使这些物联网系统实际上成了一组"内部网"。

目前，欧洲同时存在几个物联网标准化组织，这些组织都有自己的合作伙伴［例如，Telecommunication Standardization Sector（ITU-T），

International Organization for Standardization（ISO）, World Wide Web Consortium（W3C）, Institute of Electrical and Electronics Engineers（IEEE）和 Internet Engineering Task Force（IETF）等国际组织]。当前，欧洲最迫切需要做的是，依托现有的标准化制定工作，尽快了解物联网标准化发展的全球动态，确保全面掌握欧洲物联网标准化的真正需求。

> **"地平线2020"的大规模试点**
>
> 欧盟委员会在"地平线2020"项目下，设立了一个专门的物联网发展重点领域。欧盟委员会将在大规模物联网试点和示范项目上投资逾1亿欧元。这些项目涉及智能城市、智慧家庭、智能养老、无人驾驶、可穿戴设备、智能农业或智能制造等领域。物联网平台将支持创新实验和测试活动，重点是跨境合作，促进中小企业能够具有足够的技术，以进入整个欧盟市场。

同时，欧盟存在着许多物联网联盟，这些联盟都有各自的发展定位和对未来物联网发展的不同看法，这一方面说明了物联网自身仍然处在发展阶段，另一方面也说明了物联网的发展存在"碎片化"的潜在风险。因此，为了确保建立一个欧洲统一的物联网市场，制定规范有效的标准化体系，需要促进不同标准制定组织和物联网联盟之间的合作。

2. 协调与开放

在制定物联网标准的过程中进行协调和沟通是至关重要的。这就需要在标准制定过程中加强协作和构建开放的环境。

为加强协作，欧盟委员会专门设立了标准制定专家工作组，其任务是：协调欧洲物联网标准化制定过程；分析欧洲物联网标准化现状；评估物联网产业和垂直市场分割程度；提出可以提高物联网标准化水平、改善物联网互操作性，以及丰富和完善物联网生态系统的有效方法。

为构建开放的环境，欧盟委员会要求建立一个统一的物联网参考架构，并开放统一的应用开发接口（API），改善互操作性，实现真正的物联网数字单一市场。同时，委员会还保持和加强了与国际上主要标准制定组织的高级别联系，并与美国、韩国、日本和中国就物联网标准化建设进行国际对话，积极取得共识，特别是通过"地平线2020"项目，积极呼吁和开展国际多边和双边信息以及通信技术对话。

3. 知识产权保护

物联网的有关技术极具复杂性，必然涉及专利技术、知识产权保护和争端解决机制等问题。如果考虑不周，必然会使企业面临很多不确定的风险。为此，欧盟委员会正和工业界一起努力为物联网价值链的所有参与者和物联网系统的相关受保护技术制定一个公开透明、公平合理和非歧视性的技术许可证制度，使中小企业可以以适度的成本使用那些需要大量研发投入才能获得的技术。同时，有助于鼓励企业进行技术创新。

（五）促进数据流通

欧盟在"欧洲一体化数字市场战略"中也提到，欧盟依据数据自由流动协议，消除对数据位置的不合理限制，解决"数据所有权"和"数据可用性"等问题，确保数据能够畅通无阻地流通。

数据流通对于促进物联网市场发展也意义重大，物联网领域同样面临"数据所有权"和"数据可用性"等问题。其中，数据所有权的概念似乎是物联网领域中最具有争议的一个问题。当前，关于谁"拥有"或应该"拥有"机器生成的数据，或者是否应该有一个数据的"所有者"，几乎没有明确的说法。在实践中，不同的物联网设备/服务依据不同的业务模型和不同的协议，对数据进行访问、传输或使用。

欧盟委员会认为，应建立数据产权制度，类似于知识产权法。目前采用的合同制度其实就是某种所有权制度，规定了数据收集和处理中各方的权利和义务，包括数据的使用权和使用范围。然而，当前的合同安排可能会限制与第三方的数据共享。欧盟委员会正在分析现有的物联网商业模式与合同协议之间的关系，希望更好地了解"数据所有权"的模式，探讨在何种合同条件下可以获取数据并流转数据，特别是，如何保证公共服务机构所需要的个人数据的获取和应用得到法律的保障。例如，如果可以访问到私家车的数据信息，政府交通管理系统的运行能力将大大提高。

此外，欧盟委员会认为，区块链或深度学习等技术在物联网领域的应用潜力需要进一步探索。这样的分布式架构可以提供可替代的、更有效的方法来解决互操作性挑战，同时也可以解决数据信任、数据所有权和数据使用权挑战。

（六）安全与责任

物联网生态系统的复杂性较高，涉及接入设备、网络设备和软件等，包含各种各样的角色，如产品制造商、传感器制造商、软件生产商、基础设施提供者、数据分析公司、服务提供者和最终用户等。

任何角色都需要承担安全责任，然而，在复杂的生态系统中分配责任是十分困难的。因为参与者之间的依赖关系并不是静态的，在产品和服务的生命周期中，这种关系会变得更加复杂。

物联网复杂的相互依赖性会给物联网的安全和责任问题带来挑战。此外，现有的欧盟法律是区别对待产品和服务的。也就是说，通过物联网系统提供数据被认为是一种服务，因此，不属于产品安全和责任范畴，一旦出现因为提供虚假数据或未提供数据而造成损害的情况，想要追究安全责任就更加不容易，索赔也难以执行。

欧盟认为，欧洲目前的部分法律可能不再适用物联网的发展需求，需要进行修订。例如，《电子商务法令》和《缺陷产品责任法令》之间就存在部分差异。再如，就物联网中的合同责任而言，当智能设备彼此签订合同时，机器对机器的合同可能会产生法律上的不确定性。

在这种情况下，可以分析具体案例在多大程度上已经被现有的法律框架覆盖，为合同责任的确定提供一个良好的起点，以进一步评估部门法规是否适用于这一发展需求。此外，对用户和服务提供者之间现有合同条款进行分析，可以帮助确定和设计物联网领域的安全责任制度。欧盟委员会认为，制定出物联网安全领域的所有政策，可能还需要进一步开展大量的论证工作，但对于相关法律的修改是在所难免的。

四、促进欧洲物联网生态系统蓬勃发展

（一）构建物联网生态系统

物联网包括垂直维度和水平维度。垂直维度指的是单一行业领域；水平维度指的是跨多个垂直行业领域。为了避免特定的行业或领域的应用之间、标准之间、区域和机构之间形成孤岛，妨碍物联网发展愿景的实现，物联网生态系统的一个关键特征就是水平物联网平台与物联网垂直领域解决方案之间的动态交互。

欧盟委员会认为，物联网政策应该协调与解决构建统一数字化市场所面临的主要问题，包括互操作性、通用性、端到端安全性和信任等。为了加快物联网的发展，促进欧洲物联网创新应用，避免形成行业孤岛，需要进一步创建繁荣的物联网生态系统。物联网的特性要求多个部门和相关利益者结成联盟，创造复杂的价值链，共同实现规模经济。图4简要描述了这个复杂价值链中的各个参与者。

图4 物联网生态系统

物联网生态系统的构建至关重要。物联网的发展对欧洲来说是一个新的机遇，欧洲必须抓住机遇迎接挑战。移动智能手机革命对欧洲来说是一个很好的教训，市场的胜利者实际上不是通过其产品的功能，而是通过创建生态系统网络，这些生态系统通过创造无数的应用和设备，释放了巨大的新的需求，这些数量巨大的应用和设备是任何一家单体公司都无法单独创建的。移动智能手机革命的经验表明，时间和规模是在市场上抓住机遇并取得成功的关键。一直以来，尽管欧洲企业在移动通信系统建设方面拥有世界领先的专业知识，但一直没能创建智能手机生态系统。从这一教训中，欧洲必须认识到，物联网将成为创新和竞争力的重要驱动力，将为市场带来更多新的设备，欧洲必须创建物联网发展生态系统，才能在未来的竞争中取得胜利。

为此，欧盟委员会启动了有关工作，以确定并绘制出整个欧洲最有前景的物联网发展集群。欧盟委员会与欧洲技术学院数字集成电路创新社区进行合作，该社区将来自高等教育、研究和商业领域的领先的合作伙伴聚集在一起，共同开发极具挑战性的物联网解决方案。同时，欧盟要求公共管理部门尽早参与物联网生态系统的建设和发展。

2015年，欧盟委员会启动了一系列欧盟资金支持项目，创建"智能对象连接平台"生态系统，克服垂直行业系统的封闭以及物联网体系结构和应用领域的碎片化。该平台的目标客户是广大的中小企业和初创企业。同年 3 月，欧盟委员会发起成立了物联网创新联盟（AIOTI），帮助创建一个动态的欧洲物联网生态系统，释放物联网发展潜力。

同时，物联网生态系统的构建需要大量的应用开发者，这将创造更多的就业机会。虽然目前全球只有 30 万物联网应用开发商，但根据"Vision Mobile"项目的一份最新报告显示，到 2020 年，将有 450 万物联网应用开发商，年复合增长率将达到 57%，这是一个巨大的机遇。对接受过良好教育、具有数字技能的员工的需求将日益增长，这将对欧洲的教育和培训产生重要影响。

（二）推动开放平台建设

推动物联网开放平台建设是实现物联网快速健康发展的关键。物联网平台汇集了一整套物联网技术、接口标准和协议，以及开发和部署工具。使用某个物联网平台的公司、开发人员和客户越多，那么这个平台就会越繁荣。在未来，物联网市场的经济预期将由制定标准和控制市场动态的物联网平台来驱动。

目前，大部分物联网还是在进行垂直整合，如建筑、城市建设和工业机器等非消费品行业。不过，已有迹象显示，汽车和家居等消费行业也出现了物联网平台。随着苹果、谷歌和亚马逊等公司提供的物联网集成解决方案的问世，以及物联网软件层的标准化倾向，物联网市场已经出现了创建平台的种种迹象。

事实上，许多现有的或正在构建的物联网平台都被设想为专有平台，为的是将消费者锁定在特定的平台中。然而，正如"Gartner 咨询公司"预计的那样，目前还没有出现占主导地位的平台生态系统，这将为欧洲物联网平台的出现打开大门。

欧洲需要抓住物联网平台建设的机遇。欧洲企业应该努力在物联网平台上取得领先地位，构建一个根植于欧洲的物联网生态系统，支撑中小企业、研究人员、企业家和创新者工作。好的平台还应该是开放的，允许市场上的不同角色，第三方开发人员、供应商和用户，以及竞争对手在平台上构建应用程序和服务。

此外，欧盟提出了若干跨部门协议，对正在施行的公私伙伴关系管理办法进行了补充。欧盟委员会认为，欧盟和各个成员国要建立物联网平台建设的参考架构，这对下一代物联网平台建设和发展至关重要。

（三）激发市场创新活力

物联网、云计算和数据分析技术可以带来实实在在的商机，激发市场创新活力。物联网的预计市场规模和市场增长率，可以给很多公司带来实际的发展机会。根据IDC（International Data Corporation）数据显示，智能制造、智能家居和智能健康等领域已经产生了许多案例，这些成功案例也在不断地促进物联网技术的发展：

（1）智能家居在家居安全、能源应用和家用电器领域产生商机；

（2）个人智能健康系统和可穿戴设备的应用将促进远程健康监测领域产生巨大机遇；

（3）物联网已经在智能制造领域得到了广泛的应用；

（4）智能城市社区已经配备了传感器等设备，获得的信息经过适当的处理，将大大提高居民的生活水平；

（5）智能移动应用系统正在依托可信任的和安全的移动生态系统，为消费者提供便利的交易服务；

（6）智能电表和智能电网正在依托物联网实现智能供电，智能能源可以优化能源消耗，进一步帮助用户改进消费行为和消费模式；

（7）在智能农场中，数据收集、处理、分析和自动化技术的协同配合提高了农场的运营和管理水平；

（8）地球和海洋观测系统正在依托物联网助力渔业和水产养殖行业提

质增效，最大限度挖掘海洋潜力，助力未来蓝色经济愿景的实现；

（9）物联网可以促进实现循环经济，使传统经济发展方式向新商业模式转型，使价值链的所有参与者紧密相连，使用协作平台共享流动数据资源。

此外，欧盟委员会认为，基于物联网的服务创意和创新也至关重要，要赋予物联网文化和创意产业应有的战略地位，以培育智能化、可持续和包容的物联网服务和产品。

五、建设"以人为中心"的物联网

物联网能够极大地改善人们的生活、工作，以及提高工业和制造业的效能。然而，物联网可能会导致"异化"现象出现，因为物体设备之间过多的相互"交谈"会忽略人类的偏好。我们生活中的物品越"聪明"，被误用的可能性就越大。如果没有适当的法律、技术和组织保障，物联网可能会促使一个"非人性化"世界的出现，在这个世界里，机器严格执行规则，而人类的自由被大大地缩减。为了确保"物联网是为人类服务，为人类赋能"这一根本属性，欧洲委员会认为，需要制定某些保障措施，构建"以人为中心"的物联网。

以人为中心的物联网意味着物联网将赋予人们力量而不是将人们变成"技术的人质"。欧盟委员会认为，以下问题值得重点考虑：

（1）如何确保用户充分理解物联网服务对他们生活、工作的影响？

（2）应该采取什么预防措施来确保人们的医疗信息能够以电子方式获取，而不被泄露或滥用？

（3）用户如何控制自己的数据使用和共享？如何能够理解应该与谁共享自己的数据？应该共享哪些数据？

物联网必将对人们的生活、工作产生积极影响，然而物联网技术及其应用需要被人们信任和接受，需要确保使用的安全，以及保护个人数据和隐私。

（一）提升用户信任度

欧盟委员会认为，物联网发展面临的主要挑战之一仍然是广义上的用户信任，无论是个人、企业还是政府用户都需要信任物联网才能更好地使用物联网。为此，需要解决好以下问题：

（1）保证物联网关键基础设施和应用环境的安全和隐私；

（2）具备必要的计算能力，支持实现复杂的安全保护解决方案，如可信计算、对物联网物理硬件系统进行加密；

（3）分布式环境中用户和设备的可信标识；

（4）制定和遵守数据使用和分析保护规则，在进行数据相关性和信息检索时，制定和遵守相应的安全机制；

（5）在分布式和移动环境中进行数据收集和处理时，实现用户数据和元数据的匿名化；

（6）解决物联网中数十亿设备的可伸缩性，掌控连接系统、通信技术和资源约束等方面的广泛的异构性；

（7）从商业角度，解决好由不同数据来源导致的市场利益冲突问题。

为确保正确使用数据和保证用户安全，制定行业主导的激励措施可能非常重要。为此，2015 年 12 月，欧盟联合立法委员就制定网络信息安全（Network Information Security，NIS）指令达成协议，该指令要求在能源、交通、卫生和金融等关键领域采取网络安全解决方案。NIS 指令要求欧盟各成员国明确确定其关键部门的物联网运营商，采取适当的技术和组织保障措施，严格管理网络和信息系统的安全风险。NIS 指令还要求运营商向国家主管当局或计算机安全事件反应小组（Computer Security Incident Response Team，CSIRT）通报影响基本服务的连续性的重大事件。NIS 指令以国家或国际标准为基础,接受国家当局的审计。

物联网运营商采用可信物联网标签证明其提供的服务符合 NIS 指令的要求。也就说,开发值得信赖的物联网标签提供不同隐私和安全级别的物联网产品和服务透明度。

(二)解决安全问题

安全问题对于物联网来说同样重要。虽然物联网的部署还处于起步阶段,但最近几个黑客攻击的例子表明,如果已知的物联网漏洞一直存在,那么被攻击的数量必然会呈指数级增长。

物联网联网设备的安全认证至关重要。与其他物联网设备交换数据的联网设备需要进行适当的身份验证,这可能需要开发某些身份验证协议,并使用完整的信息安全加密通道。

欧盟委员会认为,重要的是要考虑对联网设备进行核证,这种核证将提供从单个硬件到整个网络的最低程度的安全核证,对每个设备的功能、设备的数据处理情况,以及该设备传输数据到另一个设备的安全连接进行分析。

(三)强化个人数据保护

物联网必须符合数据保护条例规定的要求。在个人信息及私隐方面,欧盟致力于遵守《基本权利宪章》中所规定的最高保障标准,尤其是欧盟的通用数据保护条例(General Data Protection Regulation,GDPR)增加了对数字服务和物联网信任的有关规定,个人、企业和公共行政部门都将从这些数据保护规则中受益,这些规则为各方主体的数据提供强有力的保护,在欧洲一体化的数字市场基础上,为各类主体创造市场机会,并鼓励创新。在 GDPR 下,"默认数据保护"将成为一项基本原则,这将鼓励企业进行想法和技术创新,更好地保护个人信息安全。同时,企业还可以使用数据保护影响评估、数据保护认证、印章和标志、匿名（在不需要的情况下删除可辨识的个人身份信息）假名（以人为身份代号取代可辨识的个人身份信息），以及加密等工具和方法保护个人信息。此外，GDPR 还强调了解决物联网安全问题的一些工作思路，如制定新的数据保护影响评估框架和指南，积极支持业界参与关于隐私保护的研究和开发。

六、政策建议和启示

我国要抓住物联网时代潮流，构建"以人为本"的现代化物联网生态系统，以物联网技术推动国家数字经济健康快速发展。本文对我国物联网发展的启示主要为：

（一）战略层面大力支持

当前，物联网整体上处于加速发展阶段，我国已将物联网作为战略性新兴产业，明确提出"加快建设物联网泛在基础设施、应用服务平台和数据共享服务平台，持续优化发展环境，突破关键核心技术，健全标准体系，创新服务模式，构建有国际竞争力的物联网产业生态"。但是目前我国并未形成体系化的物联网发展战略，建议我国应结合目前国家经济发展需求，参考美国、欧盟、日本、韩国、新加坡等国家和地区发展战略，制定具有中国特色的物联网发展战略，从国家层面统一物联网发展思路，建立中国物联网发展统一市场。

（二）制定统一物联网标准

无规矩不成方圆，行业发展同样如此。但是从目前来看，国内关于物联网的相关标准还处于起步阶段，缺乏明确的部门引导和规定，而相关接口和联动的相关设备缺乏统一标准，因此会存在出现多种接口设备的潜在可能，这将为后续的推广普及造成混乱。我国物联网发展本身就是国家战略，相关部门应逐步推动建立起产业统一标准，并从核心技术研发、信息化基础等多个环节予以加强，联合国内各家电企业统一标准，统一推广，物联网才有希望从概念变成普遍的应用。

（三）促进物联网数据共享

大数据是物联网发展的基础，数据共享是物联网发展的主要驱动力。随着云计算、物联网、人工智能等科技的不断进步，人类积累的数据实现海量增长，利用大数据技术处理数据的能力也在不断提升。我国可以通过数据共享，建立政府数据开放共享平台、企业数据开放共享平台、行业数据开放共享平台，促进数据内部流通，实现最终的智能物联网。

（四）注重个人数据安全

事实上，用户隐私和信息安全已是困扰中国人多年的问题。物联网的发展必然伴随大数据的广泛应用，我国政府应该制定针对互联网用户、企业及新兴互联网技术发展的全国范围的数据保护计划。加快出台数据保护和共享的法律文件、行业标准以及互联网制度条例，确定数据责任，保护个人数据安全。

美国信息基础设施的数字化转型
——联邦政府信息技术现代化报告

责任编译：李叶钦

编　译：王皓磊　冯　雪
　　　　刘一泽　陈国渊

译　审：舍日古楞

国家电子政务外网管理中心主办

编者的话

随着互联网、云计算、大数据等新一代信息技术的快速发展，信息技术在改变政府管理模式和完善社会治理方面的巨大作用日益显现，迫切要求政府部门改造和升级信息基础设施，优化信息系统建设和管理模式，实现集约化发展，支持和助力政府部门管理方式的转变和创新，为社会公众提供更加安全、便捷的公共服务。

多年来，美国在涉及国家安全的基础设施建设方面持续加大投入，并通过科技创新不断提升和优化建设管理水平，为美国民众提供高效和安全的优质服务。美国政府致力于国家信息技术系统的现代化改造和升级，利用更多商业化技术实现创新应用。2017年5月1日，美国成立了国家技术委员会，专门负责实现联邦政府对信息技术的安全有效利用。第13800号行政命令要求加强联邦网络系统和关键基础设施的安全，并由美国技术委员会牵头，美国国土安全部、行政管理预算局、总务署和商务部共同参与编制一份有关联邦信息技术现代化的报告。随后，白宫发布了《联邦政府信息技术现代化报告》，该报告概述了美国联邦政府构建更现代化和更安全的信息技术系统架构的愿景和建议，分析了各政府部门在信息系统进行现代化改造的过程中遇到的各种阻碍，比如，资源优先排序、采购服务能力限制和技术问题等。报告建议采取以下两类措施解决上述问题：网络的现代化改造与整合，以为公众提供共享服务来引导和构建未来网络架构。除了具体建议外，报告还概述了政策更新和网络架构的快速构建流程，以帮助政府更好地利用技术革新。

我国目前正在大力发展和利用信息技术构建数字政府和智慧城市，在这一进程中，政府部门基础设施的建设理念、管理方式和服务模式也需要不断转变和提升，以适应新的发展需求。希望此文能够对我国政府部门在信息基础设施建设方面有所参考，促进我国政府信息化基础设施的建设升级。

责任编译：李叶钦　　编　译：王皓磊　冯　雪　刘一泽　陈国渊

译　　审：舍日古楞

美国信息基础设施的数字化转型
——联邦政府信息技术现代化报告

联邦政府正在致力于构建更加现代化、更加安全的联邦信息技术系统架构。政府各机构在对信息系统进行现代化改造的过程中，遇到了各种困难和阻碍，包括资源优先性排序、采购服务能力、技术难题等。解决上述问题的建议可以分为两个方面：一是网络的现代化改造与整合，二是构建面向共享服务的网络架构。

（一）网络现代化改造与整合

本报告设想了一种现代化的联邦信息技术架构。其中，政府各部门能够最大限度地安全使用云计算服务，政府托管的应用程序能够进行自动化更新，同时对尚未淘汰的老旧系统进行安全地维护。

网络现代化改造与整合的目的是使各部门能够从对网络边界的保护和对物理设备的保护，转向对政府数据的保护和对云的优化部署。2014年《联邦信息安全现代化法案》和行政管理预算局的备忘录"行政命令报告指南"，均强调了对部门高价值资产的保护，以及加强联邦网络和关键基础设施的安全。本报告通过试验新的实施方法来实现政策的快速更新，以解决当前采用云技术所遇到的一些障碍。本报告侧重于改进和整合网络服务，使网络安全服务达到更高标准。具体行动包括：

（1）优先考虑高风险高价值资产的现代化。重点是加强对联邦政府机构及其最脆弱的资产的安全保护和隐私控制。

（2）实现可信互联网连接和国家网络安全保护系统的现代化，实现云迁移。使用真实测试环境确定有关代理云采用的解决方案。更新相关的网络安全策略和体系结构，使政府机构能够专注于网络和数据的安全和隐私保护，实现事件检测和防御功能现代化，以应对最新威胁。

（3）整合网络和加强采购管理。加强网络整合和集约化建设，促进网络安全服务标准化，实现规模经济，最大限度地减少对现有安全功能的重复投资。

（二）构建支撑共享服务的网络架构

本报告提出，联邦政府通过在政务范围内进行类别管理，从采用集中式的信息化产品转向采用统一的信息技术模式。该报告详细阐述了当前政策、资源分配和机构优先排序等问题的解决方案，以利于云协作工具和其他安全共享服务的使用。共享服务是跨多个机构部门的整合功能服务或信息技术系统服务，共享服务可以充分利用流程创新和商业解决方案持续提供标准化服务，降低重复提供服务的成本，提高代理效率。构建共享服务的具体行动包括：

（1）启用商业云，使各部门能够使用符合政府标准的商业云产品。

（2）采用云电子邮件和协作工具。为政府云电子邮件和协作套件的迁移提供支持。

（3）改进并提供其他安全共享服务。

（三）联邦网络信息技术的现代化

为了实施本报告所概述的联邦信息技术现代化工作，各部门将需要使用以业务为中心、数据驱动的分析和技术评估来适当地重新调整其IT资源。行政管理预算局将指导各机构首席信息官、首席财务官和隐私官员，确定哪些系统将优先进行现代化改造，重新制定资源分配策略。各机构还应重新确定资金使用的优先级，考虑"削减和投资"战略，利用总务署的统一共享服务现代化实践做法与经验，将落后的信息技术系统的资金重新分配给新的现代的技术、云解决方案和共享服务。

综上所述，这些建议将使联邦信息技术的安全和功能现代化，改进联邦政府服务，并将资源集中在政府服务最重要的事项上。

一、网络现代化改造与整合

（一）前期建设

联邦政府已经努力采取了多项措施来实现现有信息技术系统的现代化，改进解决方案的开发流程，并重组生命周期管理的基础框架。2002 年颁布的《电子政务法案》强调了构建先进的、安全的和管理完善的联邦信息技术生态系统的重要性，这也是《克林格-柯汉法案》《文书减少法案》和行政管理预算局等一直强调和要求的。此外，2002 年的《联邦信息安全管理法案》和 2014 年的《联邦信息安全现代化法案》，为政府网络安全建设提供了全面的指导和政策指引。

据此，行政管理预算局建立了信息技术基础设施优化路线图。该路线图针对政府服务水平和成本制定了绩效指标，确定了实践方法，并为各部门制定的信息技术基础设施转型计划提供了指导。在此之后的几年，美国联邦政府的企业架构和集中基础架构完成了构建。2010 年，《联邦数据中心整合计划》要求各部门对其数据中心进行盘点，制定整合计划，并评估虚拟或云替代方案的可行性。

在《联邦数据中心整合计划》启动后，《联邦风险与授权管理计划》于 2011 年启动，该计划为云产品的安全评估、授权和持续监控提供了标准化的方法和服务。2016年，《数据中心优化计划》成为联邦数据中心整合计划的最新方案。《联邦信息技术采购改革法案》也对政府信息技术的升级提出了具体要求，在这些努力的推动下，联邦政府的信息技术现代化快速推进。

目前，政府在购买服务时面临的一些问题，限制了网络架构整合和共享服务的获取，也限制了联邦政府实现信息系统建设现代化的目标。例如，当前的法律和监管要求阻止了政府部门采用业界公认的最好的商业解决方案。下一步，可以考虑对现有要求进行变更或修改，以实现效率和公平的平衡。

（二）当前进展

近年来，联邦政府的信息化政策倾向于向更高效、更安全和以客户为中心的信息技术环境过渡。迄今为止，保护联邦信息系统的努力主要集中在网络层面。这使得政府各部门都围绕有限数量的网络连接和标准化物理接入点对人力和技术资源进行整合，以期能有更强大的安全管理能力。

现行的政策也进一步确定了基于网络外围的安全保护策略。这非常明显地体现在了可信互联网连接和国家网络安全保护系统中。本报告建议重视应用层和数据层保护，强调政府范围内的分层防御战略。这一重点转移，加上从技术进步中汲取的经验教训，将推动美国国家网络安全保护系统计划的战略性变革。同时，将提供更强大的纵深防御能力，有助于防止恶意行为者跨网络横向移动，盗取有价值的信息。

然而，这些举措将会对信息系统的性能产生负面影响，并对商业技术的应用造成障碍。例如，企业网络安全工具政策的实施推动了联邦信息系统之间的所有网络流量的物理整合。这阻碍了政府机构对商业云的利用，商业云依赖于分布式网络模型，并强调虚拟化而非物理的数据控制。在这种情况下，通过有限数量的本地访问点路由流量策略和支持功能不仅会影响服务性能和可用性，还会破坏分布式云架构的价值和灵活的移动服务访问。为此，各部门经常绕过基于网络的安全保护来使用商业云。过度依赖基于网络的安全保护的另一个负面后果是，数据和应用程序层面出现了运营能力差距。这导致了信息技术生态系统中产生了被忽视的区域，这些区域更容易受到攻击或利用。

此外，当一些部门与部门进行合作时，对边界保护的重视得到进一步强化，小型部门通常缺乏人力和技术资源来安全地管理其网络、迁移到新的计算模型并获得新的安全流程。实现网络现代化和整合需要一种战略，需要通过修改相关法律、政策、资源和劳动力分配来解决这些挑战。

（三）远期愿景

未来，联邦政府信息技术的发展方向将会是各部门进一步采用风险管理的方法来保护其系统，这些系统强调数据层面的保护并充分利用和依托现代的虚拟技术。重新关注数据级别的风险管理保护，必须由各部门领导、业务部门人员、信息技术开发者和监督机构共同推动。以下目标将预言未来信息技术的发展趋势：

一是加强应用程序和数据保护，应对对联邦政府的攻击。各部门不应将政府网络视为在外围进行保护的可信实体，而应将重点放在更贴近数据的保护上，特别是通过改进设备和用户访问的管理和认证，以及通过在线加密数据的方式。这种方法可以减少攻击者通过访问网络获取有价值数据的可能性，并且可以更好地阻止和隔离恶意活动。各部门要优先考虑其信息化系统的现代化改造工作，支持实施这一模式，保护其高价值资产。

二是提高网络层以外的安全感知监测能力，应对更复杂的攻击。通过增强对数据的保护来访问部门网络，将可监测感知性扩展到网络层以外。例如，通过在应用程序级别收集安全日志或建立漏洞披露策略，并将系统或应用程序置于漏洞查找奖励计划之下，为安全团队提供其他信息源，帮助他们更好地理解、处理和分类信息安全事件。这些信息可以让我们深入了解各部门所隐藏的安全漏洞,从而得知他们应该采取哪些类型的投资来抵御威胁。工作人员可以使用最新的工具和模型,最大限度地提高这种方法的有效性。此外,在联邦信息存在于非公开环境中时,风险控制和态势感知也非常重要,特别是在商业云环境中。政府部门要持续地制定有关计划,对相关工具和服务进行不断升级,还要收集和分析日志,以及保持与安全研究部门进行及时有效的互动。

三是在不牺牲可靠性或性能的情况下利用新技术优化安全性策略、资源分配、获取和操作方法。信息技术政策、资源分配、采购流程和业务指导必须要实现安全目标,同时还要允许部门利用更新的技术方法,如商业云服务和移动设备。各部门应优先考虑所需的信息技术资源和技术人员,以实施必要的数据保护,并在日常运营中实现态势感知。在政府加速网络整合和优化中仍然存在许多实际的障碍,解决这些障碍将使各部门能够在不牺牲可靠性或性能的情况下,加速迈向现代化的新时代。

(四)实施方案

本节概述与联邦网络现代化相关的短期步骤和长期考虑。理解以下三个核心概念能够加快工作的推进:优先考虑高风险高价值资产;采用安全框架,更好地保护数据层面的系统;尽可能地规范网络采购和管理。

1. 优先开展高风险高价值资产的现代化建设

高风险高价值资产计划始于2015年,是帮助政府认识、归类并优先考虑安全和现代化改进的开创性步骤,该计划的理念是发挥最有价值的信息系统的优势。该计划将通过具体的政策、资源分配等措施,为部门提供短期的帮助,增强部门保护易受网络安全风险影响的资产的能力。该计划利用国家技术委员会的支持改进经营管理流程,符合第13800号行政命令要求,该计划要求所有部门进行风险评估,并确定需要特别关注的领域。这也是由《联邦信息安全管理法案》中的部门职责决定的。

简单地将补丁应用于信息系统,并使用补充性工具进行系统保护已经无法满足安全保护的需求了。必须推动实施高风险高价值资产保护朝基于数据级保护的现代架构发展。信息系统是最重要和最脆弱的资产,其安全防护是联邦政府最应首先解决的问题。

具体实施路径如下:

(1)当前。建议指导实施一系列的计划,通过现代化架构和最佳安全实践来提高高风险高价值资产的安全性。

(2)在本最终报告发布之日起30天内。根据第13800行政命令,制定企业风险管理计划,商务部、国家标准与技术研究院将为行政管理预算局提供宣传风险管理的计划,将机构工作的重点放在其最有价值的系统运行性能与合规性上,同时,也将允许以少负担、低成本的方式部署其他系统。该计划将包括修订《联邦信息处理标准199》中的"联邦信息和信息系统安全分类标准",以及《联邦信息处理标准200》中的"联邦信息和信息系统最低安全要求"。该计划还应包括对国家标准与技术研究院相关特刊的更新,以促成部门风险管理流程的改进,获得与信息系统、部门任务及个人风险相对应的选择、实施和持续监控能力。这些更新应包括使用国家标准与技术研究院的框架来改进关键基础设施网络安全(网络安全框架),并在适当的情况下,吸取其他领域合规控制框架的经验,如合规性审计或支付卡行业。

(3)在本最终报告发布之日起60天内。根据第13800号行政命令,国土安全部将会商行政管理预算局,提供一份确定政府高风险高价值资产常见弱点的报告。该报告将包含以下几个部分:在整个政府范围内应对这些风险的建议;部门风险评估;过去和现在的风险漏洞评估;国土安全部在各类部门高风险高价值资产上执行的安全架构评估。

国家标准与技术研究院将为行政管理预算局提供一项旨在提高联邦企

业加密灵活性的计划。该计划将包括修订"加密模块的安全要求"和未来加密转换计划的流程和时间表。该计划将描述联邦政府如何为其使用的加密硬件和软件模块持续提供强有力的标准支持，同时确保相关流程能够使联邦政府快速使用新的密钥和技术。

（4）在本最终报告发布之日起 90 天内。根据各机构及其执行情况，行政管理预算局将更新年度联邦信息安全现代化法案指标和网络安全跨机构优先级目标，以弥补代理机构中最缺乏的关键能力。行政管理预算局将重点关注监督工作，包括总统管理委员会网络安全评估等，并推动这些能力的增强。

国土安全部将会商行政管理预算局，并与各部门合作，在适当时发布指令并对行动予以支持，解决总统风险管理报告中确定的常见风险领域中的问题。

（5）在本最终报告发布之日起 120 天内。根据第 13800 号行政命令，行政管理预算局和国土安全部将制定一个战略，明确描述必要的权限和操作程序。该战略将调整各部门之间的资源至最佳状态，以降低全联邦政府的高风险高价值资产的风险，能够对网络安全事件做出响应。根据第 13800 号行政命令，上述努力应与计划中确定的建议保持一致，以便根据机构风险管理报告来充分保护行政部门的安全。

（6）自本最终报告发布之日起 150 天内。首席信息官、首席信息安全官和部门高级隐私官员们将审查他们最近向国土安全部和行政管理预算局提交的高风险高价值资产报告，并进行必要的更改，以反映出系统优先级的最新信息，同时将其风险评估报告作为第 13800 号行政命令的一部分。

（7）在本最终报告发布之日起 180 天内。国土安全部、行政管理预算局和国家安全委员会将审查联邦部门提交给国土安全部的高风险高价值资产清单，并将制定一份按优先级排序的政府干预系统清单。总统管理委员会将选择六个高风险高价值资产来接受人员和技术的集中管理，并审查清单上的其他高风险高价值资产。此外，各部门将与行政管理预算局合作，以适当地重新分配其信息技术资源，以便为高风险高价值资产的现代化提供支持。

与由国土安全部管理并由行政管理预算局监督的当前高风险高价值资产计划一致，任何部门的高风险高价值资产如果在风险评估、风险漏洞评估、安全架构评估或部门进行的审查中被确定为具有重要的风险隐患弱点，将制订一份补救计划。如果针对高风险高价值资产的重要弱点是因为过时或不支持的技术方案架构所导致的严重缺陷，则补救计划应包括在一年内实现现代化，并解决在政策、资源分配、劳动力或运营等方面的障碍。该计划应最大限度地利用共享信息技术服务、应用程序实施和数据级保护，并强调适当使用《联邦风险与授权管理计划》授权的云体系结构。各机构应优先考虑现有的财务和人力资源，并应确定可能产生的未归类为高风险高价值资产的其他系统性问题。

在可能的情况下，总务署将支持国土安全部向各部门提供实际的技术援助，加强对该流程确定的系统的保护。

此外，国土安全部将努力扩大高风险高价值资产的风险漏洞评估和安全架构评估的可用性。行政管理预算局还将与国土安全部合作，重新调整这些评估的重点，集中精力进行实际的技术工程干预，不再强调对系统文件和政策的审查。此外，行政管理预算局和国土安全部将与总务署合作，在信息技术现代化日程表上扩展高度自适应网络安全服务项目的可见性和可用性。

（8）自本最终报告发布之日起一年内。根据部门及其执行情况，行政管理预算局将与国土安全部、总务署和其他利益相关方合作，以获取保护高风险高价值资产的标准操作程序，并将开发一个各部门可以利用的手册，优先考虑将此方法扩展到其他系统，以符合《联邦信息安全现代化法案》的要求。

2. 实现可信互联网连接和国家网络安全保护系统现代化

如今联邦机构采用的基于边界的安全保护模型，通过整合外部接入点来实现网络边界安全性的标准化，这是在行政管理预算局备忘录《可信互联网连接的实施》中正式明确的。在此模型下，各部门需要将外部连接数量减少到 50 个，并将流量转向有限数量的安全网关。这些网关应用常见的安全保护、入侵检测、信息共享和国家网络安全保护系统下的预防功能。国家网络安全保护系统由三个统称为 EINSTEIN 的传感器，以及网络分析师用于查找、识别和分类网络威胁活动的一组分析工具组成。

国家网络安全保护系统传感器套件经历了三次迭代：

EINSTEIN 1：用于捕获和分析网络流量信息；

EINSTEIN 2：结合入侵检测技术，可扫描网络通信内容，识别并提醒用户注意恶意活动；

EINSTEIN 3-Accelerated（E3A）：通过域名系统下沉和电子邮件过滤来检测和阻止恶意活动。

可信互联网连接政策和随后的《2015 年联邦网络安全增强法案》要求各部门利用目前通过国家网络安全保护系统提供的这些功能来保护在部门信息系统和外部信息系统之间传输的所有信息。这种基于边界的模型试图提供一种方法来汇总所有联邦行政部门的流量，以便政府可以应用统一的方法，如分类指标，用来防范信息安全威胁并保持一致的态势感知。

这种基于边界的网络安全方法为希望利用商业云服务的部门带来了一些挑战。国土安全部认识到了这些挑战，并将提供有关如何更新国家网络安全保护系统和连续诊断和缓解计划的建议，以实现分层安全架构，促进向商业云中的现代计算过渡。

实施步骤如下：

（1）当前。建议指导实施以下计划，即通过国家网络安全保护系统计划和可信互联网连接功能、政策、架构和相关云安全授权基准的现代化来加速商业云的安全使用。这项工作将支持从低价值资产到高价值资产的安全资源优先级排序，使机构能够构建数据级保护，以促进分层安全架构，并加速商业云的应用。这项工作将由"部门案例"的方式驱动，同时，将优先考虑专注于云项目和遵守可信互联网连接政策和云应用的目标部门，以提供更直接的帮助。行政管理预算局将在可信互联网连接政策更新中将此计划包括在内，为各部门指明下一步工作方向。下面描述的整个过程将由国家技术委员会直接监督，包括每周状态更新。

（2）在本最终报告发布之日起30天内。根据部门机构及其执行情况，行政管理预算局将向正在进行和将要进行云迁移项目的部门进行数据调用。由于当前可信互联网连接政策和国家网络安全保护系统计划实施的限制，各部门应将重点放在已经出现延误的项目上，并应提出一项迁移计划，强调必要的政策和能力调整，以促进更快的迁移。

（3）在本最终报告发布之日起60天内。由总务署支持的国家技术委员会将包括联邦风险与授权管理计划项目管理办公室、技术改革服务部、国土安全部、行政管理预算局和其他的相关方，将对提交的内容进行审查并将其分为三类：

①风险足够低可以立即迁移到云的系统。这些系统将被迁移到云中，吸取经验教训，并用于引导对现有政策的进一步更改。这些系统也将成为《联邦风险与授权管理计划》以外更新的重点，以探索控制低风险系统的新方法。

②具有高优先级的云迁移候选系统。这些系统存在一定风险，因此需要外部的协助以确保安全迁移。这些系统可以作为少数"实施验证案例研究"，并获得技术支持以实现迁移。从这些案例研究中吸取的经验教训将用于为可信互联网连接和国家网络安全保护系统的政策制定和为运营管理提供新方法。

③具有高风险的系统。在给出进一步的工作方向或改进技术之前，不应该迁移它们。对这些系统应当进行评估，以确定是否存在云服务提供商可以对其提供高效安全的服务。该分析将作为《联邦风险与授权管理计划》联合授权委员会优先考虑的高基线云服务提供商产品的对象，这些产品可供希望将高影响力数据迁移到云的部门使用。

为了编纂这种方法，行政管理预算局将提供可信互联网连接政策的更新，并设置一个90天的完成期限。在此期间，行政管理预算局批准的项目将试验可信互联网连接需求的变化。此更新还将使上述方法正式化。

④在本最终报告发布之日起90天内。对于上述第①类项目，部门将获准按照其提出的迁移计划开始云迁移。总务署、国土安全部、行政管理预算局和国家安全委员会将收集必要的指标，这些指标将用于确保政策的变更不会引入不可接受的网络安全风险。部门项目团队将从迁移中获得的指标和经验以及初步结果提交给总务署、国土安全部和行政管理预算局。这些新信息将更新可信互联网连接政策、参考架构和国家网络安全保护系统的运营模式，以及进一步制定《联邦风险与授权管理计划》。上述活动将在部门负责人拥有系统授权和控制决策风险下进行。

对于上述第②类项目，总务署、国土安全部、行政管理预算局、国家安全委员会、美国数字服务和其他相关方将进行为期90天的研究，证实特定案例研究的结论。这些组织的人员配置将决定案例的确切数量，但是至少不会少于三个。这些测试案例本质上是可操作的，他们将验证实施计划的子集，以改进商业云中的可信互联网连接策略、参考架构和国家网络安全保护系统操作模型与结果。

对于上述第③类项目，总务署、国土安全部和行政管理预算局将与其他机构合作，评估云服务提供商是否可以高效安全地提供相同的特性与能力。此评估结果将作为《联邦风险与授权管理计划》联合授权委员会优先考虑的云服务提供商产品，这些产品可供那些希望将重要数据迁移到云的部门使用。

⑤在本最终报告发布之日起 180 天内。国土安全部、总务署和行政管理预算局将使用收集到的信息更新可信互联网连接策略、相关参考体系结构和国家网络安全保护系统操作模型，以便于商业云取得成果。更新后这些案例的研究成果将进行汇总，以解决部门安全迁移到商业云方案时遇到的问题和种种障碍。计划作为案例研究的一部分包括以下内容：

需要考虑的问题：所有由商业云提供商托管的部门信息系统，其输入输出信息都要通过国土安全部的国家网络安全保护系统扫描；找出哪些国家网络安全保护系统功能最适用于不同资产价值的商业云环境；在商业云环境中实现效率最大化需要哪些新的国家网络安全保护系统功能。

如何调整当前的国家网络安全保护系统模型以适应大量接入点和将其服务迁移到云环境后的任意数量的虚拟接入点。

要求能够确保解除每个部门两个可信互联网连接接入点的约束，以保证一致的配置管理、信息共享和更新的快速部署。

各部门如何以最佳方式将入侵检测和预防能力结合到云服务的使用中，从而确保各部门有足够的可见性，并帮助国土安全部保护联邦信息。对适用的行政管理预算局备忘录和国土安全部的可信互联网连接参考架构进行更新，以重新审视边界保护的关键能力。规定的体系结构实现不是重点，重点是功能，尤其是作为商业云环境补偿控制的功能。

哪些可信互联网连接功能（如果有）适用于保护《联邦信息安全现代化法案》中确定的低等级系统。

满足参考架构中有关云操作安全要求的系统，被允许与商业云系统相关联，且不必受可信互联网连接物理保护的影响。

部门应在网络之外也实施保护，并将这些实践与网络安全计划相结合。

现有的与可信互联网连接相关的联邦信息安全现代化法案度量和手工

可信互联网连接遵从性验证过程应予以废除，尽可能用自动化度量来代替，且主要关注安全性和可用性度量。应该尽可能地利用连续诊断能力，并基于国土安全部先前进行的研究，实现可信互联网连接遵从性自动化。

如有必要，重新分配当前与可信互联网连接相关的国土安全部人员和资源，以帮助部门解决云迁移中的运营问题。

3. 统筹网络采购和管理

当前信息系统采购的模式是，单个部门中的各个子部门独立地购买信息商品和服务，这导致了信息技术环境的分裂，造成不稳定的安全态势，并影响了联邦政府购买力的提高。为了缓解这个问题，联邦政府正在实施分类管理原则，以巩固和规范网络安全服务的获取，充分利用规模经济效应，减轻负担，并改进技术的开发和操作。部门基础设施服务采购合同是政府用来实现这些目标的战略工具。

目前，总务署正在将部门从传统的签订合同（根据目前的合同，各机构在2016财政年度共购买了17.9亿美元的网络和电信服务）过渡到统一采购部门基础设施服务。部门基础设施服务的目的是利用联邦政府的大宗购买力，解决部门遇到的电信和网络基础设施的采购问题。部门基础设施服务还可以帮助解决小型部门面临的一些问题，因为小机构在网络安全保护方面的能力通常落后于大型机构，它们常常缺乏全面的管理信息安全项目的专门知识，这阻碍了联邦政府充分了解联邦政府网络所面临的全部风险。通过关注以下目标，可以利用部门基础设施服务来整合小型部门网络采购活动和其他安全服务。

减少安全能力上的重复性浪费性支出。根据目前的合同，没有可信互联网连接能力的部门必须购买全套托管可信互联网协议服务。托管可信互联网协议服务目前是全套销售，禁止部门只购买需要的工具，这个成本十分高昂。部门基础设施服务将允许部门自由选择它们需要的托管可信互联网协议服务安全服务工具，同时仍然享受国土安全部提供的入侵检测和预防保护服务。由于管理多个供应商的采购服务比较复杂，一些小型部门可能仍然难以以这种方式获得可信互联网连接能力，但是，当与现有可信互联网连接政策和参考架构相结合时，各部门将能够根据其现有工具和总体风险承受能力做出具有成本效益的决策。

通过提高态势感知能力来降低外部网络连接到互联网的托管风险。当前合同支持的102家小型部门中约有40家目前正在接受托管可信互联网协议服务。托管可信互联网协议服务的差距，导致目前缺乏关于穿越联邦网络边界的流量共享态势感知，故而难以对网络流量进行全面监控。提高这种感知的可见性对于政府防御至关重要。

实施步骤如下：

（1）当前。建议立即执行下面的计划。该计划将利用联邦政府的综合购买力来获得更具成本效益和更安全的网络服务。

（2）在本最终报告发布之日起60天内。国土安全部为总务署和代理机构提供部门基础设施服务的托管安全服务指南，以最大限度地提高政府采购的投资回报，并确保符合当前的可信互联网连接政策。

（3）在本最终报告发布之日起90天内。总务署与国土安全部协调，制定全面的采购战略，提供可行性评估和路线图，以完成下列任务：为所有小型机构提供一条更便捷和更经济地利用部门基础设施服务的途径；该战略应确保联邦政府部门基础设施服务合同的购买力最大化；查看当前由可信互联网连接参考架构定义的托管可信互联网协议服务提供的安全功能，以确保能够在危险环境中提供足够的安全性，并确定是否需要在现有托管可信互联网协议服务中添加或删除任何安全功能；确定部门基础设施服务之外的其他领域以整合网络安全服务；评估在总务署内建立集中式采购支持功能的可行性，该功能可以帮助小型部门管理网络安全合同。

其他重要行动：

通过小型部门合同合并来增加规模经济。目前，102个联邦小型部门由传统的合同提供支持，每个合同都是单独的任务订单。总务署通过整合小型部门的要求来支持它们向部门基础设施服务过渡，并考虑利用少数订单购买这些部门所需的大部分服务。通过整合小型部门的相似要求，总务署可以利用部门基础设施服务的少量任务订单购买小型部门所需的大部分服务，并可针对特定部门的特定要求提供服务，从而实现规模经济。

加大对小型机构的采购支持，以最大限度地利用可信互联网托管服务（TIC）和其他网络安全服务。对于小型部门而言，使可信互联网协议托管服务的效益最大化通常存在障碍。除了高成本之外，许多小型机构缺乏足够的专业知识来起草有效的任务订单，管理其可信互联网协议托管服务的合同，并监督供应商对完成服务水平协议中规定的工作负责。因此，总务署将为小型部门提供指导，使其更好地利用跨机构采购，在整个采购过程中优化其信息技术投资和管理。总务署还将提供一系列产品和服务，以满足小型部门的信息技术需求，利用总务署的购买力和在市场中的独特地位，为小型机构节约成本。

二、构建支撑共享服务的网络架构

（一）前期建设

类别管理和共享服务都是行业领先的成功实践做法，能够帮助联邦政府以更有效的方式提供服务。类别管理允许政府通过购买同类商品和服务，以最小的变化来发挥政府的最大购买力，使政府更像一个企业。政府会预先确定"同类最佳"解决方案，这将允许采购专家利用预先审查的政府合同解决方案。而共享服务是在多个部门之间提供通用的整合功能，共享信息技术使部门免于管理重复任务，支持技术升级，降低开销。

共享服务与类别管理之间互相交叉,因为所有机构(包括提供共享服务的组织)都应利用在类别管理下开发的通用解决方案。供应商承担管理合同和订单的责任,确保服务的可扩展性和效率,对满足性能的指标负责,并持续改进业务流程。

共享服务在联邦政府中有着悠久的历史,并通过 2002 年《电子政务法案》而得以肯定。在这一基础上,行政预算管理局于 2015 年 10 月宣布在总务署内部组建统一共享服务管理处,以提供高质量和高价值的共享服务,从而提高整个联邦政府的绩效。

虽然长期以来,政府一直对共享信息技术需求的服务感兴趣,但存在威胁的环境需要我们保证网络安全,尤其是电子邮件和云领域。在信息安全中广泛部署共享服务不仅可以节省成本,还可以在整个联邦政府中提供更统一的安全级别。

(二) 当前进展

当前联邦政府采用的是分布式信息技术模型,以单一的方式解决复杂的资源密集型问题。每个部门都必须独立识别可能的供应商,评估供应商提供的安全性,将解决方案集成到它们自己独立定制的信息技术基础架构中,并分配资源以持续监控和运营该基础架构。然而,这些组合无法实现高质量的安全成果。

美国联邦政府是世界上最大的信息产品和服务买家,迫切需要改变购买通用信息技术产品和服务的方式,这是过渡到整合的网络架构和共享服务的必然需要。目前的商业采购做法限制了联邦政府实现其信息技术现代化的目标。

重复合同意味着代理商授予同一种商品和服务成百上千份合同。此外,完全相同的项目存在巨大的价格差异,有时差价甚至高达 300% ~ 400%。各部门几乎不进行协作,很少分享信息,这种分散现状会导致采购成本高昂，并且效率低下。

在日益复杂的数字世界中，现有的联合和分布式信息技术方法已不可持续。构建安全计划需要专业的网络安全人才和知识，需要能够访问各种数据源以管理最新的威胁，需要复杂和昂贵的仿真和静态分析技术。对于大型部门而言，这是一项艰巨的任务，对于资源有限经常为基本安全功能（如漏洞修补）而苦苦挣扎的小型机构来说情况更是如此。像连续诊断和缓解这样的计划正准备在所有部门中部署通用工具，并将大小部门都纳入共享的网络安全。然而，许多计划都因拖延而陷入困境，尚未实现承诺。

（三）远期愿景

为了降低成本，提高运营效率和网络安全防护水平，联邦政府必须转向统一的信息技术模式。这包括为非特定功能采用共享服务、"同类最佳"合同、商品信息技术和其他安全工具。这种方法将有助于联邦政府迅速部署新的方案，增强部门执行任务和保护网络安全的能力。联邦政府必须更广泛地使用云服务，同时致力于开发符合联邦网络安全标准的云产品。通过关注安全性适中的云产品，增加多租户云服务中信息技术服务的使用和整合，可以提供部署数据级保护和自动化网络安全所需的可见性和控制。各部门必须利用共享服务，只有在共享服务和商业技术无法满足任务需求时才能构建新的功能。

国家标准与技术研究院把云计算定义为基于云的软件服务，同时，还建立了基本特征和服务模型的定义。与传统的购买内部许可证的方法相反，过渡到基于消费的服务将使政府能够停止构建和维护昂贵的现代化系统，政府只支付使用费用，更好地利用购买力，并从标准化中获得规模经济效益。

随着联邦政府增加对商业云服务的投资，促进供应商间的协作互通，避免"供应商锁定"将成为重要的优先事项。鼓励使用可在多个云服务提供商之间移植的工具和平台。任何规模较大的部门都可以授权使用多个独立的云环境，同时，鼓励各部门利用云服务提供商提供的最前沿的服务。这可以包括各个提供商的服务，并对其优势进行优化。

一般而言，各部门应该避免对特定供应商的依赖，同时应利用好市场提供的最佳技术。为了取得更好的效果，政府必须解决政策、资源分配、业务标准以及法规和指南适用于不同部门时的各种障碍，清除阻碍部门采用共享和云服务的其他因素。政府可以对现有采购要求进行变更和修改，以实现效率和公平的平衡。政府不应依赖过时的和特定的系统，而应该向供应商发出一致的声音，以获得能够提供符合政府业务标准的安全的系统服务，实现规模经济成本效益。

（四）实施方案

本节所述的措施将促进联邦政府的创新，在降低成本的同时，显著改善政务服务。这些措施将允许政府部门，特别是小部门，更加容易地使用商业云，利用联邦政府的购买力产生规模经济效益。此外，这些措施将增强现有的技术以提高安全性。这个实施计划着眼于向共享服务过渡的三个关键领域：支持商业云服务和基础设施的使用；加速采用云电子邮件和协作工具；改进现有的共享服务并提供更多。

1. 启用商业云服务和基础设施

市场上主要的商业云基础设施提供商之所以能够提供卓越的具有功能性、成本效益和安全性的产品，是因为它们能够收集和掌握大量的客户需求。我们可以通过多种方式推动政府客户采用云，然而，当存在安全需求时，考虑以下这些选项通常是有益的：

（1）将政府带到云。这种方法是政府的推荐默认方法，其特点是与其他非政府客户共享多租户商业云拥有的基础设施（如服务器、网络、应用程序），但政府数据通过安全技术和加密技术得到保护。

（2）将云带到政府。这种方法的特点是由政府拥有和经营多用户基础设施（如建筑物、服务器、网络、应用）或商业化的基础设施被隔离并专门为政府使用。

为了确保政府顺利地采用云技术，了解可选的各种云服务模型是很重要的。以下描述了政府采用云服务的主要方法，以及调整这些模型的方法：

（1）将政府带到云。云供应商拥有服务器与应用程序，软件既服务模式（SaaS）。这是大多数私营云供应商普遍使用的公共云模型，现在联邦政府的一些部门也正在使用该模式。除其他用途外，该模型可适用于云托管的电子邮件、生产协作工具和任务支持服务。许多部门已经完全接受了供应商运营的、基于云协作的有效工具，不同的部门使用的服务和工具也不同。

云供应商拥有服务器、应用程序和利用安全连接的网络，基础设施既服务模式（IaaS）。安全连接可以包括HTTPS、TLS等，这提供了基础设施，代理机构可以在基础设施上部署它们创建的或获取的应用程序。该模型可用于VPN网络或其他隔离网络上的政府专用的重要业务应用系统。该模式能够让客户控制许多基层细节，所以它可以完全取代传统的部门内部的数据中心。代理机构可以将现有服务从原来的数据中心转移到云基础设施。这些应用可以是面向公众的公共服务或是内部雇员使用的内部服务。无论哪种情况，部门都可以把云基础设施看作一种服务，是现有部门网络的延伸，或者看作一个独立的网络。不管怎样，用户可以通过HTTPS、TLS、VPN或专用线路等安全连接方式访问服务。该模式为创建和部署数字服务提供了平台，数字服务为政府部门业务开展提供数字化支撑。这些模型已经被政府部门广泛应用于各种案例，包括退伍军人福利处理、移民管理、医疗健康和国防事务管理的数据处理及软件开发测试等。

（2）将云带入政府。政府依然拥有自己的数据中心大楼，而服务由云供应商提供。对于某些不使用互联网的应用系统，供应商可以在政府数字设施中开发，这对于那些无法连接到互联网的信息系统很有吸引力。情报部门是最早采用这一种模式的部门，采用这种方法的另一个例子是智能社区。然而，必须注意的是，这种模式比完全商业化的云服务要昂贵得多，并且不能跟上公共云方案的创新，同时，政府保持对基础设施的绝对物理控制。另外，还要注意的是这种模式可能产生一些不符合国家标准与技术研究院提出的云计算基本特征的解决方案。通常，私有云基础设施的产品缺少按需自助服务、资源池等关键的组件和功能。

供应商拥有并经营数据中心，其服务器专用于某个政府部门使用。供应商构建供政府使用的隔离空间，代理客户与其他政府部门客户仅共享逻辑空间（包括服务器、建筑物、网络、人员等）。这样，提供商更容易满足政府对保护敏感数据的要求。该模式在公共云基础设施和昂贵的内部基础设施之间提供了一个中间地带。如今，许多部门采用该模式来利用由于法律、合规性或安全原因而不能使用共享服务器的应用程序。该模式也很适合托管政府网站和基础设施服务，这些基础设施往往具有敏感性。

建议：云不是"一刀切"式的解决方案，它根据部门的需要和喜好提供多种服务模式选择。虽然确保整个联邦政府运行和服务的灵活性很重要，但是政府部门往往需要几个云模型才能满足其使用需求。因此，政府应该投资2~3个云模型来支持其不同的安全和风险承受程度需求，更好地利用共享服务。

政府应该扩大使用"把政府带到云"模型，因为该模型最好地平衡了云计算的好处，改进了性能并节约了成本，保证外包的安全和控制。尽管即将修订的可信互联网连接政策和指南将影响对商业云的使用，但部门仍然需要知道如何更好地使用上述模型。

实施步骤如下：

（1）在本报告最后发布之日起 30 天内。行政管理预算局将根据其法定权限在执行时进行数据调用。请求部门识别出准备好进行云迁移的系统，并且做到安全地迁移。在这次数据调用结束时，行政管理预算局和总务署将对从部门系统移动到云的过程进行全方位审查，并根据需要优先考虑注入技术人才、资本和新的安全策略，以便能够优先启用云迁移。

（2）在本报告最后发布之日起 90 天内。总务署将与志愿机构合作，试验新的举措，以提高基于云的软件服务和共享服务的速度、可靠性、可重复性和风险接受透明度。初步试点将测试授权工具，如用于选择信息系统的风险管理自动化框架、针对低影响软件服务产品实现新的联邦风险与授权管理计划定制基线，以及利用授权基于商业云产品理念的共享服务等。

基于这些工作总结经验教训，将这些试点活动扩展到联邦政府基层范围，总务署将与行政管理预算局合作，制定必要的计划或政策，促进联邦风险与授权管理计划、共享服务、针对特定部门的其他创新工作。

（3）在本报告最后发布之日起 120 天内。行政管理预算局与国土安全部、总务署协调更新联邦政府云计算战略。该战略将为各部门提供关于云应用最有影响的范例和如何在云环境中最好、最安全地进行适当操作的额外指导。

此外，行政管理预算局将对与信息技术现代化、云迁移、基础设施整合和共享服务等有关的所有相关政策进行全面审查，并启动修订、撤销或其他可提高部门能力的政策，以便于安全高效地实现现代化升级。如有必要，行政管理预算局将发布进一步的指导，以加强现有的联邦技术和信息安全政策。

（4）在本报告最后发布之日起 180 天内。行政管理预算局将与联邦采购管理委员会和国土安全部合作，制定条款，确定云合同中使用的"安全、隐私和访问数据"的统一性要求。总的来说，这些条款将确保合同语言的统一性和政府标准条款的明确方向，在云采购中这对缺乏相关技术、法律和专门知识的部门特别有价值。

除了行政管理预算局与联邦采购管理委员会正在进行的工作之外，行政管理预算局还根据第13771号行政命令减轻联邦政府信息技术承包商的监管负担，以及与首席采购官理事会成员一起确定调整联邦采购的变更，使联邦采购与商业采购战略保持一致，并与采购创新倡导者合作应用现代化流程，提高采购能力。

2. 采用云电子邮件和协作工具

采用云电子邮件和协作应用程序等工具是实现跨政府协作的基本要素和能力。使用恶意附件和链接的电子邮件钓鱼攻击是危害个人和组织的主要攻击载体。鉴于当前的网络安全风险，加快云电子邮件和协作工具的推出是迫切的，能够有效遏制这些最突出的网络攻击。

在基于云的电子邮件的市场采购中，仍然存在价格差异。各部门通常作为单个组织进行谈判，从而限制了潜在规模效益。通过联邦政府主导的统一的价格谈判，将大大节省成本。

为了使部门放弃原来的电子邮件服务器，必须提供一套安全、易于维护且成本效益高的解决方案。目前联邦政府只部署了两个托管方案，今后可能会出现更多的竞争者。无论如何，更好地利用基于云的电子邮件和协作服务，能使政府获得更多的创新解决方案，增强在定价方面的话语权。

虽然这些努力能节省成本和提高安全性，但是云迁移工具可能成本高昂，对较小的部门负担沉重。因此，必须提供一套安全、可维护且成本合适的解决方案。

政府必须采取新的策略来获得云电子邮件和协作工具服务。可以针对小型部门进行试点，减轻行政采购负担。试点提升基于消费的云服务购买能力和基于分层定价的协调购买。

政府在购买产品和服务方面的一个基本优势是，可以利用自身的庞大规模在竞争性的市场中进行批量定价，获得规模化的价格优势。政府可以通过分层定价、商业策略和服务协议等方式来激励供应商，提高透明度，节约成本，获得更优质的产品和服务。

这将标志着对现有市场的重大背离。现有的模式对于政府和行业来说都是费力的，目前的流程并不总是提供足够的透明度，导致一些小部门负担更高的价格，形成逆向补贴。

实施步骤如下：

（1）在本报告最后发布之日起30天内。行政管理预算局将就其当前的电子邮件合同、价格和邮箱数量向各部门进行数据请求。政府必须对尚未迁移的规模进行准确测量。虽然首席财务官法案机构之间有明确的数据表明当前的需求，但是目前还没有关于小型和独立部门采用基于云的电子邮件解决方案的确切数据。了解政府部门使用的全部规模将使政府能够在与云协作供应商的谈判中更有话语权。

行政管理预算局将召集一个由相关部门组成的特别工作组，最终确定云电子邮件的标准要求，包括电子邮件和云协作的低安全性和中安全性状态。这些要求将以先前完成的工作为基础，分发给所有部门征求意见，并作为购买的基础。

（2）在本报告最后发布之日起60天内。行政管理预算局将为尚未采用云电子邮件的部门制定全面战略，推动部门电子邮件和协作工具加速迁移到云。这个策略应该既强调成本节省又提高安全性。

（3）在本报告最后发布之日起75天内。行政管理预算局将发布更新的政策指南，减轻部门负担，并指出适合共享服务的应用领域。总务署将向联邦首席信息官提供合并现有服务的业务方案，以提高可用性、安全性和操作性。这一行动将把安全访问和协作改进成为一种服务。

（4）在本报告最后发布之日起90天内。行政管理预算局将组建一个

"采购先行组",负责起草一套采购方案,以帮助部门快速获得许可证和迁移服务。该方案还将包括市场调查、收购计划、申请报价模板、已确定的供应来源和政府成本估算计算模板等。

采购先行组将通过适当的代理机构,发出信息请求,进行市场研究活动,以利用预留计划最大限度地简化迁移和采购过程。

(5)在本报告最后发布之日起180天内。政府应考虑提早采用激励措施,包括针对特定部门需要提供个性化的援助。为了开展这项工作,行政管理预算局将建立由信息技术和采购专家组成的采购迁移小组,这些专家将被派往采用激励措施的部门,以帮助应对与许可证和获取迁移有关的挑战。最初,这些专家将来源于已经完成迁移的部门,如司法部和数字信息技术采购专业培训网络。

(6)在本报告最后发布之日起240天内。在总务署的支持下,行政管理预算局将试验新的云电子邮件和协作许可证的获取策略,包括但不限于上述讨论的策略。

(7)其他重要行动。总务署将继续与现有的云电子邮件和提供商合作,并将优先批准《联邦信息安全现代化法案》中包括的产品。同时,将进一步继续进行过程改进,以便使部门能够加速采用云服务。

在联邦政府内部,拥有一支合格的采购员队伍对于确保联邦政府获得最佳解决方案和采购成功至关重要,同时,要为采购人员提供专业培训和职业发展机会,确保纳税人资金得到有效管理,达到《联邦信息技术现代化报告》中所阐述的职业要求,为网络安全、使用云电子邮件和采用云技术提供基础。数字服务的专业化是联邦政府采购合同的核心,是数字信息技术采购专业培训计划的重要组成部分。数字信息技术采购专业培训计划的重点是为签约的专业人员提供培训和学习机会,以获得必要的专业知识,更好地了解市场状况,有效管理风险,最终成功实施计划并获得数字服务。此外,该培训计划还可以帮助刚出校门的毕业生快速成为政府采购团队成员。

3. 提升安全共享服务水平

随着网络攻击变得更加复杂、频繁,更加容易被对手操作,确保网络安全渐渐成为所有政府部门的首要责任。全面应对网络安全威胁既需要进一步巩固联邦政府的信息技术,也需要扩大集中式共享服务,以更好地利用联邦政府购买力,促进安全能力标准化,压缩检测时间,提高应对突发事件能力,通过数据汇总实现规模经济效益。

国土安全部在2013年建立了"连续诊断和缓解计划"(Continuous Diagnostics Mitigation,CDM),为政府部门提供自动化的连续监测工具,以实时检测漏洞和潜在的恶意网络活动。目前正在部署的CDM计划的第一阶段旨在向部门提供识别和补救漏洞的能力,并检查其网络安全硬件和软件配置,来确定"网络上运行的是什么"。CDM计划的第二阶段将专注于"谁正在网络上运行",并提供检测和管理特权用户访问的能力,以确保只有授权的、有证书的用户能够访问网络上的信息。CDM计划的第三阶段将报告"正在网络上发生的事情",并提供识别和评估网络安全异常的能力,执行正在进行的评估和授权。CDM计划的第四阶段将着重于加强政府信息的数据保护。所有CDM计划功能都将向联邦政府提供信息,从而使得联邦政府能够掌握联邦信息的安全状态。

到目前为止,CDM计划还没有解决云托管系统,而是将重点放在帮助部门保护其内部网络安全上。虽然这确实带来了一些限制,但该计划还是提高了整个政府的网络安全基线。在确定的阶段,程序将通过各种机制交付能力,确保以更集中和标准化的方式提供额外的服务。

在云架构中实现CDM计划功能的挑战是,安全团队和安全操作中心不一定具有可用于维护和更新体系结构的专业知识。为了支持部门网络安全工作,联邦政府正在努力开发这种专业知识,并通过CDM计划实现跨部门提供。目前，所有"首席财务官法案"部门（除了国防部）都参与了 CDM 计划，联邦政府中的 44 个"非首席财务官法案"部门也参与了 CDM 计划。CDM 计划将继续开展，并向现有部门提供复杂的工具和服务，同时，努力推动其他小型部门加入。

这是加强全联邦安全的当务之急。国土安全部的 CDM 计划项目办公室和部门的进一步有针对性的行动可以帮助加快该计划的现代化并增加其利用率，以识别、检测和应对联邦政府向云环境和移动设备转移时所带来的威胁。

（1）在本报告最后发布之日起 60 天内。国土安全部将与各部门和总务署合作，完成新的长期任务订单采购战略，为部门提供 CDM 计划支持，并为第三阶段和第四阶段以及未来的工作开展提供解决方案。

（2）在本报告最后发布之日起 125 天内。国土安全部将在可行的范围内利用所有可用的部门资源，为 CDM 计划的平台建设启动做好准备。如有必要，国土安全部将向行政管理预算局、总务署或其他机构请求额外支持，以确保符合安全状态的有效授权。在完成授权过程后，国土安全部将介入到相关机构，以提供连续监测服务。

在 125 天之后，国土安全部将向行政管理预算局通报它与非首席财务官部门建立的协议备忘录的数量和状态。国土安全部还将向行政管理预算局提交一份计划，详细说明非首席财务官部门加入平台的期望时间表。

（3）在本报告最后发布之日起 150 天内。国土安全部将完成部门和联邦政府之间的数据交换，以提供部门网络的全态势感知。

（4）在本报告最后发布之日起 180 天内。国土安全部将与联邦首席信息官理事会合作，为联邦政府增加管理整个联邦政府网络风险的手段。

> 安全运营中心：安全运营中心通常提供对政府网络安全状态的监测，是确保联邦信息技术企业安全的一个重要组成部分。然而许多部门缺乏建立自身部门级安全运营中心的资源或专业知识。考虑到由此产生的漏洞，建立安全运营中心服务对于确保合理的可见性和联邦政府之间的信息共享至关重要。这将允许目前缺乏这种能力的部门从那些有能力提供这种服务的部门购买。那些在保护云应用方面有特长的部门可以扩展它们当前的安全运营中心功能，并提供安全运营中心服务。此外，还可以与商业供应商签订合同，提供安全运营中心服务产品。缺乏必要专业知识的部门可以利用这些服务加速向商业云功能的迁移。
>
> 随着时间的推移，提供安全运营中心服务的部门可以为需要代管理业务的部门提供一整套服务。
>
> 具体而言，安全运营中心可以做到：防止安全功能延迟问题；在与数据敏感度相当的应用程序和数据级别上应用安全保护；根据云提供商的技术和合同规范提供多种类型的日志或数据流能力；允许跨多个部门云系统的可见性被集中地管理。

（5）在本报告最后发布之日起180天内。行政管理预算局、国土安全部和总务署将确定向联邦政府其他部门提供安全运营中心服务的潜在产品。此外，总务署与行政管理预算局和国土安全部协调，将主导合同管理，向联邦政府提供商用安全运营中心服务功能。

（6）在本报告最后发布之日起210天内。任何计划提供安全运营中心服务功能的部门都将向行政管理预算局和国土安全部，提供与上面概述的云迁移策略和时间表一致的定价模型。此外，无论是在政府还是私营部门提供的服务中，行政管理预算局将确定一批安全运营中心能力不足的部门,并要求它们制定过渡计划。

其他重要行动:国土安全部将与安全运营中心合作,作为服务提供者确保国家网络安全保护系统和《连续诊断和缓解计划》的目标能够实现,并确保在云和其他场所安全能力上的可见性。

三、结论

在实现信息技术现代化和快速集约采购服务的问题上,各政府部门遇到了种种困难,最终导致了一个笨拙且过时的联邦政府信息技术基础设施的产生,无法满足价值数十亿美元的联邦信息技术所需的敏捷性和安全性。为了积极实现信息技术系统现代化,联邦政府需要最大限度地利用共享服务和商业能力,快速、持续地更新现有的政策和计划,以消除使用云的障碍,从而将适用的功能迁移到商业云服务上。未在商业云中托管的功能将进行现代化升级改造,利用最新安全保护工具,评估当前功能风险,以将可利用的安全保障资源分配到最重要的系统和信息上。联邦政府还将加速采用云电子邮件和协作工具,改进和加强现有共享服务,并为各部门提供额外的服务。

实现这些目标需要积极转变政府领导、执行者、信息技术从业者和监管机构的思维方式。联邦政府必须整合其现有信息技术资源,更加信任外部服务和基础设施。这种变化将有助于更好地利用共享服务,更好地整合基础架构和基于云的协作工具,改进系统功能并提高效率,最终改善政府的运营和提高服务水平。

E-Government
Frontiers（2019）

第二部分
大数据发展篇

开放数据晴雨表（引领者版本）
——从承诺到进步的演化

责任编译：司宏伟

编　　审：王皓磊

国家电子政务外网管理中心主办

编者的话

数据是国家的战略性资源，大量基础性、关键性的数据掌握在政府手中。这些数据是社会的公共资源，在保障国家秘密、商业秘密和个人隐私的前提下，将政府数据最大限度地开放出来，让社会进行充分融合和利用，有利于释放数据红利，激发创新活力，创造公共价值。

开放数据晴雨表由万维网基金会制作，旨在揭示开放数据计划在全球的真实流行度和影响力。2018年9月，万维基金会发布了开放数据晴雨表（引领者版本），该版本侧重于对30个采纳了《开放数据宪章》或者签署了《二十国集团反腐败追逃追赃高级原则》的政府进行评估，这些政府已经做出了具体承诺，应当成为开放数据领域的引领者。本报告通过对其开放数据进程进行衡量，并且将之与之前版本中全球平均水平进行比较，来对这些政府在开放数据领域的引领能力进行考察。相比于之前版本，本报告旨在概述开放数据领域一些最引人注目的发现，并为全世界开放数据政策和实践的发展提供更好的决策和支持。

我国政府也在积极倡导数据开放，《中华人民共和国国民经济和社会发展第十三个五年（2016—2020年）规划纲要》明确提出"加快建设国家政府数据统一开放平台，推动政府信息系统和公共数据互联开放共享。制定政府数据共享开放目录，依法推进数据资源向社会开放"。《国务院办公厅关于政务信息系统整合共享实施方案的通知》（国办发〔2017〕39号）提出"加快公共数据开放网站建设"。

但是，由于各方面因素，我国在开放数据晴雨表中的排名依然靠后，这篇报告对于分析我国数据开放存在的问题和薄弱环节，学习借鉴国际先进经验，比如如何加强开放数据计划的实施，提高开放数据对商业、政治和公民社会的影响等方面，具有一定的意义和价值。

责任编译：司宏伟　　　　编　审：王皓磊

开放数据晴雨表（引领者版本）
——从承诺到进步的演化

摘要

十年前，开放政府倡导者群体制定了一套开放政府数据的原则，并引发了政府开放数据浪潮。此后，开放数据拥护者与政府合作，向公众公开信息、增强政府职责性，并为公民提供参与社区的新方式。开放数据晴雨表（引领者版本）进行了以下两点研究：一是开放数据领域领先的政府在过往的十年中表现如何，二是各政府应该怎样做才能让开放数据运动向前推进。

本报告对30个通过采纳《开放数据宪章》或签署《二十国集团反腐败追逃追赃高级原则》来明确承诺开放数据的政府进行研究，我们将这些政府统称为"引领者"。然而，正如报告中所示，尚未有政府通过组织和基础设施变革，使开放数据成为政府的日常管理规范，即使在30个政府开放数据引领者中，这方面的进展也很缓慢。

即便如此，开放数据晴雨表5年历史数据分析结果表明，做出开放数据承诺确实有作用。比如，开放数据晴雨表（引领者版本）中30个政府得分均值比开放数据晴雨表（第四版）115个政府得分均值高出2~3倍，并且在这30个政府中，有2/3的政府在5年内得分获得两位数的进步，超过1/3的政府在5年内将得分提高了50%以上。

此外，在开放数据运动给这30个政府带来的影响日益展现的同时，这些政府在数据开放事业中也显现出令人担忧的趋势：

（1）只有不足 1/5 的数据集是开放的：考虑到本文将所研究的 30 个政府视为政府开放数据引领者，其绝大部分数据集不对公众开放的现象令人忧心，这也表明 10 年的数据开放运动进展甚微。

（2）早期的政府开放数据引领者踟蹰不前：英国在开放数据方面多年领先全球，但对开放数据晴雨表 5 年历史数据分析的结果显示，英国数据开放的总分略有下降；美国在开放数据方面也有类似的现象，其总分下降 11 分，在本期的数据开放晴雨表排名中，已退出引领者行列。

（3）各政府仍将开放数据视为辅助项目：开放数据晴雨表研究结果显示，各国政府将开放数据视为孤立的举措。而为了实现各机构和部门广泛的数据开放，政府必须优先考虑并投资开放数据治理。

成为开放数据领域真正的引领者，政府要做的不仅仅是承诺去促进开放数据，而是将开放数据作为整个政府日常管理的一部分。否则，开放数据将如同过往的 10 年一样徘徊不前。

政府采取加快数据开放进程最有效的措施是投资有效资源，建立开放数据相关的政策、规范和基础设施等。

该报告概述了政府在三个方面可采纳的若干意见和建议：

（1）将"默认开放"付诸实践：制定涵盖了解公众需求、促进数据共享、投资财务和人力资源等多方面助力开放数据治理的规划、指南和流程，以主动披露数据。

（2）构建和整合开放数据基础架构：投资基础设施建设和数据管理技能培训，通过有效的数据管理实践和数据管理系统，提高数据质量和互操作性。

（3）有针对性地发布数据：与民间团体和多利益相关方咨询小组密切合作，发布与这些组织相关的数据集并分析数据开放的影响力，帮助其应对紧迫挑战。

本报告发现，30 个政府开放数据引领者在开放数据的实施和影响方面仍然任重道远。让开放政府数据运动进一步发展，政府需要从根本上改变其开放数据的方式，并将工作重点放在数据治理上。只有这样，我们才能看到开放数据对人们生活的切实影响。

一、数据开放的十年历程

（一）关于开放数据晴雨表

自 2014 年开始，相关机构连续 5 年发布开放数据晴雨表，分析全球数据开放进展。开放数据晴雨表是由万维网基金会（World Wide Web Foundation）在奥米迪亚网络的支持下制作的，旨在概述开放数据领域一些最引人注目的发现。该报告分析全球趋势，并使用结合了背景数据、技术评估和二级指标的深入方法，提供各政府和地区的对比数据，力求衡量开放数据计划在世界各国政府中的普及度和影响力。

虽然之前版本的开放数据晴雨表测量了 100 多个政府，但引领者版本更侧重于对 30 个采纳了《开放数据宪章》（全球公认的最佳公布、使用和最大限度发掘数据潜力的规范）或者签署了《二十国集团反腐败追逃追赃高级原则》（二十国集团成员国签署的基于《开放数据宪章》制定的原则）的政府进行评估。这 30 个政府已经做出了具体承诺，应当成为开放数据领域的引领者，本报告通过对其开放数据进程进行衡量，并且将之与之前版本中全球平均水平进行比较，来对这 30 个政府在开放数据领域的引领能力进行考察。对各政府的排名依据以下三项综合指标：一是开放数据倡议的准备；二是开放数据计划的实施；三是开放数据对商业、政治和公民社会的影响。这份研究报告对于评估全球开放数据运动的现状，以及推动开放数据进展具有里程碑式的意义。

（二）研究方法的变化

开放数据晴雨表（引领者版本）中的分析力求与以往版本保持一致，但存在一些微小的方法上的修订和两个主要方法的修改。

首先，研究范围有所缩减。本报告仅衡量30个公开承诺采纳《开放数据宪章》或者作为二十国集团成员国签署《二十国集团反腐败追逃追赃高级原则》的政府，而之前版本对100多个政府进行调查和研究。

其次，测量方法有所改进。为了对政府开放数据绩效进行更加切合实际的评估，本报告弃用了以往版本中采用的相对得分计算法（相对得分计算法即表现最好的政府得分定为满分100分，其他政府相对于满分得分），改用绝对分值法（百分制绝对得分）记录分数。此外，为了对开放数据晴雨表各版数据进行综合分析，相关人员使用绝对分值法对以往版本中各政府得分进行了重新计算，并在网站上（opendatabarometer.org）分别提供了使用绝对分值法重新计算的各版开放数据晴雨表，以及之前用相对得分计算法计算的各版开放数据晴雨表。

但总的来说，本报告一直力求与以往版本中的研究保持一致。作为开放数据宪章测量和问责小组工作的一部分，随着对测量方法的不断改进，在未来版本的开放数据晴雨表中，分析方法将会有更广泛的修订。

读者可以在本报告相关的方法描述和研究手册中，详细了解本报告采用的分析方法、研究过程和研究方法。也可以通过对开放数据晴雨表各版本在线文档进行评论而提供反馈。各版本开放数据晴雨表的原始数据，以及根据引领者版本分析方法调整的数据，均发布在网站上。相关人员可以在线获取上述资料，以支持进一步的研究，并为全世界开放数据政策和实践的发展提供更好的决策和支持。

（三）开放数据成功治理的三个基本要素

本报告根据《开放数据宪章》中对开放数据成功治理的三个基本要素

的规定，衡量 30 个政府开放数据引领者在开放数据方面的进展，三个基本要素分别为：

（1）默认开放：政府是否成功地制定或建立政策、技能和流程，广泛地形成数据默认开放的文化？

（2）数据基础架构：政府是否致力于建立或改善技术基础架构，以支持政府和组织长期的开放性？

（3）针对性开放：政府是否考虑是谁、为什么使用开放数据？政府是否按照便于使用者使用的方式发布其所需要的数据？

（四）历年开放数据晴雨表关于全球开放数据的经验和教训

开放数据晴雨表的研究，提供了了解各政府开放数据现状，以及各政府在开放数据领域发展情况的途径。自开展开放数据运动以来，各国政府在开放数据方面取得了一定的进展，数十项国家开放数据举措落地实施。然而，距离充分发挥开放数据的潜力，实现公民期望的效率型、责任型政府，还有很长的路要走。通过回顾开放数据晴雨表 5 年研究，可以看到：

（1）政策很丰满，成效很骨感。尽管开放数据成为主要趋势，并且在过去 5 年中，各国政府都在陆续制定开放数据政策。但是，世界各地真正开放的数据集数量几乎并没有增加，据本报告统计，全球仅有不到 10% 的数据集是开放的，而且这些数据通常质量差、不完备。此外，各国政府对通过公开数据集以使公民受益的意愿也不高。

（2）数据开放不仅需要政府意愿，还需要资源。政府意愿可以决定开放数据计划的成功与否，但是，由于政府在数据开放能力建设方面的投资往往不足，资源分配成为开放数据过程中最薄弱的环节，这导致开放即浪费的现象时有发生。而政府在没有为人们提供使用环境的情况下发布选定的信息，反而阻碍了数据开放的进程。

（3）开放数据集和数据架构仍未交付。一些在开放数据晴雨表中曾经排名很高的政府，多年来一直承诺要投资国家数据基础设施和社区建设，以促进数据开放进程。但这些政府每年实际的投资很少，其承诺并未实现。

（4）法律薄弱阻碍开放数据的增长。缺乏强有力的与信息权（Right to Information，RTI）相关的法规，使公民无法使用公开数据对政府的施政进行监督。此外，许多国家数据保护相关法律的薄弱或缺失，也削弱了公民对开放政府数据举措的信心。

（5）缺乏关于开放数据影响力的实证。几乎没有证据表明开放政府数据举措会带来真正的效益，尤其是社会效益。并且开放数据项目很少被真正地评估，其相关讨论往往停留在逸闻趣事的层面。

（五）真正的开放数据引领者

由于做出明确的开放政府数据承诺，本报告研究的30个政府应该是开放政府数据领域的最佳表现者，并且从广义上讲情况确实如此，开放数据晴雨表（引领者版本）中30个政府的平均得分比第四版中115个政府的平均得分高出2~3倍。

然而，开放数据领域真正的引领者不仅仅要在开放数据方面得分超过全球平均水平，政府更应该正视开放数据的作用，并使开放数据成为国家治理的一部分。本报告评估了30个政府开放数据引领者在开放数据领域的现状，然后根据以下开放数据成功治理的三个基本要素，对其表现进行衡量：①默认开放；②数据基础架构；③针对性开放。

开放数据运动，不仅要生存，而且要发展，政府需要从根本上改变其数据治理方法，并重点关注上述开放数据成功治理的三个基本要素。只有这样，我们才能看到开放数据对人们生活的切实影响。

二、开放数据引领者的成就

在过去的5年中，随着开放数据相关新政策的出台和已有政策的改进，本报告研究的大多数政府在开放数据方面均取得了一定的进展。但是，不同政府在开放数据方面的发展速度存在巨大差异。

（一）研究数据的来源

开放数据晴雨表（引领者版本）建立在以下三种数据的基础上：

2017年10月至2018年3月进行的同行评审专家调查，涉及开放数据背景、政策、实施和影响等一系列问题，以及每个政府的15种数据集的开放完成情况。该调查反映了各政府开放数据的可用性、格式、许可、及时性和可发现性等，作为开放数据晴雨表（引领者版本）的主要信息来源。

2017年7—10月进行的政府自评估简化调查，具有与同行评审专家调查相同的背景、实施和影响等方面的相关问题，作为开放数据晴雨表（引领者版本）的附加信息来源。

世界经济论坛、国际电信联盟（ITU）、联合国电子政务调查和自由之家的数据作为辅助数据，用于开放数据晴雨表（引领者版本）的准备部分。

（二）总体情况分析

本报告根据研究的30个政府在开放政府数据方面的表现，将其分为三组：（1）引领者组；（2）竞争者组；（3）落后者组。

1. 引领者组

引领者组在开放数据方面的综合得分均在65分以上，并且在开放数据意愿、实施和影响等子项评估指标上的得分相对均衡。加拿大和英国在引领者组中并列排名第一。其中，英国虽然是开放数据领域早期的引领者，但其与美国一样，是历年开放数据晴雨表中仅有的两个得分出现下滑的政府之一。相比之下，加拿大虽然在开放数据领域进展缓慢，但其前进的势头稳定，并且已经有挑战并超越英国的态势。此外，澳大利亚、法国、韩国、日本和新西兰等政府在开放数据领域也展现了类似的改善现象。

2. 竞争者组

竞争者组在开放数据方面的综合得分均低于65分,且在开放数据影响力子项评估指标上的得分远远落后于引领者组。尽管如此,该组的一些政府,如乌克兰、哥伦比亚和乌拉圭等,在开放数据领域依然取得巨大进步,得分相对于第一版开放数据晴雨表提高25分左右;此外,巴西、印度、阿根廷和菲律宾等,在开放政府数据方面也取得了不错的进展,得分相对于第一版提高了15分以上。而作为开放数据领域曾经引领者的美国,其得分相对于第一版下滑了11分,也出现在竞争者组。

3. 落后者组

落后者组各政府在开放数据意愿、实施和影响等子项评估指标中,至少有一项存在严重劣势。智利、哥斯达黎加和土耳其等政府在开放数据领域几乎没有取得任何进展;而沙特阿拉伯和塞拉利昂等,虽然5年来只取得微小的改善,但其在过去一年中取得了一定的进展,这些政府在开放数据领域的短期前景相对乐观。

30个政府开放数据引领者在开放数据晴雨表(引领者版本)中的综合得分如表1所示。

表1 30个政府开放数据引领者在开放数据晴雨表(引领者版本)中的综合得分

政府和组织	总得分（满分100）	总得分变动值（自第1版开始）	意愿（满分100）	实施（满分100）	影响（满分100）	二十国成员	宪章采纳者
加拿大	76	18	86	87	55	Yes	Yes
英国	76	−4	83	89	57	Yes	Yes
澳大利亚	75	17	79	84	62	Yes	Yes
法国	72	17	84	77	55	Yes	Yes
韩国	72	25	82	67	67	Yes	Yes
墨西哥	69	33	79	67	62	Yes	Yes
日本	68	24	78	68	58	Yes	No

续 表

政府和组织	总得分（满分100）	总得分变动值（自第1版开始）	意愿（满分100）	实施（满分100）	影响（满分100）	二十国成员	宪章采纳者
新西兰	68	5	79	72	52	No	Yes
美国	64	−11	79	76	37	Yes	No
德国	58	2	76	72	27	Yes	No
乌拉圭	56	23	71	70	28	No	Yes
哥伦比亚	52	25	69	60	28	No	Yes
俄罗斯	51	10	62	59	32	Yes	No
巴西	50	15	63	56	30	Yes	No
意大利	50	8	61	61	27	Yes	Yes
印度	48	16	64	49	32	Yes	No
阿根廷	47	14	66	56	20	Yes	Yes
乌克兰	47	25	60	52	28	No	Yes
菲律宾	42	19	54	42	30	No	Yes
智利	40	2	54	55	12	No	Yes
印度尼西亚	37	17	49	45	17	Yes	No
南非	36	14	50	37	22	Yes	No
巴拉圭	34	15	41	45	15	No	Yes
中国	31	15	44	38	10	Yes	No
哥斯达黎加	31	1	48	43	3	No	Yes
土耳其	31	5	33	53	7	Yes	No
巴拿马	30	10	47	42	0	No	Yes
危地马拉	26	2	36	37	5	No	Yes
沙特阿拉伯	25	12	40	32	3	Yes	No
塞拉利昂	22	11	33	23	10	No	Yes

（三）开放数据进展之路

许多政府在开放数据领域已经取得了很大的改善，并以良好的态势稳步前进。在过去的 5 年中，韩国、哥伦比亚、乌克兰、日本和乌拉圭等政府开放数据方面综合得分的提升都超过了 20 分，其中，墨西哥综合得分的提升最高，为 33 分。详见图 1。

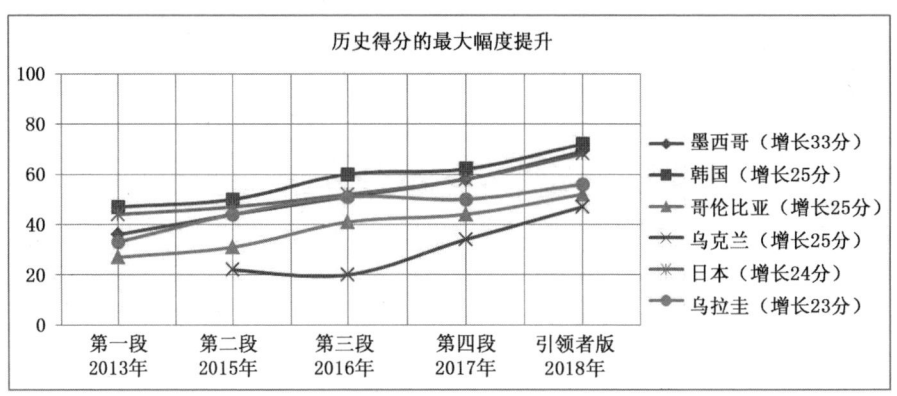

图 1　进展最大的开放数据引领者综合得分提升情况
（开放数据晴雨表以往版本中的分数已使用绝对分值法重新计算）

一些在开放数据领域进步突出的政府正在缩短与引领者组的距离，其中，韩国甚至迈入了引领者组行列。随着开放数据的逐步推进，这些政府应该向引领者组寻求更多的数据开放经验，以提高其在开放数据领域的地位。

加拿大在开放数据领域稳速前进，在过去 5 年中，其始终保持领先地位，并在开放数据晴雨表（引领者版本）中跃居榜首。政府强有力的支持是加拿大在开放数据各相关方面表现优异的关键，随着开放数据带来影响的逐步体现，我们可以看到开放数据为加拿大政治、经济和社会等多领域带来的效益。

法国在开放数据领域也表现出类似的积极发展态势，近年来，尤其在经济和社会影响方面，法国政府取得的成就令人瞩目。然而，由于政治过渡等原因，法国地方政府对开放数据支持的力度不足。尽管如此，法国总统马克龙代表政府对数据开放和创新再次做出承诺，这将推动法国政府在开放数据方面取得新的进展，我们期待在下一版开放数据晴雨表中看到法国的进步。

通过对开放数据晴雨表5年历史数据进行分析发现，韩国是开放政府领域进展最快的政府之一，并且已经进入引领者组行列，其开放数据相关的所有指标得分均有所改善，在某些领域甚至出现显著的增长。例如，自开放数据晴雨表第一次评估以来，韩国政府在民间社会参与、地方政府对创新和开放数据的支持等方面的得分均翻了一番。此外，开放数据在韩国也体现出最广泛和深入的影响，甚至一些在其他国家很少见的社会影响，也在韩国呈现。

（四）开放数据的重要作用

开放政府数据的最终目标是让人们的生活变得更加美好，但是，在开放数据和积极的社会变化之间建立因果关系是非常困难的。

开放数据晴雨表以往版本的研究表明，开放数据计划几乎没有带来任何切实的效益。然而，在开放数据晴雨表（引领者版本）中，很多证据表明，开放数据对政府、公民和经济等多个方面都带来了积极的影响。

首先，开放数据帮助改善政府使用资源的方式。在法国，开放数据帮助政府在公共建筑中更好地使用能源；在澳大利亚，政府部门通过多机构数据集成项目改善协作关系。

其次，开放数据帮助提高政府透明度、职责性和公民参与度。在乌拉圭，开放数据帮助记者揭露政党融资中的不法行为；在韩国，公民参与式预算允许公众审查政府的支出；在日本，开放数据使公民可以监控政府的IT投资；在德国，开放数据使公民能够参与公共城市的规划和决策。

再次，开放数据提升政策过程包容性，解决社会问题。在墨西哥，开放数据促使其最大的社会项目更具有普惠金融性；在南非，开放数据帮助提升社区意见在政府决策中的影响力。开放数据还被用来处理中国环境污染问题、应对加拿大气候变化的影响、管理菲律宾自然灾害风险和自然资源规划，并改善新西兰自然资源的管理。

最后，开放数据具有积极的经济影响力。在美国，开放数据持续推动国家经济增长；在英国，开放数据帮助提供更多的商机，并使各行各业更有效率。此外，数百家开放数据相关的公司在澳大利亚、墨西哥、美国、意大利、韩国、加拿大等国家蓬勃发展，并创造了新的市场机会和数据业务模式。

开放数据能带来显著的社会效益和经济效益，我们当前看到的数据开放的影响仅仅是冰山一角，人类拥有技能和工具去发掘开放数据蕴含的巨大潜力。展望未来，我们需要超越个例研究，加强对开放数据运动带来的影响的衡量，以便了解数据开放的广泛效应。

（五）当前数据开放中存在的弱点

本报告研究的所有政府在开放数据方面都存在几个共有的弱点，这些弱点介于开放数据承诺和实质性进展之间。

1. 总体进展缓慢

自对开放政府数据进行评估开始，经过5年的发展，开放数据晴雨表（引领者版本）中综合得分高于50分的政府仍不足半数，此外，英国、德国、美国、智利和哥斯达黎加等国家在开放政府数据方面几乎没有任何进步，甚至出现下滑态势。作为明确承诺开放数据的政府，尤其是在《开放数据宪章》已经颁布超过3年的背景下，其在开放数据方面的表现令人担忧。详见图2。

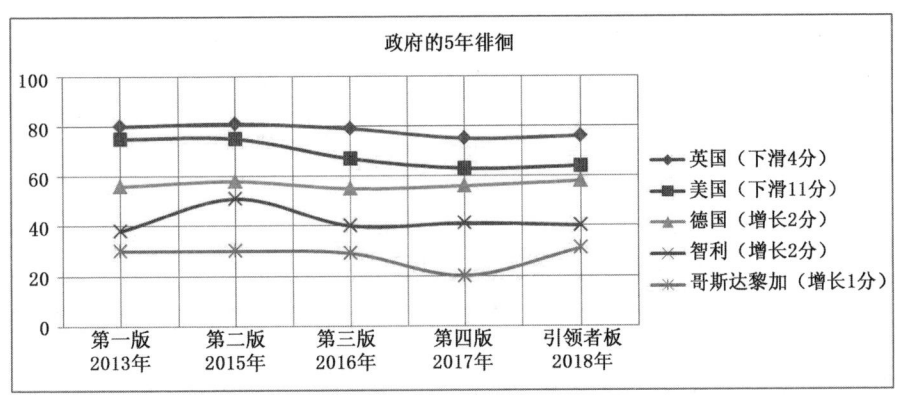

图 2　开放数据进展缓慢的政府历年综合得分情况
（开放数据晴雨表以往版本中的分数已使用绝对分值法重新计算）

2. 开放数据被视为辅助项目

开放数据需要融入整个政府才能展现其真实持久的影响力，而这需要强有力的开放数据政策、战略和数据管理指南作为支撑。虽然开放数据晴雨表中，政府在开放数据政策和数据管理实践方面的得分正在增加，但仍然低于个别开放数据计划成熟度的得分。这表明，大多数政府仅将开放数据视为一个正在进行的试验，从小型开放数据计划开始，并且逐步跟进建立支持这些计划的政策。现在，各政府是时候走出开放数据的测试阶段，建立起支持数据开放的基本管理制度和基础设施，持续进行政府的数据开放。

3. 政府和民间社会需要加强合作

本报告显示，政府与民间社会之间的合作停滞不前，这也是少数几个未显著提升的开放数据指标之一，巴西、意大利、韩国、新西兰、土耳其和美国等政府在这一指标上的表现甚至出现回退现象。民间社会与政府之间加强合作，对于使开放数据为公众服务至关重要，当前，黑客马拉松式的短期一次性合作行为缺乏长期效应，政府应该承诺与民间社会建立定期与长期的合作关系。

本报告表明，薄弱的数据治理实践不仅影响了 30 个政府开放数据引领者，也影响了整个开放数据运动。以下部分将针对数据治理的关键领域，对 30 个引领政府进行衡量，并将其绩效与开放数据晴雨表之前版本进行比较。

为什么曾经的开放数据引领者会陷入数据开放困境？

英国	美国
作为全球开放数据的引领者，英国的开放数据计划在过去 5 年中几乎没有任何变化，这导致英国在开放数据方面的综合得分产生 4 分的小幅回落。从好的方面来看，英国建立了数据管理规范，开放数据运动扩展到地方层面，并且数据培训广泛普及。然而，英国政府并没有像当初在倡议中承诺的那样促进开放数据相关的政策，而是采用了适时开放政府数据的策略。此外，有迹象表明，英国政府有放弃数据开放的倾向，其与民间社会的合作，以及对开放数据创新文化的支持正在逐步减少，并且信息权（RTI）和数据保护框架的建立也落后于最佳实践。虽然数据开放对英国社会依然存在较强的影响，但是英国政府对开放数据包容性后劲不足。	美国在开放数据方面的衰退更为明显，政府在开放数据领域投入的资源越来越少，在开放数据所有指标上的得分几乎都有所下降。尤其是在过去几年中，美国政府在开放数据方面的综合得分下滑了 11 分，这直接导致其在开放数据晴雨表（引领者版本）中退出引领者组行列。近年来，美国政府在开放数据领域改善的方面仅有数据管理实践、数据培训计划的普及，以及开放数据对新兴产业和创业的支持，其地方政府开放数据相关情况保持不变。而由于美国政府对信息传送和使用自由的响应越来越迟钝，其 RTI 框架变得越来越薄弱。

三、开放数据的治理

开放数据不应该是政府辅助项目，它应该贯穿于政府所有机构的日常工作中。这意味着我们不仅要投资于开放数据计划，还要加强开放数据治理。

开放数据治理的概念需要进一步探索,在我们当前的理解中,开放数据治理是用于改善开放数据在政府中跨部门创建和使用的政策、框架、决策过程、资源和工具。本报告根据开放数据成功治理的三个基本要素,对各政府的表现进行衡量:(1)默认开放;(2)数据基础架构;(3)针对性开放。

(一) 默认开放

默认开放原则的最终目标是数据创建即发布,其实现需要整体开放的数据文化,这是一个理想化且可实现的目标。在政策文件中写入"默认开放"不会自动地开放所有数据,政府需要致力于长期的改革,并从根本上对工作方式进行改变。

1. 默认开放为何重要

默认开放不是将生成的数据先以封闭格式存储并待后续开放,而是数据创建即发布。默认开放原则描述的是政府支持数据创建即发布所需的所有结构性变化,而当前模式向数据默认开放模式转变所需的底层基础概念非常复杂,需要整体社会文化和政府工作方式同时转变。

缺乏明确的定义是默认开放原则面临的众多挑战之一,目前,各相关方尚未就默认开放的确切含义达成共识,甚至关于开放的定义也不一致。由于概念的抽象性,政府很难将默认开放付诸实践。

默认开放原则需要以强有力的资源、战略和法律为基础。一些发达国家的政府,虽然其当前认可的默认开放原则不一定适用于未来的实践,但这些政府正在试图将默认开放原则纳入国家开放数据政策及战略;而其他政府,尤其是发展中国家政府,由于信息权(RTI)和数据保护框架的薄弱或缺失,其普及默认开放原则困难重重,甚至显得不切实际。

2. 政府如何实现默认开放

与第四版开放数据晴雨表相比,引领者版本中开放数据的可用性有所增加，从7%上升到19%，这主要是由于许多在开放数据领域表现较差的政府未包含在本报告研究的样本中。此外，虽然全球数据的可用性有所改善，但19%只能视为一个相当小的成就，特别是对于那些承诺默认开放数据的政府。

是什么阻止这些政府成为践行默认开放原则的引领者？很明显，开放政府数据的倡议和数据默认开放的政策不足以确保数据在创建时即开放，以下四个指标是政府实现真正的数据默认开放所需的一些基本条件：

（1）充足的资源。开放政府数据倡议的实施需要充足的资源、强大的领导力、敬业的员工和明晰的预算。虽然开放数据晴雨表（引领者版本）中的大多数政府都拥有成熟的开放数据计划，并且在相关指标上的得分超过第四版本中的全球平均水平（开放数据计划指标满分为10分，引领者版本中各政府平均得分为7分，第四版本中各政府平均得分为4.4分）。但是，许多政府在开放数据方面缺乏强有力的领导力和政治意愿，并且人员和预算也很紧张。没有高层的政治支持和合适的团队为依托，默认开放原则的普及具有很大的挑战性。

历年开放数据晴雨表中影响数据默认开放的几个指标的平均得分情况如表2所示。

表2 历年开放数据晴雨表中影响数据默认开放的几个指标的平均得分情况（满分10分）

对比版本	开放数据计划	政府政策	数据保护框架	信息权（RTI）
引领者版（30个政府）	7.0	6.2	6.2	5.9
第四版（115个政府）	4.3	3.1	4.9	4.3
第三版（92个政府）	4.4	3.0	5.2	4.2
第二版（86个政府）	4.1	–	5.3	4.6
第一版（77个政府）	4.5		5.6	4.9

（2）政府的政策和战略。政府的政策和战略体系对于阐明开放数据的流程和责任至关重要。然而本报告研究的这些政府，通常在开放数据计划已经落地实施后，才着手进行相关政策和战略的制定。因此，这些政策和战略往往是滞后且不完善的（30个政府开放数据引领者在政府政策指标上的平均得分为6.2分，而满分为10分）。包括智利、中国、哥斯达黎加、危地马拉、印度尼西亚、巴拉圭、沙特阿拉伯、塞拉利昂、南非、土耳其在内的许多政府，甚至缺乏坚实的中长期政策和战略。除了制定强有力的战略外，政府还必须在能力建设方面投入更多资金，以便这些战略能够嵌入政府的所有机构部门。

（3）信息权和数据保护框架。信息权和数据保护框架相关的政策是支持构建默认开放文化的另外两个关键要素，它们在保护个人隐私的同时，帮助提供更多的数据。然而平均而言，本报告研究的政府在这些领域得分相对较低，分别为5.9分和6.2分（满分为10分）。并且自进行开放数据晴雨表研究以来，30个政府开放数据引领者在信息权和数据保护框架方面几乎没有任何进展，此外，半数政府在至少一项指标上徘徊不前。信息权和数据保护是开放政府数据的基础，政府在这些领域的倒退使得默认开放原则很难实现。

3. 实例探究

【加拿大：默认开放行动】

作为承诺默认开放数据的一部分，加拿大政府于2017年推出默认开放试点项目。随后，加拿大政府各部门一直致力于其研究数据的开放工作，向研究人员、企业和感兴趣的公民开放政府在科学和文化等方面的研究。例如，加拿大环境与气候变化局（ECCC）将实地记录、研究报告和组织结构图等公务员正在处理的工作文件，以工作快照的形式进行发布。这是加拿大向数据默认开放转型迈进的良好开端，但其未来还有很长的路要走。

【日本：数据默认开放计划】

近十年来，日本政府制定了一项开放政府数据的总体战略，旨在促进将公共数据作为公民的财产使用。该战略由战略目标、基本原则和关键措施等部分构成，值得注意的是，其中关于开放数据的四项基本原则几乎涵盖了《开放数据宪章》的所有原则，并且默认开放原则被列为第一项。此外，促进开放数据高级别圆桌会议的持续召开，对国家和地方政府数据开放活动进行了连续监测和报告。

（二）数据基础架构

当前，开放数据基础架构和管理实践薄弱、不协调，且经常发生变化。为了促进和维持数据开放，政府需要致力于开放数据相关的技术和组织的转型。

1. 数据基础架构为何重要

及时性、全面性、可访问性、可用性、可比性和互操作性是对高质量数据的基本要求。为了发布具有这些属性的数据，政府需要对包括软硬件工具在内的技术基础设施，以及规范指南、技术标准、能力建设、组织转型和决策制定流程等进行投资，以支持数据管理实践。

2. 政府如何建立数据基础架构

政府应该使所有机构和部门都以统一的方式发布高质量数据集，以便公众能够更容易地使用和理解开放数据。然而，根据本报告对数据管理指标的衡量，几乎半数的政府仍然缺乏全面的开放数据指导方针、技术标准和管理程序。即便如此，本报告中这些政府在数据管理方面的表现仍然远远优于第四版中的全球平均水平，其平均分数从2.8分增加到5.6分（满分10分）。

通常，在开放数据计划落地一段时间，并且政府层面的数据开放战略或政策已经制定的情况下，数据管理才会被政府纳入考虑的范畴，这种本末倒置的方式是导致数据质量差的主要原因之一。与开放数据晴雨表第四版中 115 个政府相比，虽然本报告中几乎所有政府在数据质量指标上的表现都更加突出（见表 3），但其得分增幅有限，只有不到 20% 的数据是真正开放的，25% 的数据没有以机器可读的格式提供，不到一半的数据在开放许可的情况下可用，并且不到 10% 的数据包含易于比较和互操的通用标识符。

在许多情况下，开放数据是由政府内部的临时小组以手动或半自动的方式，将文件上传到集中开放门户上进行发布的。这种发布方式提供了一定程度的官方支持，但这并不是一种具有扩展性的开放方法。政府需要数据管理团队和数据管理流程，以及适当的技术基础设施，来支持开放数据的有效扩展。然而对于大多数政府而言，这些要素的缺乏，以及遗留 IT 系统对开放数据的不兼容，给技术基础架构的开发带来了额外的挑战。

除了上述因素以外，政府建立数据基础架构还面临着许多其他的挑战。目前，大多数国家，尤其是发展中国家，在完善数据基础设施和开放数据标准的举措方面缺乏多样性和归属性，并且这其中许多政府缺乏基本的基础设施和管理良好且数字化的政府数据集。要建立支持开放数据的基础架构，这些政府需要将面临的所有问题都考虑在内。

表 3　本报告研究的 30 个政府的 15 个数据集分别符合 8 个不同质量标准的百分比情况

数据集	开放	机器可读	整体可用性	免费	开放许可	更新	可持续性	可发现性
地图	20	85	42	81	39	46	46	85
土地	7	67	33	73	33	73	80	80
统计	27	90	47	97	50	93	87	93
预算	30	79	45	100	59	100	100	79
支出	13	89	67	100	56	78	78	56
公司	13	60	35	70	35	55	55	60

续　表

数据集	开放	机器可读	整体可用性	免费	开放许可	更新	可持续性	可发现性
法律	13	37	20	100	30	100	100	93
交通	30	64	36	100	56	68	76	80
贸易	23	90	37	100	43	90	93	67
卫生	17	80	27	100	43	63	60	53
教育	13	82	26	100	44	67	59	59
犯罪	17	71	29	100	39	79	64	39
环境	20	85	33	96	52	41	33	44
选举	17	82	32	100	29	96	82	89
合同	27	61	36	100	43	96	82	75
引领者版平均水平	19	75	35	96	43	77	74	71
第四版平均水平	7	53	24	90	26	74	66	73

关于表3的说明：

（1）地图、交通、贸易、犯罪、合同等数据集为经济类数据集，统计、卫生、教育、环境、土地等数据集为社会性数据集，预算、支出、公司、法律、选举等数据集为政治类数据集。对数据集详细说明如下：

地图数据。由国家测绘机构提供的，包括行政边界、道路和其他重要基础设施等关键特征的，覆盖全国范围的国家数字政治地图，且图例至少为1∶250000。

土地所有权数据。由土地登记机构或国家地籍管理机构持有的，有关土地所有权、使用权和位置等国家级信息的数据集，通常依赖于国家土地登记数据库而存在。

国家统计数据。由国家统计机构提供的，包括最低人口和国内生产总值、失业率、人口等经济指标在内的全国人口普查或其他主要国家统计数据。

政府详细预算数据。按部门支出、子部门支出等划分的高水平国家政府预算，且此处的预算为政府的开支计划，而非以往的详细实际开支。

政府详细支出数据。政府在详细交易层面已经产生的实际支出记录。

公司信息数据。在某国注册的有限责任公司的名称、唯一标识符、地址等信息，不包括资产负债表等详细的财务数据。

法律法规数据。某国的宪法和法律，包括国家法律和法规，但不包括判例法和行政法规，需详细说明资料来源是否涵盖或部分涵盖该国所有的主要和次要立法。

公共交通时刻表数据。公共汽车和铁路等公共交通的时刻及站点等运营服务信息，若无全国性的数据，需提供首都公共交通信息。

国际贸易数据。特定商品的进出口，以及与其他国家贸易差额相关的数据。

卫生部门绩效数据。由可用于指示特定服务或整个医疗保障系统性能的管理数据生成的统计信息，包括死亡率和生存率、疫苗接种水平、获得医疗保障的程度、特定群体的医疗保障效果、患者对医疗服务的满意度、等待就医时间等。

中小学教育绩效数据。由可用于表明特定服务或整个教育系统绩效的行政数据所生成的统计信息，包括国家考试中学生的考试成绩、入学率、教师出勤率等。

犯罪统计数据。不同颗粒度的关于犯罪率、详细犯罪情况的年度统计报告。

环境数据。碳排放、有害空气污染物排放（如碳氧化物、氮氧化物、颗粒物等）、水质量（如砷、氟化物、硝酸盐）和森林砍伐等环境相关数据。

国家选举情况数据。按选区或地区划分的包括已登记和无效选票的全国竞选数据。

公共合同数据。由国家或政府发布的招标、投标等与合同相关的详细信息。

（2）质量标准说明如下：

开放。数据集是否开放。

机器可读。数据集是否以机器可读且可重复使用的格式提供。

整体可用性。机器可读且可重复使用的数据是否整体可用。

免费。数据集是否免费提供。

开放许可。数据是否公开许可。

更新。数据集是否是最新的。

可持续性。数据集是否定期更新。

可发现性。发现数据集相关的信息是否容易。

3. 实例探究

建立开放数据标准：开放所有权组织创建了全球受益所有权登记册，

向公众提供公司所有权信息。全球受益所有权登记册旨在推动企业透明化，并解决诈骗、洗钱和逃税等问题，其建立源于在 2016 年 5 月的英国反腐败峰会上，40 个国家政府关于建立受益所有权公共登记册的承诺，该登记册目前正处于测试阶段。另外，采掘业透明度倡议等特定行业规划，以及世界银行等发展机构，也陆续采用包含公众受益所有权需求的透明架构。

定义数据基础架构：英国政府数字服务（GDS）标准是一套由 18 项准则组成，旨在帮助政府创建和运行有效的数字服务的标准，其中，关于数据基础架构定义的准则包括：开放所有新的源代码；使用开放标准和通用平台；测试端到端服务；确保用户第一次接触即可成功使用；使用户体验与 GOV.UK 一致；收集绩效数据；确定绩效指标；在性能平台上报告性能数据。

data.gov.uk 规定了一套列举数据集的标准化格式，该格式的定义包括元数据（DCAT）、默认数据开放格式等条款。英国开放标准委员会已经采用了 ODT、ODS 和 CSV 等数据开放标准，以及开放式合同数据标准和 IATI 数据标准等。任何人都可以通过数据申请流程，申请政府将其所需的数据集作为开放数据发布。

（三）针对性开放

开放数据是否成功需要通过其能否为人们的生活带来改善来衡量，因此，政府发布的数据必须是人们需要且想要的。要实现这一目标，政府和民间必须进行合作，并且政府需要在合作中起到引领作用，投资并优先考虑人们急需的数据和数字文化培训。

1. 针对性开放为何重要

数据的真正价值来源于人们的使用。政府必须与公众合作，以了解哪些数据为公众所需，然后确保数据以公众可用的格式进行发布。然而实践中，政府往往没有做好与公众进行长期合作的准备。

实现数据默认开放是一个渐进的过程，当前，政府必须优先考虑发布公众最需要的数据，并且在数据发布之前，政府必须仔细考虑公众对数据的需求和数据发布后对公众的潜在影响。

2. 政府如何实现针对性开放

实现针对性开放最重要的影响因素是公众需要的具有社会影响力的数据是否可以作为开放数据被发布。如图3所示，本报告研究的30个政府中，仅有不到1/4最具社会影响潜力的数据是真正开放的。虽然在开放数据晴雨表（引领者版本）中，开放数据质量指标的平均得分相较以往版本有了显著提升，但是，社会性数据的质量仍有很大的提升空间。尽管如此，统计数据性能的改善仍是一个喜闻乐见的趋势。

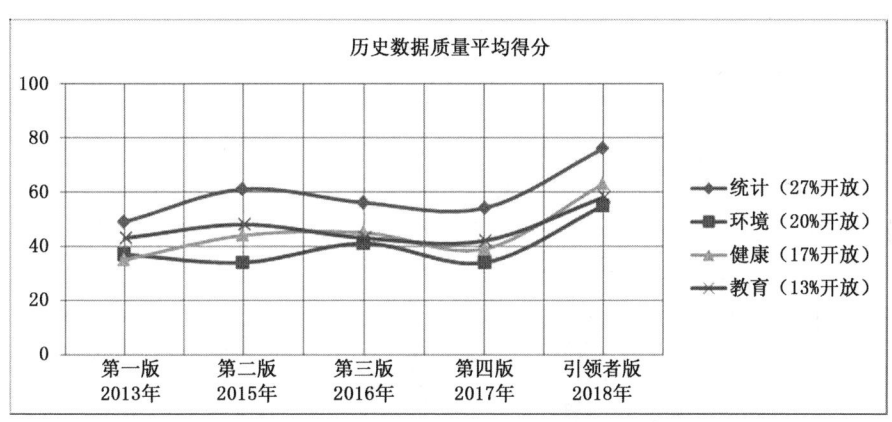

图3 历年开放数据晴雨表中社会数据集群平均质量得分对比（满分100分），以及真正开放数据的可用性比例（百分比）

为什么多年来大多数关键数据仍未开放？《开放数据宪章》中的针对性开放原则明确表示，开放数据运动以数据驱动和公众参与的方式开展，并且必须优先考虑首先开放哪些数据集。然而本报告显示，政府与开放数据团体之外的群体之间的合作不够充分，虽然开放数据晴雨表历年研究数据表明，政府参与度一直在缓慢提升，但是引领者版本中1/3的政府在该指标上得分较低（≤5，满分10），并且5年内几乎没有取得任何进展。

此外，民间社会和政府之间的开放数据明显不如过去正式。在最初开放数据领域较为先进的几个政府中，早年参与数据开放的部门小组和工作小组早已不再运作。并且，民间社会代表与开放数据实践者之间的合作更加非正式化。

民间团体缺乏数据技能是改善公众参与的另一个障碍，然而人们很少有机会获得这些技能。虽然本报告研究的30个政府在数据培训机会（包括培训计划、教育系统和其他个人培训机会等）指标上的平均得分，优于开放数据晴雨表第四版中115个政府的平均得分，但这项指标的分值仍然不高（见图4）。此外，政府对创新的支持在推动数据功能转型方面也起着至关重要的作用，尽管本报告研究的30个政府在这些指标上的得分相对较高，但由于政府的支持通常是以一次性、最少的预算和极少的政府员工参与的形式组织，这些政府的得分仍然处于很低的水平。

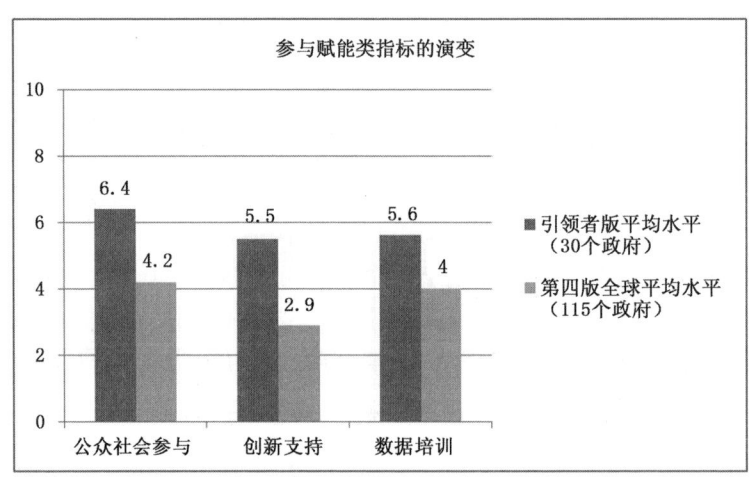

图4　开放数据晴雨表（引领者版本）中30个政府与第四版115个政府在民间社会参与、创新支持和数据培训等指标上平均得分的比较（各项指标满分为10分）

虽然面临以上诸多挑战，但是开放数据带来的影响依然在缓慢地显现。尽管开放政府数据的总体影响仍然很微弱，但与开放数据晴雨表第一版本相比，本报告研究的 30 个政府在开放数据领域的影响更加深刻和重大，尤其是在政府效率、问责制和创业精神等方面（见图5）。

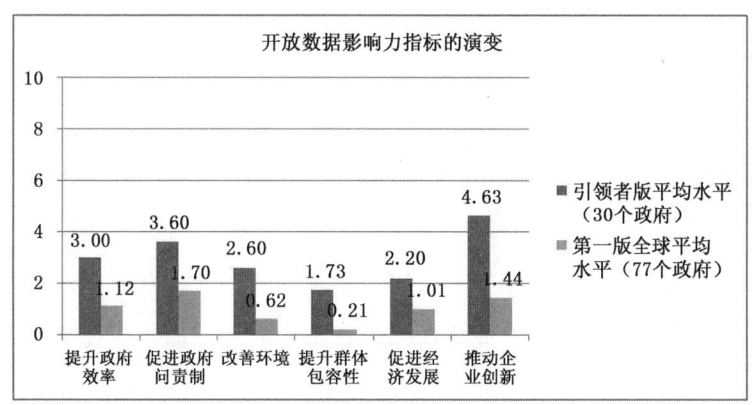

图5 开放数据晴雨表（引领者版本）中30个政府与第一版77个政府在政治、经济和社会影响力等方面平均得分的比较（各项指标满分为10分，且为正面影响力最高得分）

3. 实例探究

（1）公共采购透明度和问责制：开放承包伙伴关系（Open Contracting Partnership）是为了解决承包项目中的腐败问题而建立，通过发布和使用政府公共采购项目中开放、可访问且实时性的信息，使公民和企业协助政府发现并解决项目中存在的问题，从而降低政府采购成本，为公司创建更公平的竞争环境，并确保纳税人能够获得更高质量的商品和服务。这一倡议是2016年开放政府伙伴关系（OGP）峰会上由英国、墨西哥、法国、哥伦比亚和乌克兰等5个国家共同承诺的，阿根廷后来也加入了这项倡议。

（2）开放数据打击腐败：在印度尼西亚，政府在发布反腐败相关数据方面进展的乏力令人沮丧。并且，包括印度尼西亚在内的5个二十国集团关键成员国，均未能履行其通过发布反腐败关键数据集来解决腐败问题的承诺。而这些数据集的发布，对于使公民更好地监测政府资金流动、公共资源和公共采购活动的分配，以及政治活动资金的来源等有很大的助力。

为了履行反腐败的承诺，这些政府未来在数据开放、技能及倡议的投资等方面还有很多工作要做。

四、数据开放政策建议

经过开放数据运动的10年发展，现在，政府不仅应该承诺开放数据，更应该调拨资源进行数据开放，成为开放数据领域真正的引领者。

这意味着政府应当制定强有力的政策和规范，并将其嵌入政府所有机构；这意味着政府应当将开放数据作为管理的核心，而不仅仅是一个辅助项目；这意味着政府应当履行其开放数据的承诺。

本报告研究的30个政府正在广泛推进开放数据运动，但尚未有政府将开放数据作为日常治理的一部分。为推动这一转变，政府必须启动大量的资源投入，来建立开放数据所需的基础设施、政策和规范等，否则，开放数据运动将继续停滞不前。

以下概述了一些改善政府开放数据治理能力的具体方式和建议，其中一些长期性建议尚未落实到位，但其对解决开放数据面临的关键系统性问题非常重要。

（一）将默认开放落到实处

1. 从政策到实践

开放数据运动需要超越试验，并且以基本政策和规范为支撑，以构建整个政府范围内可持续的开放数据文化。这要求政府：

制定明确的计划，通过规定流程、职责、时间表、资源以及国家授权的执行机构等，将开放数据政策落到实处。

引入指南和正式流程，通过标准化的数据集发布和更新程序，进行全政府层面标准化的数据管理。

提供财力和人力资源，加强能力建设、基础设施、公众参与度、创新、研究和监测等方面的提升，将开放数据政策和计划付诸实践。

2. 多种措施实现默认开放

默认开放是一个理想的目标，这个目标的实现不是一蹴而就的，政府可以采取多种措施推进默认开放：

首先，通过修改信息权框架，并主动在政府网站上发布关键数据集，来主动披露数据。

其次，通过倾听公众需求，分析最紧迫的社会问题和公众最急需的数据集，优先发布有针对性的数据。

最后，通过调整政策、程序和体系来促进数据开放共享，而不是阻碍它们。

（二）构建并整合数据基础架构

"开放数据必须从顶层开始，必须从中层开始，并且必须从底层开始。"

——万维网创始人蒂姆·伯纳斯·李爵士

1. 在全政府范围内建立开放数据技能

正如2010年万维网基金会创办人蒂姆·伯纳斯·李所言，政府不能仅仅依靠政府高级官员来执行开放数据战略，还需要资源充足、业务熟练的政府中级官员，以及积极活跃的技术人才参与其中。为了扩展试验阶段以外的开放数据工作，政府需要积极推动这一开放数据生态系统的建设：

制定有效的数据管理规范，建立符合既定政策和准则的参考数据工作流程。

投资中低层员工培训和能力建设，提升所有直接或间接从事数据工作人员的数据素养。

2. 更新技术基础架构

大多数政府的数据系统不是为开放数据而设计，政府通常需要使用人工方法将体量庞大的政府数据转换为开放数据，并且开放数据门户网站往往是过时且不健全的，门户网站上数据的质量也很差。数据基础架构的转变没有单独的全球解决方案，各政府机构尤其是数据开放落后的部门，必须转变其技术基础设施，使之能够有效地发布开放数据（见表2）。

通过设置数据质量下限、数据质量要求，以及数据生成或更新过程中的常规确认流程，来提高数据质量。

通过在所有系统开发或系统更新的采购要求中，列入添加数据共享功能条款，使数据系统具备开放数据功能。

与其他部门和机构联合，增建共享参考数据、全局元数据和互操作性标准（如API）等技术框架。

（三）针对性发布

1. 确保持续有意义的公众参与

开放数据运动的最终目的是使人们的生活更加美好。为了使开放数据为人们服务，政府需要与公众进行开诚布公的沟通，努力了解公众对数据的需求，从而改善政府的服务和治理。这需要公众持续地参与和协作，特别是需要增加边缘化群体的参与：

与包括边缘化群体在内的民间团体密切合作，了解其对数据的需求，并且有针对性地发布数据。

与多利益相关方咨询小组联系，帮助其解决更复杂、更具体的数据开放问题和项目。

2. 开展开放数据实践

在过去几年中，数据开放对实用开放方式的需求愈加明显。经历了最初急切开放所有原始数据的粗放模式后,开放数据团体当前在开放数据时会考虑为什么要开放,以及开放是为了什么。尽管目前开放数据门户网站既简易又便捷,要做好数据开放,仍需要时间、资源,以及对开放数据应该实现的目标的清晰理解。如果政府想要真正地实现开放数据,必须:

发现政府数据可以帮助解决的挑战,并与相关团体进行合作,实现数据开放的有利影响。

承诺发布对解决挑战至关重要并且能使社区受益的关键数据集。

研究发布数据集能够带来的影响,然后学习和适应,并使数据披露的效益最大化。

经过公开政府数据运动10年的发展,各国政府仍然未能消除阻止开放数据发挥其潜力的严重障碍。我们强烈鼓励所有政府,尤其是本报告研究的30个政府开放数据引领者,践行开放数据承诺,采纳本报告提出的建议,并致力于构建强有力的嵌入式开放数据治理实践,实现开放数据能够带来的切实效应。

——本文由万维网基金会(World Wide Web Foundation)的报告OPEN DATA BAROMETER Leaders Edition(From Promise to Progress)编译而来,并通过CC BY 4.0授权。

美国实时与开源分析资源指南

编 译：韩　帅
译 审：舍日古楞

国家电子政务外网管理中心主办

编者的话

2017年7月,美国国家网络融合中心联合美国国土安全部、联邦调查局等多家机构发布《美国实时与开源分析资源指南》,旨在帮助有关部门在保障公民隐私、权利和自由的前提下,合法和适当地使用网络开源信息,推进态势感知、刑事调查、公共安全风险评估等相关工作。

在当今互联网时代,个人和单位机构的各种数据正在加速向网络平台汇聚,如社交信息、信用信息、设备信息以及其他应用数据等,并在一定程度上向外界公开,形成开放资源。特定的职能人员,如执法人员、网络安全人员、应用运维管理人员、内容审查人员等,可通过开源信息分析来落实内容审查、态势感知、刑事调查、电子取证、公共安全风险评估等工作。而恶意的网络攻击者则可通过实时与开源分析获取其他信息,进一步实施"钓鱼""人肉搜索"或其他针对性网络攻击,充分结合网络信息与现实信息,对公众和单位安全造成恶劣影响。实时与开源分析对于职能人员和恶意攻击者正起到了越来越重要的作用。

该指南以确保公民隐私、权利和自由为前提,对实时与开源分析工具的功能、作用、操作安全、具体建议等内容进行详细阐述,帮助执法部门和分析人员了解有利于执法和分析工作的潜在工具和资源。该指南内容具有普适性,对我国网络空间安全管理,以及指导我国执法人员、网络安全人员、应用运维管理人员、内容审查人员推进相关工作具有极强的借鉴价值。

编 译:韩帅 译 审:舍日古楞

美国实时与开源分析资源指南

摘要

美国国家网络融合中心（National Network of Fusion Center，NNFC）、国家情报总监办公室（Office of the Director of National Intelligence，ODNI）下属的合作与信息共享环境办公室（Partner Engagement-Information Sharing Environment，PEIS）、国土安全部（Department of Homeland Security，DHS）、联邦调查局（Federal Bureau of Investigation，FBI）、刑事情报协调委员会（Criminal Intelligence Coordinating Council，CICC）等部门共同合作，发布了《美国实时与开源分析资源指南》（Real-Time and Open Source Analysis，ROSA），本指南旨在帮助有关部门和网络融合中心了解如何合法和适当地使用诸如社交媒体之类的开源信息。它的目的是在确保相关隐私、公民权利和公民自由（Privacy、Civil rights、Civil liberties，P/CRCL）的前提下，帮助执法部门和分析人员了解有利于执法操作和分析工作的潜在工具和资源。

多方面帮助执法和分析人员使用 ROSA：
①ROSA 工具的功能；
②采用 ROSA 推进刑事情报、调查以及公共安全工作；
③对隐私、公民权利与公民自由的考量；
④传播与 ROSA 相关的信息或刑事情报；
⑤操作安全；

⑥重新评估现有的政策、程序、产品和资源；

⑦与 ROSA 相关的培训；

⑧面向使用 ROSA 的执法部门和分析人员的具体建议。

ROSA 工具和资源的数量和种类仍在不断增多。本指南中有许多要素都可应用于开源资源中，各单位应该对 ROSA 资源的访问和使用情况进行定期检查。

一、引言

本文旨在指导对社会公开信息（如社交媒体等）进行实时与开源分析。执法人员和分析人员进行实时与开源分析时，主要涉及以下工作内容：（1）开展或加强刑事情报工作；（2）协助刑事调查；（3）识别过去、现在或将来可能存在的公共安全风险。在进行实时与开源分析过程中，执法人员和分析人员通过诸如社交媒体资源及工具获取公开信息（又称为"开放资源"）来确定是否发生了犯罪活动，以支持刑事调查或公众安全风险评估工作。本指南提到的"社交媒体"仅包括来自社交媒体网站的公开信息。本文档不涉及与获取私人社交媒体信息有关的法律或政策问题。

执法部门和网络融合中心有责任在法律的授权下，提供相关信息的保护和服务，加强对地方、州和联邦刑事法规的推进工作，重点关注造成个人财产的损失、威胁人身安全和基本福祉的相关内容。美国各州、地方、部、区域（State、Local、Tribal、and Territorial，SLTT）的执法人员和分析人员要尽量阻止犯罪行为的发生，在犯罪发生后应尽快处置。

执法部门实现以上工作要求有两种传统途径，包括搜集和使用刑事情报，以及进行刑事调查。自 2001 年 9 月 11 日美国恐怖主义袭击事件发生以来，美国通过实施《国家刑事情报共享计划》（National Criminal Intelligence Sharing Plan，NCISP）版本 1 和版本 2，刑事情报的价值和使用率逐渐提升。NCISP 强调了刑事情报的价值和作用，警务部门可以根据自己的权限获取相关的刑事情报。当某些个人或组织机构被怀疑参与犯罪活动时，警察机构依据《联邦法规》第 28 章第 23 部分采取相应行动。

执法部门和分析人员获取刑事情报和组织刑事调查活动需要各种各样的资源和信息，包括通过调查程序（如采访）获取的信息，通过司法授权（如搜查令和传票）获取的信息，以及通过开放资源获取的信息。近年来，开源信息（如社交媒体上的公开信息）成了执法部门和分析人员预防和处置犯罪的有效资源。经授权后，美国各级执法部门和分析人员可适当地使用公开信息，并将其作为态势感知报告或行动情报的一部分。随着社交媒体及其新技术的出现，执法部门和网络融合中心应积极了解如何适当和合法地使用公开信息，这项基本要求正变得越来越重要。

为了帮助执法部门和网络融合中心人员了解如何使用实时的开源信息，美国州、地方和联邦相关执法部门已经下发了资源指南文件。本文为执法部门和分析人员提供资源的有关情况，并对如何进行分析进行指导，帮助他们了解有关刑事情报、调查以及公共安全与部门法规和政策的约束关系，更好地对公开的开源信息（含社交媒体在内）进行分析。在本文中，称这种分析为实时与开源分析（ROSA）。

本指南的目标受众主要是在公共安全部门进行开源分析的执法人员和分析人员。执法人员和分析人员可以基于这份指南，更好地了解如何为了从事刑事情报、调查以及公共安全工作，在自己的权限内对公开的开源信息（包括社交媒体）进行分析。除了执法人员和分析人员以外，机构的领导人员和管理人员可以通过本指南了解所在单位和网络融合中心人员使用开源信息所对应的政策和程序，明晰 ROSA 在机构运作中的价值。

二、ROSA 工具的功能

开放资源平台可能会被犯罪分子用于教唆或实施非法活动，招募和鼓动恐怖分子新成员，基于视频或文档传播暴力极端信息，进行犯罪协作，或对世界各地的恐怖袭击事件宣布负责。因此，执法部门和分析人员应该对社交媒体等开放资源平台的使用有所了解，并对相关工具保持关注。犯罪分子可能会通过开放资源平台（如社交媒体）进行犯罪和恐怖活动。一个应用广泛的开源分析工具（且没有成本和报酬）可供公共和私营单位（包括执法人员和分析人员）使用，并可不断更新。执法人员和分析人员在授权使用 ROSA 工具时，能最高效率地同时搜索多个平台，但只能访问公开信息。

执法部门和网络融合中心应该对 ROSA 工具进行定期评估。在使用工具之前，应尽可能地了解这些工具的工作原理，确认使用该工具所适用的法律、法规和政策，对自动化或半自动化工具返回的任何搜索结果都进行人工确认。评价 ROSA 新功能和工具对隐私、公民权利和公民自由的影响，执法部门可与州或主要城市的网络融合中心联系，提供或了解有关 ROSA 工具和功能的额外信息。

三、ROSA 助力刑事情报、调查和公共安全

美国各级执法部门和网络融合中心需要确保 ROSA 的使用符合相应的法律、条例、政策和程序，并且保障隐私、公民权利和公民自由（P/CRCL）。在考虑收集和使用开源信息时，执法部门和分析人员应该考虑到绝大多数内容和私人关系都应受到宪法保护。应该明白，他们搜集和使用开源信息的权利取决于他们是否具有合法目的，以及具有明确的搜集和分析开源信息的工作职责。执法部门和分析人员可使用 ROSA 来协助他们的部门或网络融合中心维护公共安全。可能会使用到 ROSA 的情形包括：

①侦查犯罪活动，包括潜在的暴力或威胁行为；

②评估对公共或关键基础设施的威胁；

③分析与恐怖主义有关的可疑活动；

④获得与犯罪有关的物证；

⑤识别受害者和犯罪嫌疑人；

⑥制定自然灾害或其他紧急事件的应对和管理措施。

当各级执法部门和分析人员发现或收到关于执法或公共安全的潜在威胁信息时，建议先评估威胁信息的可信度，评估公共安全的潜在威胁或风险，检查信息来源的可靠性和信息内容的有效性。完成威胁评估后，如果信息符合威胁的适用要求，执法部门和分析人员就可以采用ROSA进行更多的研究和分析。

美国各级执法和分析人员可以访问和利用不同类型的信息和情报实现有效执法，前提是他们必须遵循内部政策要求和工作职责分工。一旦开源信息被执法部门和分析人员访问和使用，并应用到刑事情报或调查文件中，这些信息就被视为调查或刑事情报信息，这些信息的使用、保存和共享应受到相应法律、法规和政策的约束。图1是与开源信息分析相关的通用性工作示意图。

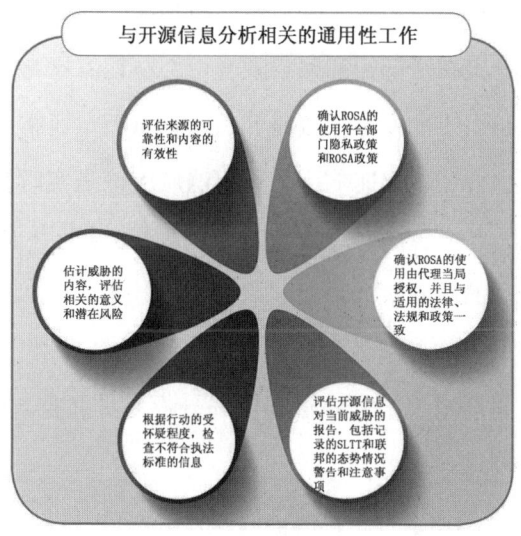

图1　与开源信息分析相关的通用性工作示意图

（一）刑事调查支持

ROSA 可以很好地支撑刑事调查人员发起、执行和完成刑事调查任务。例如，ROSA 可以用于识别犯罪嫌疑人、与刑事调查有关的证据、可能的犯罪行为以及相关犯罪活动的证人。

ROSA 作为调查支持工具，可以实现以下工作内容：

①收集犯罪背景信息；

②确定犯罪嫌疑人和受害者的过往和最近的网络动态；

③识别其他事件，并将其作为犯罪趋势或模式分析的一部分；

④识别可能的嫌疑人或关系网络。

（二）态势感知、刑事情报信息和情报产品

ROSA 可以支持机构审查和情报功能，用于确定涉嫌参与犯罪活动的个人和组织，以及用于支持战略和战术情报产品的开发，以识别潜在威胁、公共安全危害、事件和犯罪趋势。美国各级执法部门和分析人员可以使用 ROSA 编制态势感知报告，获取可执行情报。当制定关于 ROSA 的战略方针时，美国各级执法部门和网络融合中心应该考虑特定信息需求，以及当前情报信息与需求的差距。战略和战术性 ROSA 通常被用做对活跃事件或正在进行的事件实现快速响应，这个响应应该是实时的。当采取这种类型的 ROSA 时，各级执法部门和分析人员应该考虑公共安全环境的变化，在保证有效执法目的的同时，结合《联邦法规》第 28 章第 23 部分，根据具体情况，使用 ROSA 支撑情报收集任务。

对致力于收集刑事情报的执法部门和分析人员而言，ROSA 可以应用于以下几种工作方式：

（1）编制态势感知报告：执法部门和分析人员可以使用 ROSA 来获取和强化态势感知报告信息。社交媒体可以为态势感知工作提供一种有用的

工具，相关信息可以用于确认特殊活动的区域或动态趋势，帮助构建、通告或强化态势感知报告信息。

（2）犯罪、恐怖主义分析与刑事情报收集：执法部门和分析人员也可以使用 ROSA 搜集和分析犯罪活动。对于策划犯罪的嫌疑人（包括恐怖袭击的嫌疑人），分析师可以通过搜索社交媒体网站，确认嫌疑人的活动信息，查明潜在的犯罪同伙。

（3）可疑活动报告（Suspicious Activity Reporting，SAR）分析：ROSA 可以对各单位提供有用的支持，帮助收集、分析和传递与 SAR 过程相关的信息。执法部门和分析人员可以通过社交媒体工具识别具体的行为，捕捉和收集这类信息，并且对管辖范围内的趋势进行分析，分析被观测对象的相关记录是否符合犯罪或恐怖活动的策划指标特征。

（三）ROSA 在刑事情报收集方面的示例

2016 年 11 月 28 日，在美国俄亥俄州首府哥伦布市的俄亥俄州立大学（The Ohio State University，OSU），一辆车忽然停在路边，车上下来一群人开始持刀砍人。执法人员赶到现场维护治安，对受害者进行施救，并迅速将袭击者击毙。随后，美国当局开始确认其他犯罪嫌疑人，基于全国性信息搜索网络寻找袭击者信息，搜索工作涉及美国国土安全部在联邦、州和地方各级的合作伙伴。

当局发现了一张可能带有嫌疑人姓名的驾驶执照，并将该信息发往哥伦布俄亥俄战略分析与信息中心。不久之后，该中心的分析师通过开源分析找到了嫌疑人的 Facebook 主页。分析师通过使用支持目标和相关人物识别的开源分析工具找到了重要证据。该分析师将这个 Facebook 主页发送给其他网络融合中心以及州和联邦政府的合作伙伴，包括当地联邦调查局的联合反恐小组（Joint Terrorism Task Force，JTTF）都收到了该信息。

四、对隐私、公民权利与公民自由的考量

（一）一般法律概念

执法部门和分析人员必须解释清楚在其职权范围内处置犯罪活动的适用法律。这里的犯罪活动是指那些符合美国宪法第一修正案（简称"第一修正案"）要求的安全威胁。当解释所适用的刑法时，执法部门和分析人员必须区分犯罪行为和合法言论。如根据宪法第一修正案的要求，"威胁"必须被解释为只包含"真正的威胁"，而不是"受宪法保护的言论"。说话者并不一定需要实际去实施威胁。真正的威胁"必须传达出一种严重或真正意义上的威胁，并且必须与空谈、随意的谈论、夸张、玩笑或政治夸张区分开来"。

与"真正的威胁"形成鲜明对比的是，第一修正案保护了政治夸张和没有上升到真正威胁程度上的"激烈、刻薄、有时让人感觉不快的尖锐抨击"。在区分真正的威胁和受保护言论方面，言论环境至关重要。建议执法部门和分析人员在区分真正威胁和受第一修正案保护的言论时，让他们所在单位的法律顾问也及时参与进来。

此外，在实际情况中对暴力或违法行为的拥护言论可能受到第一修正案的保护。因此，应鼓励与代理法律顾问协商。对于那些被认为是鼓吹暴力或违法的言论，必须确认是煽动"即时的违法行为"，并且很有可能导致蓄意违法或暴力行为。可能出现的蓄意暴力也必须是即时的，而"声称在一些不确定的未来时间采取非法行为"可能还不足以定性为违法言论。即使某些言论听起来带有威胁性，但如果总体分析表明说话者通常是主张非暴力或听众不认为该言论是带有威胁性的，那么不管该言论有多粗鲁，也可能仍受第一修正案保护。

另一方面，某些言论在考虑到适当的语境时，可能被认为是带有威胁性的。当言论被用来恐吓他人时，言论可能会失去第一修正案的保护。那些纯粹的试图煽动犯罪活动的言论也不太可能受到保护，例如，公开为某人伤害敌对方以换取报酬的言论。美国最高法院已作出声明，"提议参与非法活动和对非法活动的抽象主张之间仍然存在着重要的区别"。

执法部门和分析人员在分析某个表述是否构成犯罪时，应该充分依靠他们的培训成果和获取的相关经验，并让所在单位的法律顾问参与指导。

（二）个人隐私、公民权利和公民自由保护政策

当 ROSA 被用做调查和预防犯罪活动的法律执行工具时，它必须遵守所有执法活动原则。执法部门、网络融合中心与其法律顾问要积极制定针对性政策，这些政策要能够清楚定义和表达相关法律要求，以便在保护个人隐私、公民权利和公民自由的前提下收集和共享开源信息。这一政策将指导调查工作，减少潜在的隐私、权利和自由风险。

《在情报调查活动中使用社交媒体的政策指导与建议》中提到，完整的 ROSA 政策应包括以下几个关键组成部分：

（1）明确指出资源的使用应符合所适用的法律、法规、机构政策和规程要求；

（2）定义是否以及何时授权使用开放资源平台或工具；

（3）明确定义使用开源平台信息所需要的权限级别；

（4）阐明从开放资源获取到的信息将会通过评估流程来确定其信任级别（信息来源可靠性和内容有效性）；

（5）阐述与从开放资源获取到的信息有关的文档、存储和保留需求；

（6）当人员在下班后还使用与他们法律执行责任有关的开源信息时，要明确其原因、目的以及个人设备在何时或如何被用于授权的执法目的；

（7）对于从开放资源网站上获取的情报和调查产物，要明确其传播程

序，包括对个人识别信息（Personally Identifiable Information，PII）数据传播的适当限制。

《在情报调查活动中使用社交媒体的政策指导与建议》还重点提到了以下内容：

（1）了解关于开放资源平台和使用工具的服务条款；

（2）将公开可用的社交媒体信息集合限制在与搜索目的合理关联的范围内；

（3）除非明确地与法规或规章的执行有关，否则，必须在不考虑个人观点或言论本身的情况下收集社会媒体信息。

ROSA政策明确表达了执法部门或网络融合中心在进行开源分析时应如何处理个人识别信息和个人敏感信息，并且表明每个人在收集、维护和共享个人识别信息时都必须具有明确的目标和有效的执法目的。

需要注意的是，一些信息看上去可能不是PII，但实际上如果它是可关联的或能关联到某个特定的个体，或者当与其他数据结合时，它能被用于识别特定的个体，那么就可以被认为是PII。例如，一个看起来很普通的社交媒体用户名也可能是PII，它可能关联到一个特定的个体，或者如果相同的用户名被用在其他包含个人照片的社交媒体平台上。基于绝对谨慎的考虑，请将用户名视为PII，除非执法部门或分析人员能证明该用户名是不可关联的。关于使用开放资源的更多信息和建议，详见"十、面向使用ROSA的执法部门和分析人员的具体建议"。

使用开放资源的政策可以是独立的文档，也可以作为现有政策的附录，如网络融合中心的P/CRCL政策或者标准操作程序（Standard Operating Procedure，SOP）。在政策发布前，应充分征求法律和政策专家的意见，如隐私官员和代理法律顾问的意见通常是很重要的。一旦有了开放资源的相关政策，各单位应该适当定期审查和更新其政策和相关规程。

五、操作安全

执法人员和分析人员在连接到一个在线环境访问公开可用的实时开源信息时，应该考虑出现的操作安全性问题。随着科技的进步，网络犯罪越来越成为公众、SLTT 执法部门和网络融合中心亟待解决的问题。在网络环境下工作时，如果不采取必要的保护自己或组织机构的防护措施，会面临在网上过度分享个人信息所带来的潜在风险，这一点已经被证明是十分有害的。《了解数字足迹——保护个人信息的步骤》指南文件不仅仅是针对执法人员提供了建议，也提供了对任何人都有益的信息，所有人均应保护个人信息，避免自身成为网络目标。

有多种方法可以保障操作安全，在《了解数字足迹——保护个人信息的步骤》指南文件中提到了一些基本的操作安全注意事项：

①在社交媒体上适当使用安全设置以保障个人信息安全。

②考虑限制在手机应用程序中使用定位服务和签到功能。

③限制应用程序和软件访问联系人信息。

④使用安全性强的密码，定期更改，不与他人共享。

⑤避免将密码或用户名设置成可识别的信息。

⑥在经过安全检测的设备上使用安全网络连接，并且避免使用公共 WiFi 网络进行网络活动。

⑦开启远程跟踪和数据清除功能以防设备丢失或被窃。

⑧定期升级系统和程序以提高性能和安全性。

⑨不在社交媒体和其他网站上分享过多的个人信息和照片。

⑩当不使用设备时，考虑先断开网络、退出登录，再关闭它。

⑪避免打开意外的或未知的电子邮件、链接和附件。

六、消除冲突

消除冲突是指执法部门和情报机构确定是否有多个机构正在调查同一主题、团体或犯罪组织的过程。

消除冲突是执法操作和分析活动的重要组成部分。鉴于大量数据被共享并且可以通过社交媒体获得,针对某些信息(比如主题信息的需求)消除冲突正变得越来越重要。此外,消除冲突还用于避免与调查犯罪嫌疑人有关的工作的重复,并且防止执法人员互相调查和暴露他们的隐藏化名。消除冲突并入与 ROSA 相关的工作将帮助减少错误调查,并改善执法部门间的信息共享。

美国州、地方和联邦合作伙伴正在加强三个相互关联的全球事件消除冲突系统,包括 RISS 官员安全事件消除冲突系统(RISS Officer Safety Event Deconfliction System,RISSafe)、安全自动快速事件跟踪网络(Secure Automated Fast Event Tracking Network,SAFETNet)、华盛顿巴尔的摩高密度贩毒地区(High Intensity Drug Trafficking Area,HIDTA)的案件查探系统。这些都应该被用于与 ROSA 相关的消除冲突工作。通过消除冲突系统查找的信息应该直接与执法调查相关。在搜索之前,应该对数据进行验证,确保满足输入条件,使验证信息被合法采集。为确保用户正确输入、共享和提取信息,强烈建议对现有共享的消除冲突系统进行补充培训。执法人员应该了解本机构和他们合作伙伴所使用的消除冲突系统及相关政策。

当消除冲突系统被使用时,执法人员应该意识到开源信息通常对应到特定账号的持有者(可能不是一个特定的个人),尤其是那些被广泛使用在大多数社交媒体网站上的信息。用户应在消除冲突系统中消除相似信息的冲突,但用户也必须意识到消除冲突查询存在限制。这些信息如果与其他信息结合,可能会成为 PII,所以应该被适当处理。如果搜索不到主题或组织机构的信息，应该在查询条件中包含其他附加的确定信息（比如电话号码、电子邮件定址、定位数据等）。

七、传播与 ROSA 相关的信息或情报

美国 SLTT 执法机构和网络融合中心将 ROSA 作为信息收集和情报收集职能的组成部门，应当建立一个传播计划，识别与 ROSA 相关的信息或情报。传播计划应与所在机构建立的须知要求和权限要求保持一致，限制接收到信息和情报的利益相关者。该传播计划应该用文件证明从对 ROSA 的使用中推测信息和情报如何、何时以及可能会被与谁共享是一种合适的方法。并且传播计划应该强调正确处理 PII 的重要性，以保护个人隐私、公民权利和公民自由。例如，一个机构应该定期评估传播目标列表，确保哪些是合适的接收者，与沟通内容的传播范围一致。

当美国 SLTT 执法和融合中心为与 ROSA 相关的信息和情报制定传播计划时，应该考虑以下注意事项：

①确保与 ROSA 相关的信息或情报不会与正在进行的调查冲突。

②确保与 ROSA 相关的信息或情报不被接收者误解。

在与 ROSA（未分类、仅供官方使用、执法敏感等）共享信息或情报时，应该进行适当的应用传播警告，强调只有适当的合作伙伴才应该接收这些信息。

八、重新评估现有的政策、程序、产品和资源

美国 SLTT 执法部门、分析人员和合作伙伴应当考虑重新评估现有政策、程序、产品和实施 ROSA 时经常改变的环境。当执法部门和分析人员重新评价其机构的 ROSA 相关政策和程序时，应考虑以下几点：

（1）在遇到特定大型公共事件调查、紧急情况处理等情况时，应首先与相关合作伙伴进行一次 ROSA 评估工作，或编制一份事后回顾报告，重新评估 ROSA 的有效性。

（2）考虑 ROSA 工具的更改和更新机制，以及这些更改和更新如何影响到在实施 ROSA 时的准确性、有效性和相关性。

（3）应对 P/CRCL 法律和规章制度的调整进行审查，并及时更新对应的政策内容。

（4）确立 ROSA 情报和调查信息的相关性，并建立信息传播机制。

（5）强调对 OPSEC 的需求。

（6）落实最新的当前使用的相关培训机制，如网络研讨会、信息公告、分析师交流会和当地工作组研讨会。

（7）积极了解外部因素。外部因素可能会影响到如何以及何时实施 ROSA，比如与技术应用、开发以及服务应用相关的变化和时间均可能提高对 ROSA 的需求。

九、与 ROSA 相关的培训

与 ROSA 相关的培训可以为不同知识水平的执法人员和分析人员提供帮助，培训涉及对开放资源分析的基本理解，对当前工具和技术的更深入讨论，甚至包括关于网络犯罪的课程内容。培训对于执法人员和分析人员理解开源分析至关重要，执法人员和分析人员应学会如何在保护个人和组织机构的 P/CRCL 的前提下，更好地利用 ROSA 落实调查工作和公共安全保障工作。

从多个执法部门、刑事司法机构以及非政府组织可以获得与 ROSA 相关的培训课程，培训课程焦点各有不同。培训课程可涵盖各种各样的开源分析内容，以及与执法部门和分析人员有关的网络方面的课题，具体培训内容包括但不限于：

①开源信息和情报的基本原理；

②法律要求（包括任务和权限）；

③P/CRCL 保护（包括审计、监督和问责）；

④操作安全；

⑤开源研究的基本原则；

⑥与开源分析相关的搜索和分析工具；

⑦威胁评估的开展；

⑧管理 ROSA 产生的数据；

⑨地理信息系统（Geographic Information System，GIS）；

⑩传播协议；

⑪根据隐私政策和 ROSA 政策保留相关信息；

⑫《联邦法规》第 28 章第 23 部分的适用性和基本要求；

⑬在调查和试验过程中，关于证据收集、认证和保存的相关内容。

许多面向分析师和调查人员的培训项目均包括关于 ROSA 的部分内容，如初级分析师培训。此外，也有专门针对 ROSA 的培训方案。目前有许多方法来培训执法人员和分析人员，帮助执法人员和分析人员学习现有的 ROSA 相关工具、分析技术、推荐的实践方法和训练内容。尽管对机构人员来说，详细的 ROSA 培训可能并不重要，但为执法人员和分析人员提供内部培训的机构应突出一些关于 ROSA 的基本要素的培训内容。

美国联邦政府合作伙伴提供的关于开源分析的免费培训的示例包括：

①美国国土安全部开放资源从业者的培训课程；

②国家白领职员犯罪中心（National White Collar Crime Center，NW3C）社交媒体基础知识与技能在线培训；

③美国毒品管制局（Drug Enforcement Administration，DEA）社交媒体调查课程；

④美国国土安全部隐私、公民权利和公民自由培训；

⑤美国特勤局（US Secret Service，USSS）国家计算机证书培训；

⑥美国联邦应急管理局（Federal Emergency Management Agency，FEMA）社交媒体紧急管理培训；

⑦FBI网络联合防御培训；

⑧美国国土安全部网络犯罪调查培训。

十、面向使用 ROSA 的执法部门和分析人员的具体建议

（1）应制定关于 ROSA 的强制性政策，约束那些为了调查和收集执法情报而进行开放资源分析的具体行为。所有的政策和程序都必须符合美国宪法以及州的相关法律、规则和条例。应让隐私事务官员和法律顾问参与有关 ROSA 的机构政策的制定和审查。

（2）当在社交媒体中使用外语编写内容，或引用了陌生的依据时，会遇到极大的环境挑战。应针对开源信息的环境挑战建立相应的政策，并提供培训和辅助资源。

（3）报告违反或涉嫌违反单位政策的行为。

（4）只关注公共安全、犯罪活动和可疑行为，而不是关注那些受宪法保护的言论或活动。

（5）限制对公开社交媒体信息的收集范围，应与搜索目标相一致。

①将信息收集范围限制在相关的联系人、关系网和言论上。

②受保护的言论包括文字、表情、图片、视频、音乐和歌词，以及爱好、个人发布、分享、回复或转发的信息。

（6）要求收集社交媒体信息时不应考虑个人观点或说话内容本身，除非明确与相关法规或规章执行有关时才能考虑。

（7）在进行开源分析之前应先获得监管人员批准，并接受监督。

（8）针对 ROSA 活动建立审计机制。

（9）应依据单位的 ROSA 保留政策来保留社交媒体信息。

（10）仅可通过授权账户登录社交媒体网站。

（11）应遵循机构的相关政策来开展在线秘密活动、寻求监管批准、记录执法人员或分析人员的活动、定期检查活动以及审计秘密活动的过程和行为（应包括秘密活动的授权时间）。

（12）在符合单位政策要求的前提下，积极落实与社交媒体网站相关的 ROSA 工作。

（13）从事 ROSA 相关工作要遵循目前所制定的政策，不应仅限于个人或组织机构的宗教、政治、社会观点、活动来寻求或保留有关资料，也不应局限于他们参与特定的非犯罪组织或合法活动，以及种族、国籍、出生地点、年龄、残疾情况、性别、性取向等。

当参与联合打击恐怖主义小组（Joint Terrorism Task Force，JTTF）及其他联邦执法工作组的具体工作时，或编写可疑活动报告（Suspicious Activity Report，SAR）或信息共享环境（Information Sharing Environment，ISE）下的国家可疑活动报告倡议（Nationwide Suspicious Activity Reporting Initiative，NSI）时，种族、民族、性别、国籍、宗教、性取向和性别不应被视为重点怀疑属性。然而，当针对这些属性有特定识别目标或可以确定与犯罪活动或机构有直接关系时，应记录这些属性。

（14）不应想当然地认为"进攻性"观点就一定是犯罪或即将犯罪，而忽视了与潜在犯罪活动相关的事实。

（15）官方调查时，只能使用单位的设备和账户。

（16）应将社交媒体信息存储在官方批准的文件或档案管理系统中（严禁在未经批准的外部存储或个人存储中存储相关数据）。

（17）应校验在社交媒体中出现的网站地址，明晰与 URL 相关的内容，而不仅仅只是直接点击链接。

（18）应确定与即时流通信息和情报产品利益相关者有关的单位各项安全政策。

（19）应深入理解工具的功能，对企业产生哪些影响，所产生的变化是否影响 P/CRCL 保护现状，并应关注该单位是怎样及为何使用这些特殊工具。

附录 A 与 ROSA 相关的术语和定义

《美国联邦法规》第 28 章第 23 部分——联邦法规第 28 章第 23 部分对执法部门做出了规定和指导,包括使用跨辖区刑事情报系统的补助经费标准。主要对以下五个方面作出指导:(1)提交和录入犯罪信息;(2)安全;(3)调查;(4)宣传;(5)审查和清除程序。该法规也有助于在情报信息的采集和交换过程中,确保 P/CRCL 受到保护。

分析——通过组织和系统地审查各种信息,并运用归纳或演绎逻辑来进行犯罪调查或安全评估,从而得到有意义、可行或具有建议性的信息。

分析结果(也称为情报产品)——一份报告或文件,包含评估、预测、关联、链接,以及分析过程中的其他参数,可能在其他活动中用于改进预防措施、降低风险、预防犯罪、强化目标,或逮捕罪犯。分析结果可以由联邦、州和当地合作伙伴共同创建或完善。

公民权利——国家有责任确保所有公民在法律下享有平等的公民权益,不论公民具有何种种族、宗教、性别或其他与个人价值无关的特征。因此,公民权利是政府为促进平等而规定的义务。更具体地说,这里的权利指的是美国宪法第十三和第十四修正案及国会法案所保障的全体美国公民的人身自由权利。

公民自由——公民自由包括基本的个人权利,如言论、出版或宗教自由,也包括对应的标准法律程序,以及政府约束或支配个人行为的其他限制要求。这些与公民自由相关的内容主要受《美国权利法案》(美国宪法的前十项修正案)的保障。公民自由的保障要求应保护个人免受不正当政府行为、独断专行的干预行为的不良影响。一般来说,"公民权利"一词涉及积极(或肯定)的政府行为,而"公民自由"一词则涉及对政府行为的限制。

刑事情报——为了预测、预防或监视犯罪活动而收集、分析或传播的信息。

刑事情报信息——指已进行了评估，确定符合标准刑事情报信息收集的数据，包括识别出的信息、犯罪嫌疑人或团伙所涉及的犯罪活动或犯罪集团等。

犯罪关联——当发生的某个行为或情况与犯罪活动、犯罪组织中的具体个人或机构有关时，应确立的犯罪关系。

关键基础设施和关键资源——关键基础设施涉及关键的物理和虚拟系统及资产，这些系统和资产可部署在任何联邦、州、区域、领土或地方管辖范围内，其失效或损坏会对安全、经济、公共健康、环境等造成严重影响。《美国国土安全法》中所界定的关键资源是公共或私人控制的，且对经济和政府的最低限度运作至关重要的资源。

事件冲突消除——在处理一个事件时，近距离又发生另一个事件，执法人员分别对这两个事件作出决定。事件包括执法行动，如秘密行动、监视行为和执行搜查等。当事件确切的因素（如事件、日期、地点）发生一个或多个匹配时，冲突产生。需要根据冲突立即通知受影响的部门或人员。参见"目标冲突消除"。

融合中心——由两个或多个机构合作，为中心提供资源、技能和信息，其目标是最大限度地提高侦查、预防、调查和应对犯罪和恐怖活动的能力。

国家网络融合中心——国家网络融合中心是一个分散型、分布式、自组织的机构，是由州和主要城市地区融合中心以及它们代表的责任区域（Area Of Responsibility，AOR）所构成的国家资产。国家网络融合中心的职能是协调各司法管理部门之间的合作，更有效地侦查、预防、调查和应对犯罪和恐怖主义活动。

开源信息——与公开可用信息同义。开源信息包括传统途径公开的、社交媒体及其他媒体所公开的信息、数据、可供购买的订阅服务等信息。参见"公开信息"和"社交媒体"。

个人识别信息（PII）——PII指的是一个或多个信息，当综合考虑这些信息时，可以将其指向某一特定的个体。PII信息的类型包括：

（1）个人特征。例如身高、体重、性别、性取向、出生日期、年龄、头发颜色、眼睛颜色、种族、民族、伤疤、文身、帮派背景、宗教信仰、出生地、母亲姓氏、鉴别特征、摄影图像、X射线和生物特征信息［如指纹、DNA和视网膜扫描或模板数据（如声纹、面部几何）］。

（2）分配给特定个体的一组特定数字或字符。例如姓名、别名、地址、电话号码、社会保险号码、电子邮件地址、驾驶执照号码、财务账户、信用卡号码、相关的PIN号码、识别个人财产的信息（如车辆登记号码或车牌号码）、综合自动指纹识别系统标识或监禁编号等。涉及网络的示例包括URL、IP、MAC或其他指定到一个特定的人或集合的特定主机的静态标识符。

（3）事件或时间点的描述。例如，警察报告、逮捕报告和医疗记录等文件中的信息。

（4）位置或地点的描述。例如，GIS地点、电子手环监测信息等。

隐私权——指严禁不当收集、使用和发布个人信息的个人权益。隐私权涉及对个人行为隐私、个人通信隐私和个人资料隐私的保护。隐私的其他定义还涉及独立存在，免受物理干扰、威胁或不受欢迎的接触（如攻击、殴打），或避免在特定的环境中被人看见或偷听等相关内容。

公开信息——在合法的范围内，任何公众的信息（包括公共通信）都可以通过合法的请求或观察（不包括直接监视）被其他公众获取。公开信息（包括以公共消费为目的已出版或广播的信息）可应要求提供给公众，可以通过网络或其他方式提供。公开信息可供公众订阅或购买获取，任何人都可以观看或收听，也可以从面向公众开放的任何地方、活动以及公开会议中获取。参见"开源信息"和"社交媒体"。

实时与开源分析——执法人员和分析人员执行实时与开源分析主要涉及以下工作内容：(1) 开展或加强刑事情报工作（包括态势感知报告编制工作）；(2) 协助刑事调查；(3) 识别过去、现在或将来可能存在的公共安全风险。在 ROSA 过程中，执法人员和分析人员通过诸如社交媒体资源及工具获取公开信息（又称为"开放资源"）来确定是否发生了犯罪活动，以支持刑事调查或公众安全的风险评估工作。

信息需求——由网络融合中心或网络融合中心的合作参与方（如执法部门或美国国土安全局）发起的需求请求，需求请求包括（不限于）信息、情报产品或服务，如姓名跟踪、数据库检查、评估、专家帮助或情报产品的成品。

社交媒体——用户在基于 Web 的技术平台上产生各种信息，与人们共享实时位置或半公开的可用信息和资源。参见"开源信息"和"公开信息"。

策略分析——策略分析产品包括评估服务，提供对某恐怖分子或团伙的目的和能力的全局分析，如战术、技术和过程。策略分析产品也可包括趋势分析和预测等内容。

目标冲突消除——目标冲突消除主要针对的是关于嫌疑人、团伙、地点、电话号码、车辆和其他有关犯罪活动的目标信息。作为整体冲突消除过程的一部分。对于目标信息应基于对应的地方、州、区域或联邦政府的目标冲突排解系统进行分析，以确定其他部门是否存在相同的冲突行动。如果目标或其他调查行动发生冲突，应与其他部门联系、解决和协调问题和相关信息。目标冲突消除有助于提升联合调查的能力，寻找嫌疑人与案件的关联关系，保持调查的完整性，以及加强信息共享。参见"事件冲突消除"。

威胁——指危害性的自然或人为的事件、个体、实体或行动，具有危害生命、信息、行动、环境或财产的可能性。

真正的威胁——"发言者在讲话中表达了明确的意图向某一特定个人或群体实施非法暴力行为"的威胁被称为"真正的威胁"，不受美国宪法第一修正案的保护。

提示和线索——美国网络融合中心相关人员、一般民众或其他人员所提供的关于潜在犯罪活动（包括恐怖主义）来源的信息。

有效执法目标——在遵守美国 P/CRCL 法律和部门政策的前提下，积极获取、收集、使用、保存或分享信息和情报，行使已授权的工作职能，落实执法行动，预防犯罪行为，确保公共和私人建筑物和财产的安全，保障人员安全、国土安全和国家安全。

附录 B ROSA 的注意事项及与 PII 有关的常见做法

（1）从 ROSA 中收集到的 PII 受 P/CRCL 政策的监管和限制，应寻找恰当的处理方式，不恰当的处理会导致出现潜在的危害、不便、不公平或困境的可能。

（2）应注意 PII 的存在，PII 是企业隐私政策中保护隐私的核心要素。

（3）审查和了解所在单位关于收集、使用、存储和传播 PII 的政策。

（4）评估使用 ROSA 的环境，以识别和降低风险。一般来说，随着 PII 敏感性的增加，必要的隐私保护力度也应增加。

（5）只允许在有明确有效的法律执行目的下收集、使用、存储或传播 PII。

（6）应注意非 PII 信息演变发展为 PII 的可能。分析人员或调查人员采取某些步骤，应用专业专长，再通过社交媒体就可以识别出某个特定的个人。

（7）了解普通社交媒体平台的通用功能，获取社交媒体平台对于用户账号、用户名、标签和其他可能的标志符方面的设置方法。

德国第一个开放政府国家行动计划
（2017—2019 年）

编 译：赵　锐

　　　　姚惟薇

译　审：舍日古楞

国家电子政务外网管理中心主办

编者的话

当前,开放政府(Open Government)运动正在快速席卷全球,世界各国都在积极制定和颁布开放政府政策,推动本国开放政府建设。2009年美国在世界上率先颁布了《政府的透明和开放备忘录》,呼吁建立透明、公众参与和协作的政府,并首次倡导"参与式民主"理念,鼓励民众参与讨论公共政策制定。与此同时,开放政府的国际合作日益紧密,2011年9月,以"推动开放政府发展进程,建立现代化政府行政管理体系"为使命的国际"开放政府合作联盟"正式成立,目前已有75个国家或地区加入该联盟,各成员国共同签署了《开放政府宣言》,根据本国国情制定发展计划并付诸实践。

德国2017年7月正式申请加入了"开放政府合作联盟",并颁布《开放数据法》,在政府开放方面迈出了重要一步。随后,德国制定了《第一个开放政府的国家行动计划(2017—2019年)》,该计划旨在推进和实施开放政府进程,使政府摆脱封闭的和缺少责任的官僚体制束缚,推动政府构建开放的和负责任的政府治理体制。同时,该计划致力于提升政府的透明度和开放度,推进政府治理的规范化和法制化,增加公民了解和监督政府的途径,让民众更多地参与社会治理。

该行动计划是德国联邦政府与民间社会团体通过对话协商制定的,执行期为两年,内容涵盖了德国各联邦政府部门负责的多个具体任务。这些任务的实施表明了德国政府的改革决心,已经成为各项改革工作的重要驱动力量。

我国正在大力推进数字政府建设,以政府数字化和信息化的深入发展促进治理体系和治理能力的全面现代化,以互联网、人工智能和大数据等现代信息技术的创新应用助力各领域改革不断深入推进,推动经济社会高质量发展。2015年,我国颁布了《关于促进大数据发展的行动纲要》,明确提出"积极研究数据开放、保护等方面制度"。这是我国第一个涉及数据开放的国家战略,意味着我国的政府数据开放在政策层面迈出了坚实的步伐。

我国在推进开放政府建设时,应借鉴和参考德国在开放政府国家行动计划中一些好的经验和做法,概括来说,这些经验做法呈现出以下几个特点:一是制定和完善了开放政府的有关法律法规体系;二是搭建统一的国家级公共数据开放网站,整合和推动交通、环境、地理、经济和民政等重点领域数据向社会开放;三是倡导公民参与社会治理理念,加强政府与民间社会团体的对话协商,以开放和参与改进政府公共服务和构建新型决策机制;四是加强国内和国际两个层面的交流与合作,特别是以加入"开放政府合作联盟"推动本国形成统一规范的开放政府工作流程,促进开放政府建设快速发展。

责任编译:赵 锐 姚惟薇　　译 审:舍日古楞

德国第一个开放政府国家行动计划
（2017—2019 年）

一、德国开放政府国家行动计划介绍

2016年12月，德国正式加入"开放政府合作联盟"（Open Government Partnership，OGP），这是德国政府改革行政管理的一个重要信号。按照OGP要求，德国在2017年8月制定了《第一个开放政府的国家行动计划（2017—2019年）》（以下简称"开放政府计划"）。开放政府计划为德国开放政府的建设构建了一个有力的政策框架，为德国政府与民间社会组织建立了更加长期有效的对话机制，鼓励民众参与具体政策措施的制定，有力助推德国行政部门正在进行的各项改革工作。

（一）制定背景

德国开放政府计划的制定充分考虑了本国的开放政府发展现状，使开放政府计划能够符合德国的实际情况。开放政府计划的制定重点考虑了德国在以下三个方面的具体情况。

1. 德国的信息自由和数据公开现状

德国已经颁布了多部关于信息自由、信息透明和数据公开的一般性法律和专门法律。

在联邦政府层面，德国的《信息自由法》于2006年1月生效，该法案重新衡量和定义了公民从联邦政府可以获得信息的索取权和公民向联邦政府提供信息的理论依据。2006年12月，一部关于公共部门信息再利用的法律《信息扩展应用法案》生效，该法案将欧盟有关信息再利用的法规转换成德国的国家法律。2012年的《地理资源数据使用法》规定联邦地理资源数据作为免费"开放数据"使用。

在联邦议院层面，德国联邦议院于2017年5月18日决定对《电子政务法》（又被称为《开放数据法》）进行第一次修订，以适应开放政府计划所确定的目标。此外，德国作为八国集团成员，还签署了《开放数据宪章》，并依据其"默认开放"原则对政府数据进行开放，对发布的数据进行解释，同时提供咨询服务。

在环境政策领域，德国有过许多成熟的经验和成功的实践范例。公民参与和获得信息的要求是《里约宣言》（1992年联合国环境与发展会议）的十项原则之一。1998年通过的《奥胡斯公约》，也明确规定了这一原则，并要求必须体现在欧盟和国家一级的有关法律中。为此，德国在2014年10月修正了《环境信息法》，其中既确立了个人信息开放的义务，也确立了个人对环境信息获取的权利，使透明和公民参与成为有效执行环境政策的核心要素。

在经济合作领域，自2013年3月以来，德国联邦经济合作与发展部公布了双边发展合作的数据。这些数据均符合"国际援助透明度倡议（International Aid Transparency Initiative，IATI）"的有关标准。

在基础能源领域，2014年7月，德国政府决定启动"采矿行业透明度倡议协议（Extractive Industries Transparency Initiative，EITI）"，此项倡议是一项提高采矿行业财务透明度和实行问责制的全球性倡议。2016年2月，德国开始落实"采矿行业透明度倡议协议"的有关要求，在这一框架内，建立了一个由行政、商业和民间社会团体组成的"多利益相关方"工作组。

在气候保护领域,2008年,"国际保护气候倡议"发布以来,德国联邦环境和自然保护部、建筑和核安全部在互联网交互式世界地图上以友好合作的方式长期提供和交换有关"国际保护气候倡议"项目的所有信息。

在交通运输领域,自2016年7月以来,德国联邦运输和数字定位基础设施部在开放信息数据的基础上,一直致力于采用移动数字技术进行有关应用项目的研发。

在国家数据开放网站建设方面,自2015年1月以来,德国国家数据门户网站"GovData.de"开始正常运行,联邦政府、州和地方政府的主管部门公开发布了信息数据。

2. 德国政府管理的"参与和对话"传统

民间社会组织和其他利益相关方的参与一直是德国行政管理中的普遍做法。这些做法包括政府与基金会、倡议组织、协会和科研机构的合作,以及与有关政策研究协会和合作伙伴的协商。联邦政府的声明中也清楚地表明了这一点:"民间社会组织的参与和政府部门提供的开放数据,可以促使政府更加开放和透明。重视参与合作,对协作和创新秉持开放的态度是我们一贯坚持的政策方针"。

2011年,德国政府组织了一系列大规模的与民间社会团体的对话活动,讨论了各种相关主题。政府在2016年10月的报告中,从12个维度和46个指标细致地描述了德国人民的生活质量。这些维度和指标正是来源于每半年召开一次的与公民的协商对话活动,并得到了政府和公民的共同认可。

德国政府与民间社会团体的对话主题包括:环境领域主题、社会治理主题、乡村地区发展主题、教派间理解主题、劳动者关系协调变革主题,以及关于未来发展的主题。这些主题都是德国政府行政管理工作中不可或缺的组成部分,也是一个欣欣向荣、充满活力的民主政权国家发展的重要组成部分。

2017年4月28日，德国联邦政府发表了可持续发展战略。这个新版战略的提出是基于与社会各方的长期对话。该战略定义了组成可持续发展战略目标的各项指标，这些指标可以在国家开放数据门户网站 GovData.de 中进行搜索查看。此外，该战略还强调了在联邦政府和其他国家政府之间进行国际交流合作的目标和内容，包括参与 OGP、打击腐败和保持廉正等。

3. 德国各级政府部门的开放政府实践

多年来，德国各州政府积极致力于构建开放政府，建设和使用开放数据门户网站，建设政府开放项目，鼓励公民参与。2016年10月14日，联邦政府国家元首和州政府首脑决定：联邦政府、州、县和市镇在辖区范围内，需制定和实施开放数据方案，在遵守联邦法规的基础上，按照国家统一标准，实现开放数据云访问的目标。

在德国的县和市镇一级，"公民参与"有着悠久的历史传统。许多县和市镇政府有公民参与专项预算，基础设施项目的实施也有公民的参与。广大公众提出的许多建议，都得到了认真的考虑。在经过了长时间的发展和探索后，越来越多的县和市镇，以及社区在开放数据和开放政府方面积累了大量的、丰富的实践经验。

2014—2016年期间，联邦内政部与德国城市协会、德国县协会和德国镇协会联合举办了名为"模范市政电子政务"的示范项目。该示范项目是为了检验《电子政务法》的实施效果。2017年5月，最终评选出九个"开放政府模范市政单位"，这些项目展示了如何在市政管理方面制定开放政府计划，如何通过开放政府增加公民参与，促进社区管理创新，以及提高社区服务质量。

IT规划委员会是解决联邦政府和各州信息技术问题的指导委员会。该委员会负责制定开放数据的数据标准和开发"电子参与软件"的参考架构。2017年3月，IT规划委员会开始辅助各州、县和市镇政府参与和推进"OGP进程"，制定了相关的技术规范。该委员会建议，在编制第二个开放政府计划时，应进一步考虑德国联邦政府的特殊需求以及各州和地方政府的诉求。

（二）制定过程

2017年2月，德国联邦内政部举行开放政府计划研讨会，103名受邀的民间社会组织人士、科学领域专家和其他参与者对开放政府计划进行了修改完善，排列出讨论主题的优先次序，制定了编制行动方案。其后，与会者与更广泛的专家和民间社会组织人士继续进行沟通交流，收集想法和意见，为开放政府计划的制定提供了大量的参考资料和修改建议。联邦政府对提交的想法和意见进行了讨论和评估，并将有价值的内容纳入开放政府计划。

总而言之，德国在编写开放政府计划的过程中，对一系列议题进行了深入和全面的讨论。100多个基金会、协会、研究机构和高等院校的代表在讨论和辩论中提出建议。这些讨论甚至在"开放政府计划"编制完成后也没有停止。

（三）重要意义

对于德国来说，加入OGP和制定开放政府计划是加速其开放政府建设进程的重要手段。加入OGP使德国政府、各利益相关方和公民在共同推动开放政府的过程中进一步遵循透明、包容和建设性的规范化流程，有利于德国政府与民间社会团体更好地进行对话协商，有利于相互共享、学习和推广各自的成功经验和行动理念，有利于德国非政府组织更加深入了解政府行动，帮助德国改进政府服务。同时，加入OGP有力地推动了德国联邦政府各部门正在进行的各项改革工作，促使工作取得更大成效。

在公共事务日益复杂的背景下,开放政府提倡的透明、合作、参与和问责等理念正在成为民主社会的重要核心要素,成为现代社会发展与变革的重要推动力。

二、德国开放政府国家行动计划任务

依据 OGP 要求,各成员国在制定的开放政府国家行动计划中,要提出开放数据的具体任务,明确具体措施和执行步骤。为此,德国在其开放政府计划中,确定了多个具体任务,这些任务将作为德国政府在数据开放方面的重点工作,获得政府的进一步支持。任务完成期为两年,到 2019 年结束。

任务1:制定评估方案

按照 OGP 要求,德国需要制定一个开放政府计划落实评估工作方案。该方案评估德国各政府部门落实开放政府计划的情况,确保各部门严格履行和遵守 OGP 要求,实现政策实施流程的透明化。构建一个包容、透明和受监管的 OGP 进程,促进德国"开放政府议题"的公开和持续性讨论。

任务内容和实施时间:

本任务由联邦内政部组织实施,参加单位有联邦政府各部门、各州、县和市镇政府。该任务为德国进一步参与 OGP 奠定关键的先决条件,促进开放政府各方面工作的提升。任务实施时间确定为 2017 年 11 月至 2019 年 6 月。详见表1。

表1 "制定评估方案"的任务内容和实施时间

编号	描述	实施时间
1	启动开放政府政策研究	2017年11月
2	制定OGP执行情况评估方案 ● 时间表和协调结构 ● 需求和成本记录 ● 利益相关者的参与情况 ● 对国家和城市的影响情况 ● 对公共关系的影响情况	2018年5月
3	建立德国OGP官方网站,开通时事通信功能,提供简报,提供在线参与功能	2018年6月
4	制定"社区开放政府工作指南"	2019年2月
5	定期举办政府和利益相关者之间的信息交流活动	每年两次
6	参与OGP全球峰会和相关委员会会议,介绍德国开放政府计划相关情况,促进国内和国际的专业化交流	经常性的

任务2:全面推动政府开放数据

德国联邦政府按照《八国集团开放数据宪章》要求,制定和实施了《开放数据监管法》。该法律为联邦政府实现数据开放奠定了基础。但是,开放数据是否成功在很大程度上取决于实施效果。为此,需要进一步增强联邦行政当局对开放数据的了解,加强协作,以需求为导向,切实考虑广大使用者的权益和效益。

本项任务的主要目的是,将数据发布作为开放政府计划的重要实施步骤之一,并使之成为政府日常履职的一部分。同时,加强数据管理系统的建设,制定联邦政府数据开放管理标准,加强开放数据有关基础知识的普及,在政府部门内就实施数据开放达成全面共识。

任务内容和实施时间:

本任务由联邦内政部组织执行,参加的单位有联邦政府各部门。任务实施时间确定为 2017 年 12 月至 2019 年 6 月。详见表 2。

表2 "全面推动政府开放数据"的任务内容和实施时间

编号	描述	实施时间
1	制定《八国集团开放数据宪章》中规定的关于开放数据的评估和实施计划	2017 年 12 月
2	为联邦政府提供"数据完整性"的概念和方法	2017 年 12 月
3	建立联邦政府直属的咨询中心	2018 年 6 月
4	为联邦政府开发数据识别和发布工具	2018 年 6 月
5	制定数据保护和数据发布准则	经常性

任务 3:搭建数据开放生态体系

德国在开放数据监管法律的要求下,政府部门开放的数据数量得到了显著增加。然而,为了进一步提高开放数据的质量,使开放数据更准确、更安全和更有价值,联邦政府需要进一步解决一些实际问题,需要加强数据开放生态体系建设。

本项任务的主要目的是,增强数据提供端的开放数据积极性,增进政府与科学界、民间社会团体、企业和国际合作伙伴的对话,大力挖掘数据的需求潜力,提高发布数据的质量,使实践和经验交流工作达到更高的水平。

任务内容和实施时间:

本任务由联邦内政部组织执行,参加单位有联邦政府各部门。任务实施时间确定为:2017 年 7 月至 2019 年 6 月。详见表 3。

表3 "搭建数据开放生态体系"的任务内容和实施时间

编号	描述	实施时间
1	对"德国政府开放数据"项目进行评估	2017年7月
2	建立非正式对话机制,讨论发布行政数据的法律法规、组织实施和技术支持等方面的挑战	2017年12月
3	开展开放数据的主次关系分析、潜在的改进方式、开放数据测压、开放数据索引、开放数据指数和开放数据观察等工作	2018年12月
4	举办或参加研讨会,与民间社会团体、协会、记者、初创公司和有丰富经验的科学家一起进行数据需求评估和数据质量改进	每年两次
5	通过参与OGP工作组,进行国际经验交流	经常性的

任务4:开放利用空间地理信息

德国政府为了最大限度地利用地理信息,挖掘其潜力,制定和实施了"国家地理信息战略",促进联邦政府、各级地方政府、工商业界和科学界在开发和利用空间地理信息方面增加合作与对话,使地理信息能够以有效、经济和增值的方式使用。

本项任务的主要目的是,促进空间地理数据的开发利用,为基于位置的服务提供数据。就空间地理信息的附加值、可获取性和用途,与行业专家进行会商。增强地理信息数据的互操作性、标准化和免费公开属性,鼓励民间社会组织参与数据收集工作。

任务内容和实施时间:

本任务由德国联邦内政部、空间地理信息部际委员会、联邦运输和数字基础设施部、联邦环境和自然保护部、建筑和核安全部、联邦经济和能源部以及联邦食品和农业部组织执行。任务实施时间确定为2017年7月至

2019年6月。详见表4。

表4 "开放利用空间地理信息"的任务内容和实施时间

编号	描述	实施时间
1	召开"德国空间地理数据基础设施建设部长联席会议",将各联邦政府部门和各州的机构连接入德国地理数据基础设施网络,促进欧洲空间信息基础设施在德国建设	进行中
2	举办行业专家会议(由联邦制图和大地测量局、国家遥感局和哥白尼论坛等机构组织会议)	每年定期多次举办
3	通过信息化平台提供空间地理信息数据和服务	不间断的
4	将信息化平台"CODE-DE"从试验室转移到现场操作	2019年3月

任务5:提升采矿业财务透明度

德国是国际"采矿行业透明度倡议协议"的成员国。德国政府每年发布一次采矿业支出情况与政府收入情况的分析报告,报告包含德国矿产资源行业的有关法律框架、矿产资源补贴、税收和征税制度以及生产和出口数据等全面信息。

在德国联邦政府、地方各级政府、民间社会团体和经济界的共同努力下,矿产资源行业的数据公开和发布均实现了标准化,同时,德国政府在门户网站上对数据进行处理,改进了数据的循环利用方式,扩大了数据的使用范围,创新了数据使用的合作方式,大幅提高了德国矿产资源行业的透明度。

本项任务的主要目的是,进一步提高采矿业的透明度和问责制,继续加强与采矿业利益相关方的对话,进一步完善公共在线门户网站,以开放数据的标准化格式发布数据和信息,使德国政府、公司和矿产资源部门提高数据和信息的可访问性和可用性。

任务内容和实施时间：

本任务由联邦内政部组织执行，参加单位有联邦经济和能源部。任务实施时间确定为 2017 年 7 月至 2019 年 8 月。详见表 5。

表 5 "提升采矿业财务透明度"的任务内容和实施时间

编号	描述	实施时间
1	通过修改联邦矿业法的第 55 节，为公众获取采矿许可证的某些信息提供法律依据	2017 年秋季
2	在公共在线门户网站上，提供德国矿产资源行业的政府和公司的信息和数据	2017 年 9 月
3	与德国矿产资源部门利益相关方举行对话交流，以进一步提高采矿行业的透明度	至少 3 次/年
4	在第二份"采矿行业透明度倡议协议"报告中，公布有关德国矿产资源行业的最新数据	2018 年 8 月至 2019 年 3 月

任务 6：促进经济领域国际合作发展

经济领域国际合作与发展的透明化是文明政府和现代化治理的重要组成部分。2011 年，国际发展合作委员会、经济合作与发展组织等制定了《援助透明度共同开放标准》，国家捐助、国家合作伙伴、民间社会团体和私营部门采用该标准共享经济领域国际合作与发展项目信息。

自 2013 年 3 月以来，德国联邦经济国际合作与发展部根据《援助透明度共同开放标准》发布了双边发展合作项目和计划的全方位信息。为了提高数据质量，扩大信息覆盖范围，联邦经济国际合作与发展部与其他组织进行了密切合作，加强与联邦各部门和民间社会团体的对话，促进了德国经济领域国际合作与发展透明化要求的落实。

本项任务的主要目的是，按照提升经济领域国际合作发展透明度的要求，提高数据质量和扩大数据应用范围。继续开展政府与民间社会组织之间的对话,开发一个对用户更加友好的、符合《援助透明度共同开放标准》的数据格式,提高数据的标准化、规范化和互操作性,为"2030年可持续发展议程"的顺利实施,以及更有效地推进多方发展合作奠定基础。

任务内容和实施时间:

本任务由联邦经济国际合作与发展部组织执行,参加单位有联邦执行组织、建筑和核安全部以及联邦外交部。任务实施时间确定为2017年6月至2019年5月。详见表6。

表6 "促进经济领域国际合作发展"的任务内容和实施时间

编号	描述	实施时间
1	举办有关活动或研讨会	2017年6月
2	优化和扩大联邦经济合作与发展部发布的"国际援助透明度倡议"数据集的数据质量和数量	2017年12月
3	每月更新联邦经济合作与发展部发布的"国际援助透明度倡议"数据集	2017年12月后经常进行
4	成立由包括民间社会人士在内的专家组,公开讨论发展政策	2018年6月

任务7:开放利用交通运输数据

目前,德国的交通运输数据尚未充分公开,无法供工商业界、民间社会团体、学术界或行政当局使用,应用创新的潜力仍然未被充分开发。因此,需要开放更多的交通运输数据,促进智能化交通运输应用系统的开发应用。联邦运输和数字定位基础设施部希望增加对交通运输数据开放利用有关议题的讨论,同时,希望制定和实施一个有关"促进交通运输移动技术和运输基础设施建设"的资助计划,创建新的技术支持机构,提供必备的技术生态环境和条件支撑。

本项任务的主要目的是,开放联邦运输和数字定位基础设施部的数据,将其与第三方的数据联系起来,为数据驱动的交通运输应用程序开发提供支持,为移动智能运输应用、运输联运应用和动态运输模型的构建提供支持。

任务内容和实施时间:

本任务是由联邦运输和数字动态定位基础设施部组织执行,参加单位有该部门的下属机构、商业中小企业和创业公司、科学界和民间社会团体。任务实施时间确定为2017年7月至2019年6月。详见表7。

表7 "开放利用交通运输数据"的任务内容和实施时间

编号	描述	实施时间
1	组织和举办创新竞赛活动: ● 组织网络参与者在网络上参加活动 ● 组织交通运输数据编程马拉松大赛 ● 举办创业项目演讲会 ● 举办"德国移动奖"创意大赛	2017年12月起,每年1~2次
2	使用数据产品扩展和丰富交通运输开放数据门户网站功能	不间断的
3	将开放数据门户网站与联邦政府的开放数据门户Data.Gov联通	2017年10月
4	鼓励公众参与铁路基础设施的噪声测绘	2018年1—3月

任务8:促进公民参与环境治理和城市发展

德国联邦环境和自然保护部、建筑和核安全部在积极鼓励公民参与政策制定工作方面已经做了大量工作。例如,鼓励公众参与《2050年气候行动计划》的更新,参与《2030年综合环境计划》的实施,参与《2017年联合国气候变化大会》,参与第19届国会立法期间相关决策政策的咨询对话,以及参与网络委员会的各项事务等。接下来,这两个部门还将继续推进以下工作:公众参与环境相关决策模型的试运行,开发新的在线参与形式，以及更好地整合正式和非正式参与方式等。

本项任务的主要目的是，加强公民对环境治理政策和城市发展计划的参与。丰富参与方式和方法，增加参与人的数量，提高其专业素质。

任务内容和实施时间：

本任务是由联邦环境和自然保护部、建筑和核安全部组织执行，参加者有公民、相关机构、协会、私营部门和多边组织等。任务实施时间确定为 2017 年 7 月至 2019 年 6 月。详见表 8。

表 8　"促进公民参与环境治理和城市发展"的任务内容和实施时间

编号	描述	实施时间
1	在至少 4 个"环境治理政策或城市发展计划"中，引入公民参与	2019 年 6 月
2	开展公民参与的"环境治理政策或城市发展计划"公开活动 3 个	2019 年 6 月
3	研究和开发更好的公民参与工具	2018 年 12 月
4	开发公民参与"环境治理政策或城市发展计划"的网络平台至少 4 个	经常性的
5	在立法和决策过程中，为公民在陪审团中争取参与机会	2018 年 12 月

任务 9：提升家庭福利数字化服务水平

目前，在德国只有少数几个州能够实现以电子化方式为父母申请津贴福利。许多家庭成员还不能使用在线平台进行父母津贴信息检索，也不能使用应用程序自主完成父母津贴申请和支付流程。因此，德国需要建设电子平台提供与家庭福利有关的网络化和数字化信息服务。

本项任务的主要目的是，使用新的信息技术，开发符合法律要求和具有友好用户语言界面的应用程序，为公民提供透明和易于理解的数据，获取更完善的家庭福利服务。该福利服务将于 2017 年夏季/秋季在联邦州、县逐步启动并试运行。

任务内容和实施时间：

本任务由德国联邦家庭事务部，老年公民、妇女和青年部组织执行，参加单位有各联邦州的家庭事务部、县和市镇政府、私营部门、"家庭津贴福利/家庭相关服务数字化"项目顾问委员会、研究机构等。任务实施时间确定为2016年5月至2019年12月。详见表9。

表9 "提升家庭福利数字化服务水平"的任务内容和实施时间

编号	描述	实施时间
1	研究实现"家庭福利数字化服务"的有关问题	2017年7月
2	设计"家庭福利数字化服务"方案	2018年2月
3	在试点州、县和镇，开始实施家庭父母津贴福利数字化服务	2017年秋天开始
4	在其他州、县和镇，开始实施家庭父母津贴福利数字化服务	2018年开始
5	建设新的家庭福利信息门户网站	2018年秋天

任务10：监测性别比例变化趋势

为了进一步监测性别比例变化趋势，促进德国社会实现男女平等，2017年3月9日，德国联邦政府公布了第一份关于男女平等情况的年度报告，该报告显示了各类公司和公共服务机构中男女比例在行政管理职位方面的变化情况。

本项任务的主要目的是，促进有效监督，向公众宣传男女平等的目标，提高公众对男女平等、男女共同参与领导职位的重要性的认识。使更多的女性走上领导职位，促进男女平等融入企业文化。使公众获得关于男女平等和男女管理职位比例信息，为立法过程和验证法律执行效果提供数据保障。

任务内容和实施时间：

本任务由德国联邦家庭事务部、老年公民部、妇女和青年部、联邦司法和消费者保护部组织执行，参加单位有联邦统计局和联邦公报发布有限公司。有关监测结果数据请参见 www.bmfsfj.de/quote。任务实施时间确定为自 2017 年 5 月起。详见表 10。

表10 "监测性别比例变化趋势"的任务内容和实施时间

编号	描述	实施时间
1	联邦政府提供私营公司和公共机构管理层男女比例情况信息	每年
2	向德国联邦议院报告私营公司和公共机构管理层男女比例的数据	2017 年
3	建立联邦政府女性比例指数（性别平等指数）	每年
4	统计整个联邦政府中女性比例的数据	每两年一次
5	编制德国联邦议院"联邦平等法案报告"	每两年一次

任务 11：开放查阅科学出版物

德国联邦教育与研究部正在与大学和研究机构一起推动和实施"开放查阅"倡议。开放查阅可以使科学家通过互联网免费提供自己的研究出版成果。公民可以在互联网上通过开放查阅免费查阅科学出版物，分享研究成果。除了可以轻松访问科学出版物之外，开放查阅还为科学理论创新开辟了新的宣传和普及渠道。

开放查阅得到了科学界的支持和推广。大约 90% 的德国研究人员认为开放查阅对获取各自研究领域的新技术和新成果具有促进作用，对推进社会和经济发展具有重要意义。然而，有些科学家们仍然持保留态度。为此需要启动一些项目，增加自由获取科学文献的机会，进一步改善开放查阅出版物的现状。

本项任务的主要目的是，免费获取科学出版物成为科学出版的标准，以便公众更好地分享和参与公共资助项目的研究成果。为了更好地了解开放查阅，需要在具体的项目中展示这一概念。同时，减少新出版形式的预置条件，改进开放查阅出版物的操作流程。

任务内容和实施时间：

本任务由联邦教育与研究部组织执行，参加单位有联邦统计局和联邦公报发布有限公司。任务实施时间确定为2017年6月至2020年7月。详见表11。

表11　"开放查阅科学出版物"的任务内容和实施时间

编号	描述	实施时间
1	收集和评估推广"开放查阅"项目的实施方案	2017年10月
2	为入选项目申请资金	2018年年初

E-Government
Frontiers（2019）

第三部分
新技术应用篇

区块链技术原理与实践应用

编 译：张 靓　臧琳飞

译 审：舍日古楞

国家电子政务外网管理中心主办

编者的话

比特币的上线运营首次真正意义上实现了安全可靠的去中心化数字货币。比特币网络不需要任何中心化的支持机构进行管理，而是由数千个网络核心节点组成，其运营完全依靠分布式机制。2014 年以后，实现比特币网络的有关区块链技术开始得到人们的注意。特别是分布式记账本技术的不断创新发展。由比特币所引发的区块链技术现在已经脱离比特币网络自身，在金融、贸易、征信、物联网、共享经济等诸多领域崭露头角。

任何一项新技术的产生往往需要两个必备条件。一是经济社会发展对这种技术产生了强烈的需求。二是与该技术有关的一系列基础性技术有了足够的发展。比特币也是如此，其一，人类对于实现数字货币的努力从未停止。其二，数字货币、密码学、博弈论、分布式系统、控制论等多个领域的技术成果为比特币网络技术的发展提供了保障。

区块链技术能否最终带来成本的降低，将是区块链技术能否得到深入应用的关键。本文从区块链的思想来源、定义和原理、主要特征和应用挑战等多个角度对区块链和比特技术进行了详细分析。并以实例的方式，重点介绍了区块链技术在财政金融和医疗健康等领域的实际应用，详细解释了区块链技术能够解决这些领域的哪些难题，以及如何解决这些难题。就像任何技术的发展一样，区块链技术的发展不可能是一帆风顺的，需要有关政策和法律的保障和规范，以最大限度地激发区块链技术的创新和完善，规避其缺陷和弊端。

作为一种极具潜力和快速发展的新技术，区块链技术必将对各国经济社会发展的各领域产生深远影响，改变人们生活方式，各国政府需要采取更加灵活和有针对性的政策措施，以引导和促进区块链技术的发展，满足社会需求。希望此文可以为我国相关部门和机构在区块链政策制定方面提供参考，促进区块链在我国健康快速发展。

编 译：张 靓 臧琳飞　　译 审：舍日古楞

区块链技术原理与实践应用

一、区块链介绍

区块链是一种点对点（P2P）的分布式账本技术，用于新一代交易应用程序，可确保透明度和信任度。区块链是比特币的基础结构，是一种由分布式网络、共享分类账和数字交易三个主要组件构成的设计模式。

（一）思想来源

任何一项新技术都不是凭空产生的。新技术的产生往往需要两个必备条件：一是对该技术的足够的社会经济发展需求；二是足够的相关技术的积累和沉淀。区块链技术的产生同样来源于以上两点。

1. 数字货币是人类一直以来努力实现的梦想

人类一直都在努力探讨货币的设计和发行机制。货币的形态经历了多个阶段的演化，包括实物货币、金属货币、信用货币、电子货币和数字货币等。计算机的诞生为数字货币的实现提供了有力的技术支撑。

目前，世界上最常见的货币制度是纸币本位制，纸币货币既方便携带、不易仿制，又相对容易辨伪。同样，信用卡等电子货币也非常方便快捷。然而，无论是货币还是信用卡都需要银行等第三方机构来完成生产、发行和管理。"中心化"的机构带来了管理和监管上的便利，但系统安全性存在很大挑战，诸如伪造、信用卡诈骗、盗刷、转账骗局等金融安全事件时有发生。

2."去中心化"的技术难点与创新

区块链思想最早出现在比特币开源项目中。比特币项目汲取了来自数字货币、密码学、博弈论、分布式系统、控制论等多个领域的先进技术。同时，其核心技术也采用了许多创新性成果。在"去中心化"的场景下，实现数字货币存在几个难题：一是货币的防伪（谁来负责对货币的真伪进行鉴定）；二是货币的交易（如何确保货币从一方安全转移到另外一方）；三是避免双重支付（如何避免同一份货币支付给多个接收者）。

3. 数字货币的不断尝试

从 20 世纪 80 年代开始，数字货币技术就一直是研究的热门，前后经历了几代演进，比较典型的成果包括 e-Cash、HashCash、B-money 等。

1983 年，David Chaum 在其论文《Blind Signature for Untraceable Payments》中提出了 e-Cash。e-Cash 系统基于盲签名技术，是首个匿名化的数字加密货币，曾被应用于部分银行的小额支付系统中。然而，e-Cash 依赖于一个中心化的中介机构，这使得它最终没有获得成功。1997 年，Adam Back 发明了 HashCash，来解决邮件系统中 DoS 攻击问题。HashCash 首次提出用工作量证明（Proof of work，PoW）机制来获取额度，该机制后来被随后出现的数字货币技术所采用。1998 年，Wei Dai 提出了 B-money，将 PoW 引入数字货币生成过程中。B-money 同时是首个面向去中心化设计的数字货币。从概念上看，B-money 已经比较完美，但是很遗憾，其未能提出具体的设计实现模式（路径）。

这些数字货币都依赖于第三方的信用担保。而比特币将 PoW 与共识机制联系在一起，首次从实践意义上实现了一套去中心化的数字货币系统。比特币依托的分布式网络无须任何管理机构，自身通过数学和密码学原理来确保所有交易的成功进行，并且，比特币自身的价值通过背后的计算力进行背书。比特币是否能够成为数字货币的核心实现方式并不能下结论，但是比特币及其背后的一系列技术创新，都为数字货币的实现提供了有价值的参考。

4. 比特币的出现

比特币是一种开源的点对点数字货币。与其他货币相比，比特币是独一无二的，因为它是世界上第一个完全分散的数字支付系统。2008 年，中本聪（Satoshi Nakamoto）提出了比特币的设计白皮书 *Bitcoin：A Peer-to-Peer Electronic Cash System*，并在 2009 年公开了最初的实现代码。作为开源项目，比特币很快吸引了大量开发者的加入，目前的官方网站 bitcoin.org 提供了比特币相关的代码实现和各种工具软件。

比特币网络自 2009 年上线以来，在无人管理的情况下，已经在全球范围内不间断运行超过 8 年时间，成功处理了几百万笔交易，甚至支持过单笔 1.5 亿美元的交易。更为难得的是，比特币网络从未出现过重大的系统故障。比特币网络目前由数千个核心节点参与构成，不需要任何中心化的支持机构参与，单纯靠分布式机制支持了稳定上升的交易量。比特币首次真正从实践意义上实现了安全可靠的去中心化数字货币机制。作为一种概念货币，比特币主要希望解决已有货币系统面临的几个核心问题：

（1）被掌控在单一机构手中，容易被攻击。

（2）自身的价值无法保证，容易出现波动。

（3）无法匿名化交易，不够隐私。

中心化的数字货币机制需要建立一套可靠的交易记录系统，以及形成一套合理的货币发行机制。这个交易记录系统要能够准确、公正地记录发生过的每一笔交易，并且无法被恶意篡改。为此，比特币网络巧妙地设计了区块链结构，提供了可靠、无法被恶意篡改的数字货币账本功能。这个账本可以被所有用户自由访问，而且任何个体都无法对所记录的数据进行恶意篡改和控制。

比特币网络通过比特币协议来规定货币的发行。货币总量受到控制，发行速度随时间自动进行调整。既然总量一定，那么单个比特币的价值会随着越来越多的经济实体认可比特币而水涨船高。发行速度的自动调整则避免出现通胀或者滞涨的情况。

5. 区块链商业价值

区块链商业行为的典型模式为：交易的多方通过协商和执行合约，完成交易过程。区块链擅长的正是在多方之间达成合约，并确保合约的顺利执行。根据类别和应用场景不同，区块链所体现的特点和价值也不同。从技术角度，一般认为区块链具有如下特点：

（1）分布式容错性：分布式网络极其鲁棒，能够容忍部分节点的异常状态。

（2）不可篡改性：一致提交后的数据会一直存在，不可被销毁或修改。

（3）隐私保护性：密码学保证了数据隐私，即便数据泄露，也无法解析。

由于区块链技术具有的这些特点，基于区块链技术的有关业务可能包括如下特性：

（1）可信任性：区块链技术可以提供天然可信的分布式账本平台，不需要额外的第三方中介机构参与。

（2）降低成本：跟传统技术相比，区块链技术可能需要的时间、人力和维护成本更少。

（3）增强安全：区块链技术将有利于安全、可靠的审计管理和账目清算，减少犯罪风险。

2014年开始，比特币背后的区块链技术开始受到大家关注，特别是分布式记账本技术的不断创新发展。由比特币所引发的区块链技术现在已经脱离比特币网络自身，在金融、贸易、征信、物联网、共享经济等诸多领域崭露头角。区块链技术能否最终带来成本的降低,将是区块链技术能否得到深入应用的关键。区块链技术已经得到了众多金融机构和商业公司的关注,包括大量金融界和信息技术界的领军性企业和团体。

(二)定义与原理

Wikipedia给出的区块链定义,将区块链类比为一种分布式数据库技术,通过维护数据块的链式结构,可以维持持续增长的、不可篡改的数据记录。区块链技术最早的应用出现在比特币项目中。作为比特币背后的分布式记账平台,在无集中式管理的情况下,比特币网络稳定运行了8年时间,支持了海量的交易记录,并且从未出现严重的漏洞,这些都与巧妙的区块链结构分不开。

区块链包括三个基本概念:

(1)交易(transaction):一次对账本的操作,导致账本状态的一次改变,如添加一条转账记录。

(2)区块(block):记录一段时间内发生的所有交易和状态结果,是对当前账本状态的一次共识。

(3)链(chain):由区块按照发生顺序串联而成,是整个账本状态变化的日志记录。

如果把区块链作为一个状态机,则每次交易就是试图改变一次状态,而每次共识生成的区块,就是参与者对于区块中交易导致状态改变的结果进行确认。在实现上,首先假设存在一个分布式的数据记录账本,这个账本只允许添加、不允许删除。账本底层的基本结构是一个线性的链表,这也是其名字"区块链"的来源。链表由一个个"区块"串联组成,后继区块记录前导区块的哈希值(pre hash)。新的数据要加入,必须放到一个新的区块中。而这个块及其交易是否合法,可以通过计算哈希值的方式快速检验出来。任何节点都可以提议创建一个新的合法区块,然而必须经过一定的共识机制来对最终选择的区块达成一致。下面以比特币网络为例，说明如何应用区块链技术完成交易的工作原理。

首先，比特币客户端发起一项交易，广播到比特币网络中并等待确认。网络中的每一个节点都会收到等待确认的交易记录，这个"等待确认"的交易记录被放在一个新的"候选"区块中。然后，网络的节点会试图找到一个随机数字串，使得候选区块的哈希结果满足一定条件，这个随机数字串的查找需要一定的时间去进行计算尝试。

一旦某个节点计算出满足条件的随机串，这个新的候选区块就被认为是可以接受的，就可以被广播到网络中去。当网络中的其他节点收到该候选区块后，对其进行验证，如果发现其符合约定条件，就将其添加到自己维护的区块链上。当网络中的大部分节点都将区块添加到自己维护的区块链结构上时，该区块被网络接受，区块中所包含的交易也就得到确认。

比特币的这种基于计算机计算能力寻找随机串的共识机制称为工作量证明。通过调节对哈希结果的限制，比特币网络控制平均约 10 分钟产生一个合法区块。算出区块的节点将得到区块中所有交易的管理费和协议固定发放的奖励费，这个计算新区块的过程俗称挖矿。

比特币网络允许任何人加入，如果网络中存在恶意节点进行恶意操作来对区块链中的记录进行篡改，从而破坏整个比特币网络系统。比如，故意不承认收到的别人产生的合法候选区块，或者干脆拒绝来自其他节点的交易等。实际上，比特币网络中存在大量的维护节点，而且大部分节点都是正常工作的，默认时都只承认所看到的最长的链结构。只要网络中不存在超过一半的节点提前勾结在一起采取恶意行动，则最长的链将在很大概率上成为最终合法的链。也就是说，如果整个网络中大多数的节点都联合起来作恶，可以导致整个系统无法正常工作。要这样做，往往需要很大的代价，与收益相比，得不偿失。

(三) 主要特征

1. 分布式网络

区块链是一个分散的点对点（P2P）架构，其节点由网络用户组成。网络中的每个成员都存储相同的区块链副本，且帮助验证网络数字交易的全过程。

2. 共享账户

分布式网络中的成员将数字交易记录到共享分类账户中。为了添加交易，网络中的成员使用算法来评估和审核拟议交易。如果网络中的大多数成员同意交易有效，新交易就将被添加到共享分类账户中。对共享分类账户的更改会在几分钟内完成，甚至某些情况下以秒为单位反映在区块链的所有副本中。一旦添加了数据，该数据就是永久性的，不能更改或删除。由于网络中的所有成员都拥有区块链的完整副本，因此，单个成员无权篡改或更改数据。

3. 数字交易

任何类型的信息或数字资产都可以存储在区块链中，信息的类型由运行区块链的网络决定。通过对信息加密或数字签名，保证其真实性和准确性。交易分为各类区块，每个区块包含区块链中先前区块的加密散列。区块的添加以线性时间为序。

(四) 应用与挑战

区块链技术有很多潜在应用价值，能给我们带来巨大的收益和成本节约。虽然区块链技术应用广泛，但也面临许多挑战，需要有关监管机构和决策者慎重考虑和防范。

1. 区块链技术的应用

数字身份——通过区块链技术构建一套完整可行的数字身份体系，在支付系统和银行网络中进行高效的身份管理和欺诈防护，可以帮助金融机构快速了解你的客户（Know Your Customer，KYC）和反洗钱检查。

数字资产——有形资产（如房地产、股票、黄金等）交易都需要大量的验证和检查，这延长了交易时间和结算时间。区块链分布式账本可作为一种在线金融工具，将实物资产转换为数字化资产，实物资产所有者的变化由数字化的交易和记录保存，可以大大提高有形资产的交易效率。

数字货币——如今网上银行、在线支付和各种加密货币已被广泛使用。世界各地的一些中央银行如中国、英国、南非、荷兰等，正在尝试发行由中央政府管控的国家法定数字货币。

数字钱包——数字钱包本质上是支付系统的非物理数字版本。数字钱包的独特功能在于可以通过加密签名的数字身份在交易时进行身份验证。下一代数字钱包可以携带由分布式账本所创建的数字资产和数字货币，比特币钱包携带比特币和其他加密货币已经证明了这一点。

数字记录——分布式账本的一个关键优势是它可以对每个交易和相关各方的详细信息进行审计跟踪。向分布式账本中添加一个交易条目取决于共识机制的达成，交易记录的保存过程是标准化的、不可变的且不易出错的，便于参与各方进行审计查询。

自动化法规遵从——分布式账本的分布特性可以高效地实现企业级的内部控制和监控。

缩短结算期——结算期是交易执行和履行所有义务所需的时间。区块链技术可以缩短结算周期，促进交易中的资本流动性。

转移资产所有权——数字身份和数字资产的应用将会大幅降低资产所有权转移过程所需的时间。例如，从销售者到买家的产权转让需要几天时间，需要许多中间商和多道审批。分布式账本可以显著地缩短处理时间并提高资金使用率。目前，大多数金融资产的所有权只有在银行营业时段才能进行支付。如果有一个区块链能说明货币的所有权，另一个区块链能说明证券的所有权，假设买方有足够的资金并且卖方拥有足够的股份，那么此项交易可以发生在任何时间，而且只需要几秒钟，并且可以保证交易的合法性和确定性。所以说区块链技术可以带来巨大的效率收益。

支付速度更快——全球支付系统需要多次监管检查和漫长的结算周期，外汇行业是世界上中介最多的行业之一，要求结算银行和商业银行之间不断地进行货币流通，分布式账本在保障交易合法性的同时可以为交易各方提供数字身份验证，大大缩短结算时间。为了充分发挥区块链技术的潜力，智能合约的应用可以减少与合同相关的交易成本。智能合约是一种旨在以信息化方式传播、验证或执行合同的计算机协议。智能合约允许在没有第三方的情况下进行可信交易。

2. 区块链技术的挑战

（1）技术和业务挑战

区块链成员之间需要达成共识。由于分布式账本分配给区块链中的所有参与者，因此任何协议的更改都必须获得所有人的批准。一种解决方案是在一个许可的网络中授权一个或多个参与者可以对整个网络协议进行更改，但这要求对被授权的参与者有足够的信任。

缺乏区块链网络设计的标准化。缺乏标准化可能会导致企业在实施和接受方面遇到重大问题。许多国家和国际组织正在努力建立普遍接受的技术标准。

与传统系统的互操作性。企业将面临区块链平台与其内部现有系统的互操作问题，以及来自多个企业的区块链如何相互操作等问题。

增加分布式账本系统的规模。所有经过许可的网络都需要大量的存储资源，因为网络中的每个节点都拥有并存储自己的分布式账本副本，区块的增加使得分布式账本系统规模不断扩张，这将限制新交易的确认速度，也限制了其可扩展性。

交易的不变性。新区块一旦添加到区块链，交易是永久的。"胖手指"交易或者监管机构要求扭转的交易只能通过抵销交易来改变，而且需要参与原始交易的双方都接受。

区块链系统的分布式性质。尽管减少对中央机构的依赖和将分布式账本副本存储在多个位置，改善了许多现行系统中存在的单点故障问题，但区块链的分布式特性也会产生安全隐患。网络参与者越多，网络犯罪分子的可攻击点就越多。如果网络犯罪分子能够窃取达成交易所需的用户信息，就能制造欺诈交易且不可改变。

所有权转让过程中的流动性问题。尽管使用区块链进行所有权转让可以大大降低与现行和解协议相关的风险，但确实使流动性变得更加重要；资金和资产必须以适当的形式进行快速结算。

信息的机密性和记录变化速度。在金融领域，数据的获取和分析是企业竞争优势的关键。由于分布式账本的分布性质，许多现营企业将不愿意参与信息共享业务，因为信息泄漏可能会损害企业的业务。

知识产权。参与区块链研究的行业参与者越来越多，随之而来的是很多与区块链相关的技术专利，截至2016年1—11月，与区块链相关的专利数量已经翻了一番。这些专利将减缓创新速度，阻止新公司进入市场。

（2）监管面临的挑战

各监管机构对规则的不确定性。现行规定可能是分布式账本技术的主要障碍。改善监管环境的第一步是创建监管沙箱，以允许分布式账本技术公司与监管机构合作测试新产品和服务。

维持中央银行对数字化货币的控制。如果中央银行允许商业银行将资金存入特殊账户，然后将数字化资金用于银行的区块链网络，监管机构需要一种机制来监督其使用情况并确保发行的数字货币不会超过中央银行储备金额。

二、比特币介绍

比特币是世界上第一个分散式的数字货币。比特币的价值持续增长，且波动很大。目前，比特币经济的市值估计超过 10 亿美元。很多企业都表示有兴趣将比特币平台整合到其运营中，并在比特币经济体中提供新服务。同样，风险投资家们也渴望将他们的资金投入这个新兴发展的行业中。比特币在得到蓬勃发展的同时，也带来了一些挑战。由于比特币是分散化的，因此可以使用假名，这也引起了监管机构的关注。此外，比特币的这一特性也使它成为逃避税收、洗钱和从事非法商品交易的工具。美国财政部和司法部的金融犯罪执法网络（FinCEN）都发布了关于管理虚拟货币的官方声明。

美国政府问责办公室发布的关于虚拟货币的报告，敦促国家税务局通过正式的指导来减少税收合规风险。该报告的附录包含国家税务局副局长史蒂芬·米勒（Steven T. Miller）的信函，他向该办公室保证，国家税务局正在"努力解决这些风险"。此外，商品期货交易委员会的一位专员最近表示，有兴趣探索比特币是否属于委员会的管辖范围。在考虑如何最好地监督这项尚处于初级阶段的技术时，政府监管机构应该注意的是，他们的重叠指令是否会对这一创新性金融平台的增长潜力造成阻力。

（一）概述

如果 A 想通过互联网向 B 发送 10 美元，他将不得不依赖第三方服务。中介机构记录着账户持有人的余额，当 A 向 B 发送 10 美元时，中介机构从他的账户中扣除该金额并将其添加到 B 的账户中。没有这样的中介机构，数字现金的使用会达到两次。A 可以通过将此现金文件添加成消息，从而向 B 发送 10 美元。但就像使用电子邮件一样，发送的附件不会从计算机中删除。在他寄出后，A 将保留一份记录。同样地，他也可以很容易地把 10 美元发送给 C。在计算机科学领域，这就是所谓的"双重支出"问题，这个问题只能通过分类账可信赖的第三方才能解决，直到比特币出现。比特币的发明是革命性的，因为第一次可以在不需要第三方的情况下解决双重支出问题。比特币通过点对点网络，在系统的所有用户之间分配必要的分类账。在比特币经济中发生的每一笔交易都被记录在公共分布式账本中。根据区块链检查新交易，以确保相同的比特币先前没有用过，从而消除了双重支出问题。由数千名用户组成的全球对等网络取代了中间人的角色，A 和 B 可以在没有中介机构的情况下进行交易。有一点需要注意的是，比特币网络上的交易不是像在中介机构中以美元、欧元或日元计价，而是以比特币为单位，因此，这也使得比特币不仅是分散的支付网络，也是一种虚拟货币。货币的价值不是来自黄金或政府法令，而是来自人们分配给它的价值。比特币的美元价值是在公开市场上确定的，就像不同世界货币之间的汇率一样。

（二）运行原理

比特币巧妙地使用公钥加密技术，使得交易得到验证，并且可以防止双重支出。公钥加密需要为每个用户分配两个"密钥"，一个是保密的密钥，另一个则是可以与世界共享的公钥。当 A 决定将比特币传输给 B 时，他创建了一条名为"交易"的消息，其中包含 B 的公共密钥，并用他的私钥"签名"。通过查看 A 的公钥，任何人都可以验证交易确实是用他的私钥签名的，它是真实的交易，而且 B 是资金的新所有者。交易以及比特币所有权的转让都会被记录下来，盖上时间戳，并显示在区块链的一个"块"中。公钥密码系统确保网络中的所有计算机都对比特币网络内不断更新和验证的所有交易存有记录，防止双重支出和欺诈。比特币实现"网络"验证交易并协调分类记账指的是，由于比特币是一个点对点网络，因此没有中心机构负责创建货币单位或验证交易。这个网络取决于通过提供计算能力进行记录和协调交易的用户。这些用户被称为"开矿者",因为他们为新开发的比特币做出了努力,所以得到奖励。之所以说比特币被创建或"挖掘",是因为数以千计的分散计算机须解决复杂的数学问题,才得以验证区块链中的交易。正如一位评论员所说,比特币的挖掘实际是纯数学过程。

就比特币而言,搜索并非针对素数,而是用于探寻一种数据序列(称为"块"),该序列在比特币"散列"算法应用于数据时能产生特定的模式。当一次开发活动发生,开发者获得比特币的奖励。随着世界各地的比特币出现,赏金的规模也在减少,搜索的难度也增加了,从而在计算上找到匹配项就变得更加困难。

随着时间的推移,这两种效应结合起来可以减缓比特币产生的速度,并类似黄金商品的生产速度。在某些时候,新的比特币将不会出现,而开采者的唯一动机是交易费用。因此,该协议的设计使每个开采者都能够为计算机维护支持和验证货币网络所需的基础架构提供处理能力。

开采者们被授予新的比特币,用于为维护网络和验证区块链中的交易提供处理能力。随着更多的处理能力专注于开采,协议中将增加数学难题,确保比特币始终以可预测和有限的速度产生。

比特币的这种开采过程不会永远持续下去。比特币旨在模仿从地球上提取的黄金或其他贵金属,只有有限的已知数量的比特币才能被开采。比特币的上限被随意地定为2100万比特币。预计开采者们将在公元2140年艰苦地收获"最后一个"比特币。如果总的开采能力达到足够高的水平,开采比特币的难度将会增加,以至于购买这最后的比特币将是一项颇具挑战性的数字事业。一旦开采了最后的比特币,那些为验证交易贡献其处理能力的开采者将通过交易费,而不是开采比特币来获得报酬。这确保了开采者们仍然有动力在"最后一个比特币"被开采后保持网络运行。

(三) 假名

数字货币应该为用户提供匿名性。然而，由于迄今为止的在线交易都需要第三方中介，所以他们并不是匿名的。例如，中介机构每次发送钱给B时都会有记录。由于A和B的中介机构账户与其各自的银行账户绑定，因此他们的身份可能已被知晓。相反，如果A向B提供10美元的现金账单，则不存在中介和交易记录。如果A和B不知道彼此的身份，我们可以说这个交易是完全匿名的。

比特币处在这两个极端之间。一方面，比特币就像现金一样，一旦A将比特币交给B，他就不再拥有这些比特币，而归B所有，而且他们之间没有任何第三方中间人了解他们各自的身份。另一方面，与现金不同，交易发生在两个公钥之间的事实，其时间、额度和其他信息是被记录在区块链中的。事实上，在比特币经济史上曾经发生过的每一笔交易都可以在区块链中公开查看。

虽然所有交易的公钥（也称为"比特币地址"）都记录在区块链中，但这些公钥并不与任何人的身份相关联。但是，如果一个人的身份与公钥相关联，那么就可以查看块链中记录的交易，并轻松查看与该密钥关联的所有交易。因此，尽管比特币与现金非常相似，可以在不向第三方或彼此披露其身份的情况下进行交易，但与现金不同的是，比特币可以追踪到来自特定比特币地址的所有交易。这样一来，比特币不是匿名的，而是假名。

将真实世界的身份绑定到一个假名比特币地址并不像有些人想象的那么困难。首先，一个人的身份通常会在该人在网站上进行比特币交易时或在比特币兑换处兑换比特币时被记录下来。其次，为了增加保留假名的可能性，人们必须使用Tor这样的匿名软件，并注意不要跟可能与个人身份绑定的比特币地址进行交易。最后，通过查看区块链，也可以收集身份。一项研究发现，基于行为的聚类技术可以在模拟比特币实验中揭示40%比特币用户的身份。早期，有人对比特币交易图的统计属性进行了分析，结果表明，如何使用适当的工具进行被动网络分析，可以揭示比特币用户的金融活动和身份。后期对比特币交易图统计特性的分析获得了与较大数据集相似的结果。

对比特币交易图的另一个分析重申，使用"实体合并"方法的观察者可以观察用户行为的结构模式，并强调这是"比特币匿名最重要的挑战之一"。尽管如此，比特币用户的确享受了很多比传统数字传输服务的用户更高的隐私水平——比如他们必须向促进交换的第三方金融中介机构提供详细的个人信息。尽管比特币经常被称为"匿名"货币，但实际上，在比特币网络中保持匿名非常困难。与公共账本中记录的与交易相关的假名可以在交易完成后多年被确定。一旦比特币中介机构完全符合传统金融中介机构所要求的银行保密规定，匿名性就会得到保证，因为比特币中介机构将被要求向其客户收集个人数据。

（四）降低交易成本

由于没有第三方中介，比特币交易比传统支付网络更便宜和快捷，使得微支付和其他创新成为可能。比特币能够降低小企业和全球汇款交易成本，改善资本获取方式，以缓解全球贫困，保护个人免受资本控制和审查，确保被压迫群体的金融隐私。比特币的分散性也为犯罪提供了机会。挑战就在于既要研发出减少犯罪机会，又能发挥比特币优势的交易流程。

比特币对具有成本意识的小企业很有吸引力，这些小企业正在寻找降低交易成本的方法。信用卡极大地增强了交易的便利性，但是同时也给商户造成相当大的成本负担。向客户提供信用卡付款选项的企业必须先向每个信用卡公司支付商户的账户费用。根据与每家信用卡公司达成的信用卡协议条款，企业必须支付各种授权费、交易费、报表费、交换费和客户服务费等诸多费用。这些费用累计数额巨大，极大地增加了做生意的成本。如果商家为了节省费用，而不提供信用卡付款服务，可能会在享受信用卡便利的客户群体中失去大量业务。

由于比特币促成了没有第三方的直接交易，从而消除了伴随信用卡交易带来的昂贵费用。事实上，小型企业已经开始采用比特币替代信用卡服务，降低成本。其他一些国家则采用这种货币来提高交易的速度和效率。随着越来越多的人使用这种货币，比特币可能会继续降低企业的交易成本。

接受信用卡付款还会使企业陷入被诈骗的困境。长期以来，商家都因为欺诈性"退款"，或消费者谎称产品未收到所导致的"付款退还"而受到困扰，商家在产生产品价值损失的同时，还可能要支付赔偿金。比特币支付系统的"不可逆转性"消除了因滥用"消费者欠款权利"而造成的"友好欺诈"。这对于小型企业是非常重要的。事实上，即使比特币付款可行，许多消费者和商家也可能会坚持传统的信用卡服务。尽管如此，支付方式的选择多样化，也会让具有不同支付偏好的大众受益。那些即使需要支付更多费用也要保护和使用信用卡的人可以继续这么做。那些更具价格或隐私意识的人可以使用比特币。不需要支付商家费用意味着接受比特币的商家可以选择将储蓄转嫁给消费者，这就是比特币商店的商业模式，这些商店以折扣价销售数千种消费电子产品，并且只接受用比特币付款。例如，对于一个完全相同的电子设备在电子商务网站上如果售价800美元，在比特币商店仅售不到500美元。通过这种方式，比特币为消费者和小型企业提供更低成本的选择，而并非是抢占传统信用卡服务的市场份额。

比特币作为一种廉价的资金转账系统，也为未来的低成本汇款提供了前景。目前，世界上大部分的跨境汇款是使用传统实体电汇服务方式发送的，这种汇款方式收取高额的服务费用，同时可能需要几个工作日才能到账。以2013年第一季度为例,汇款的全球平均费用为9.05%。相比之下,比特币网络上的交易费用往往低于0.0005 BTC,即交易额的1%。这一改善资金转移的创业机会吸引了大牌风险投资家的投资。一些传统的实体电汇服务提供商纷纷开始考虑是否将比特币纳入其商业模式。使用比特币汇款更快捷,成本更低,可能相当大地降低消费者全球汇款的成本。

(五) 促进金融创新

比特币最有前景的应用之一是作为金融创新的平台。比特币协议中为程序员提供的数字蓝图,方便程序员们可以轻松地开发一些实用的金融和法律服务。由于比特币的核心是简单的数据包,它们不仅可以用于转移货币,还可以转移股票、投注和敏感信息。包括小额支付、争议调解、保险合同和智能财产等在内的一些功能也被囊括在比特币协议中,这些功能使得轻松开发互联网翻译服务,小型交易的即时处理,以及众筹服务变为可能。此外,程序员可以在比特币协议的基础上开发替代协议,其方式与Web和电子邮件在Internet TCP/IP协议上运行的方式相同。一位程序员已经提出了一个新的协议附加在比特币协议之上,以提高网络的稳定性和安全性。另一位程序员创建了一个数字公证服务,能够在比特币协议之上安全地以匿名的方式为私人文件存储一份"存在证明"。还有一组开发者概述了一个可以改善网络隐私的附加协议。因此,比特币可以被看作是其他应用功能层的基础,是财务和交易的试验平台。政策制定者应该注意的是,他们的指令并不能阻止人们在这个新兴协议的基础上进行创新开发。

(六) 安全漏洞与犯罪

比特币作为数字货币,本身也具有一些特定的安全问题。如果人们不小心,就可能会无意中删除或错放比特币。一旦数字文件丢失,货币就会像纸质现金一样丢失。此外,如果人们不保护他们的私人比特币地址,可能会公然失窃。比特币钱包现在可以通过加密来保护,但用户必须选择激活加密,如果用户没有加密钱包,他们的比特币可能会通过恶意软件被盗取。

比特币交易有时也会遇到安全问题。比如,信息会遭到窃取,网站会遭到攻击,从而遭受巨额经济损失。当然,比特币面临的许多安全风险与传统货币面临的风险相似。美元账单可能被摧毁或丢失,个人财务信息可能被盗用并被犯罪分子利用,银行可能被抢劫或被 DDoS 攻击。比特币用户应该仔细了解安全问题并做好准备,就像他们目前为其他金融活动所做的准备一样。

政策制定者也有理由对比特币的发展表示担心。毕竟比特币是匿名的,犯罪分子有可能利用它来洗钱并接受非法商品和服务的付款。以臭名昭著的"丝绸之路"网站为例,"丝绸之路"利用了匿名网络 Tor 和比特币的假名特性,建立了一个庞大的数字市场用于订购毒品和其他的非法商品。

虽然"丝绸之路"管理者声称不允许交换任何欺诈性或伤害性的商品,比如被盗的信用卡信息或剥削儿童的照片,但它确实允许商家出售伪造的身份证件和非法药物等非法产品。比特币的假名性本质上允许买家以传统的现金方式在线购买非法商品。据一项研究估计,"丝绸之路"每月的交易总额约为 120 万美元。2013 年 6 月,比特币市场交易额达 7.7 亿美元,"丝绸之路"的销售额造成了比特币经济总量的小幅下降,同时也损害了比特币的声誉。另一个值得关注的问题是,比特币可以用来洗钱以资助恐怖主义和贩卖非法商品。尽管这些担忧还无法得到确切证实,但比特币确实可以成为那些希望谨慎转移不义之财的人的一种选择。Liberty Reserve 是一家私营的,以哥斯达黎加为中心的数字货币服务机构,因涉嫌洗钱而被当局关闭,引发人们对比特币沦为洗钱工具的担忧。虽然 Liberty Reserve 和比特币因都能提供数字货币而十分相似,但两者之间存在重要差异。Liberty Reserve 是一家创建了所有集中式货币服务的私人公司,据称,最终目的是为了便利洗钱。比特币却并非如此。一方面,Liberty Reserve 内部的交易并不透明。事实上,Liberty Reserve 向客户保证服务是匿名的。另一方面,比特币是一种分散的开放式货币,提供所有交易的公开记录。洗钱者可能会试图保护他们的比特币地址和身份,但他们的交易记录将随时通过执法机构公开并获取。另外,通过比特币洗钱可能会比使用像 Liberty Reserve 这样的集中式系统的风险更大。此外,多家比特币交易所已按照反洗钱记录和报告的要求采取了措施。和私人匿名虚拟货币相比,公共账本系统和比特币交易所合作收集客户信息可能会使比特币对洗钱者的吸引力下降。同样值得注意的是,比特币的许多潜在缺陷与面临传统现金的潜在缺陷相同。过去,现金一直是贩毒者和洗钱者的首选,但政策制定者永远不会认真考虑禁止现金。随着监管机构开始考虑比特币,他们应该警惕过度管制的危险。在最糟糕的情况下,监管机构可能会阻止合法企业从比特币网络中受益,同时并不会阻止洗钱者和毒贩使用比特币。比如,如果比特币交易所因监管而负担过重,最终倒闭,洗钱者和贩毒者仍然可以通过现金支付给他人的方式,把比特币转入他们的虚拟钱包,从而把钱投入网络中。在这种情况下,有利的交易可以通过过度监管来防止,然而,有其他目的性的活动仍然可能发生。

政策制定者和监管机构面临的挑战是如何研发一种新的监督制度,缓解他们对洗钱和非法采购的双重担忧,同时还不会对比特币在日常生活中向合法用户提供的好处造成影响。

(七)管制与合法性

目前的法律法规在制定时并没有设想到像比特币这样的技术出现,因此比特币存在于合法的灰色地带。这在很大程度上是因为比特币不完全符合货币或其他金融工具或机构的现有法定定义,因此很难知道哪些法律适用以及如何适用。这种情况让人想起对其他新技术（如 VoIP）监管的不确定性。当 VoIP 首次出现时，美国通信法案和联邦通信委员会（FCC）法规只考虑了传统公共交换电话网络上的语音通信。与比特币一样，VoIP 与高度管制的传统网络竞争，价格较低，并且通常是点对点。直到今天，美国国会和通信法案及联邦通信委员会仍然在应对 VoIP 政策问题，例如，VoIP 提供商应该被要求履行哪些公益义务，以及 VoIP 提供商是否必须遵守执法窃听请求等。

然而，幸运的是，美国国会和 FCC 已经制定了 VoIP 的路径，澄清了大部分监管的模糊性，且没有将新技术与用于垄断电话服务的传统监管负担相混淆。因此，VoIP 作为一项技术蓬勃发展，为以前停滞不前的市场引入了竞争，降低了成本，并改善了消费者的访问渠道。决策者应该努力在比特币的监管上实现相同的目标。比特币具有电子支付系统、货币和商品等属性，因此，它可能会受到几个监管机构的审查。

考虑到美国联邦政府对发行法定货币的垄断，关于比特币的最常见的首要疑虑之一就是网上货币是否合法。答案似乎是肯定的。美国宪法只禁止各州提供钱财。私人发行的货币并未被禁止，事实上，许多本地货币正在流通。为促进当地经济发展，商人和立法者近年来开发了几种替代货币，例如，波特兰的 Cascadia Hour Exchange 和华盛顿州贝灵汉的 Life Dollars。私人可能不会做的是发行与美国货币相类似的货币。一个臭名昭著的案例是 Bernard von NotHaus，他在 2011 年印刷和发行一种名为"自由美元"的黄金后被定罪，原因并不是他发行了另一种货币，而是因为它的外观与美元相似，且试图用美元来流通他的"自由美元"，并鼓励其他人也这样做。相反，比特币不会与美元混淆。

三、财政金融应用

一个使用区块链技术的数据库有一个用户网络，每个用户都存储自己的数据副本，这种新的数据库架构引入了另一个术语：分布式账本技术（DLT）。DLT 网络的基本要素是：一、数字分布式账本，用于确认交易的共识机制；二、节点运营商网络。一般来说，DLT 和区块链可以在立场文件和流行媒体中互换使用。

正如一位参与开发区块链技术的行业参与者所描述的那样，区块链技术"仅仅是一种新的数据库架构方法，从根本上说，它是对传统数据库设计和使用方式的改进"。数据库"通常是一个大型数据集合，专门用于快速搜索和检索"。虽然组织和存储数据以进行快速搜索和检索的方法各不相同，但传统上，绝大多数数据库都是关系数据库，用户可以更新和搜索。

区块链技术最初用于实现数字货币：比特币。比特币区块链是公共网络的一个例子：任何希望进行交易的用户都可以使用，所有用户都可以看到区块链上的所有交易。网络也是无权限限制的：通过需要大量计算能力来确认交易的密码共识机制，将新交易添加到区块链中。无许可网络的主要优势在于它不需要中央管理机构确认或拒绝特定交易；不相互信任的个人或任何单一的中央管理机构都可以在无权限限制的网络上进行交易，通过确信我们下面讨论的共识机制，以确保分布式账本的准确性。这样就避免了每个参与者都需要拥有自己的数据库，以便定期与其交易对手进行协调。相反，所有交易都记录在单个数据库中。每个角色都存储自己的数据库副本，因此不像传统关系数据库存在单点故障的问题。一旦添加到区块链中，交易将无法撤销，从而使分布式账本成为以前所有交易的不可变记录。

有人认为，一个经过许可的区块链可以消除"区块链系统的一个主要好处：系统在不需要相互信任的各方之间工作。如果这个概念是在可信的参与方之间实现经许可的分布式账本……"，为什么在更高效的替代方案可用时还使用区块链技术？然而，许可区块链保留了许可区块链体系结构的许多关键特性和优势，包括数据分散存储以及数据库所有副本的实时调整。他们还减轻了无权限系统带来的一些问题，包括需要大量的计算资源来确认交易。

有监管要求的机构，例如，"了解您的客户"（KYC）和反洗钱（AML）机构，提供进一步的理由说明倾向于使用经许可的区块链用于金融应用程序的原因，因为完全公开的无权限限制区块链交易是匿名的，并且对所有人开放，而私人系统可以将参与者限制在预先核准和信任的人员身上。

在经许可的区块链中，还可以通过控制，允许对账簿中的信息进行不同级别的访问。例如，可以允许监管机构查看分类账中交易的所有细节，但不添加任何交易，而用户可能会根据其访问级别选择性地查看交易的细节。

（一）区块链技术如何工作

基于区块链的分布式账本的关键要素是那些能够增加效率的要素：分布式账本的分布式性质；其不可分割的特征；商定的共识机制的存在。这些可以使交易自动化，提供接近实时的结算，同时保持强有力的反欺诈控制。

在区块链上发生任何交易之前，必须有方法来验证希望交易的人的身份。这可以通过创建数字身份来实现。这些独特的数字身份与私钥连接，允许用户在区块链中确认涉及其资产的交易。

（二）基础的分布式账本设置

最简单的形式，每个用户都可以读取和写入数据库；在通过事先商定的共识机制确认交易后，更新每个用户的副本以反映分布式账本的新状态。所有节点操作员具有相同版本的分类账。由于分布式账本的所有版本都是相同的，因此达成了共识，并且记录的是最终的版本。当区块链网络的成员参与交易时,他们将交易提交给网络。新交易的提交改变了分布式账本的状态,这与分布式账本的其他副本的状态相冲突。一旦新交易被网络发现,共识就会破裂,迫使其他运营商要么使用最新的更改来验证和更新他们的记录,要么拒绝新的分类账。有各种共识方法,包括工作证明(POW)、证明权证(POS)、容错算法等,可用于分布式计算系统,如区块链。一旦共识机制确认提交的交易有效,所有分布式账本都会更新以反映新的状态。

(三)如何将交易添加到区块链

在最基本的层面,区块链上的交易仅仅是资产注册所有者的变更。

对于 A 将资产转移给 B,首先需要确定 A 是否是该资产的合法所有人。这可以通过在区块链中引用过去的交易来完成:在某个时刻,A 收到了该资产并且还没有出售它。一旦完成,A 和 B 可以同意交易。将创建一个块,其中包含新合同的详细信息,然后 A 和 B 各自通过添加其唯一的数字签名来同意合同。一旦双方签署了交易,就会计算一个加密散列函数,用于将此新交易链接到之前的交易链。接下来,使用区块链的共识机制来确认交易。确认后,交易将被添加到最近的交易块中。然后通过对链中最近创建的块的引用,将该块"链接"到前面的事务块。更新后的区块链将传送给网络中的所有参与者,以便每个人都拥有主分类账的匹配副本。

共识机制将根据区块链的设计而有所不同。共识机制的性质取决于区块链是否获得许可或无权限。如果区块链获得许可,网络参与者愿意互相信任的程度也会对共识机制产生影响。在经过许可的区块链中,一旦交易由相关双方提交,它将由区块链的许可成员或通过仅由许可成员访问的某些密码共识机制来确认。因为用户有权确认交易,所以用户信任网络,也就信任此笔交易。在一个未经许可的区块链实现中:比特币区块链,被称为矿工的个人将提交的交易编译成区块。矿工们争相解决一个困难的电脑问题；争相做第一位通过将其创建的区块添加到区块链中来确认该区块。第一位的矿工会被授予一定数量的比特币作为奖励。对交易的信任保持不变，因为提交交易的奖励大于潜在的欺诈奖励，因为欺诈的块赢得比赛的概率较低。如果用户或用户联盟获得大部分计算能力，则该系统可能会崩溃。然后，他们可以提交很有可能被证实的欺诈性交易，因为他们编制的数据块更有可能胜出没有欺诈的对手。

一个相对自动化的共识机制允许几乎瞬时更新分布式账本的每一个副本——一旦交易被添加到区块链中，所有分布式账本都反映了这种变化。没有必要进行进一步的交易后和解。块添加到分类账的方式也创建了一个基本上不可变的数据库。由于交易块被链接在一起，交易越早，欺诈性变化就越困难；这样的改变将需要改变交易块本身，并且以每个后续块创建的顺序来更新每个后续块。

四、医疗健康应用

（一）简介

对医疗保健行业而言，区块链技术将有很重要的应用。由于基因研究的改进和精准医学的发展，医疗保健行业中一种新的疾病预防和治疗方法正在发展，该方法融合了个体患者的基因构成、生活方式和环境等有关方面的因素。同时，信息技术的进步产生了大量的健康信息数据，提供了追踪健康数据的工具，并让人们更多地参与到自身医疗保健中去。把这些医疗保健和信息技术的进步相结合将促进医疗信息技术领域的转型变革。《美国复苏和再投资法》要求所有公共和私人医疗保健提供者在 2014 年 1 月 1 日前采用电子病历（EMR），以维持其现有的医疗补助和医疗保险报销水平。该指令促使 EMR 的可用性和利用率显著增长。但是，目前绝大多数医疗保健信息化系统都没有分享其健康数据的功能，即使拥有这些功能，在实际应用中共享的实际效果也不明显。区块链技术有可能解决目前在健康信息技术系统中存在的互操作性挑战，并成为个人、医疗保健提供者、医疗保健实体和医学研究人员安全共享电子健康数据的技术标准。

应用区块链技术可以构建一个访问控制管理器，为健康记录服务，应对由国家卫生信息技术协调员（ONC）共享全国互用性路线图协调员办公室提出的行业互操作性挑战。互操作性也是任何支持以患者为中心的结果研究（PCOR）和精准医药行动（PMI）的基础设施的关键组成部分。以区块链为基础的国家卫生信息技术基础设施具有较大的发展潜力，可推进精准医学的发展，促进医学的研究，并要求患者对自身健康负责。

(二) 区块链医疗保健模式

任何用于医疗保健的区块链技术方案都要公开透明，且需包含三个关键要素：可扩展性、访问安全性和数据隐私。

1. **可扩展性**

分布式健康区块链包含健康记录、文档或图像数据。健康护理区块链分布式网络中的每个成员都拥有美国所有公民的健康记录的副本，从数据存储的角度来看，这是不切实际的。由于健康数据是动态且广泛存在的，因此，给网络中的每个成员复制所有的健康记录将浪费网络资源，并引发数据吞吐量问题。为了医疗保健能真正从区块链中获益，区块链需要担任健康记录和数据的访问控制管理器这一角色。健康区块链所包含的信息将成为索引，即所有用户健康记录和健康数据的列表。该索引与图书馆的卡片目录类似，这种卡片目录包含该书籍的元数据和如何找到该书籍的位置，健康区块链也将以相同的方式运行。区块中的交易将包含用户的唯一标识符，链接到健康记录的加密设置和创建交易的时间戳。为了提高数据访问效率，区块还将包含健康记录中所含的数据类型以及任何其他有助于频繁使用和查询的元数据。健康区块链将包含所有医疗数据的完整索引历史记录，包括正式的医疗记录，以及来自移动应用程序和可穿戴传感器的健康数据，并将实现对个人用户的终身跟踪。所有的医疗数据将从区块链中转移存储在称为数据湖的数据存储库中。数据湖具有高度的可扩展性，可以存储从图像到文档到"keyvalue"的各种数据。数据湖将成为健康研究的重要工具，并将用于各种分析研究中，包括挖掘影响结果的因素，根据遗传标记确定最佳治疗方案，并确定影响预防医学的因素。数据湖支持交互式查询、文本挖掘、文本分析和机器学习。存储在数据湖中的所有信息都将被加密并进行数字签名，以确保信息的隐私性和真实性。

当医疗保健提供者创建医疗记录时，将通过创建数字签名来验证文档或图像的真实性。健康数据将被加密并发送到数据湖进行存储。每次将信息保存到数据湖时，指向健康记录的指针都会在区块链中与用户的唯一标识符一起被注册，通知患者健康数据已添加到他的区块链中。同样地，患者也将能够通过数字签名、移动应用和可穿戴传感器的加密设置添加健康数据。

2. 访问安全和数据隐私

在数据分享方面，用户享有对数据的绝对访问权和控制权。用户将分配一组访问权限并指定可以查询和将数据写入到他的区块链中的人。移动仪表板应用程序将允许用户查看谁有权访问他的区块链。用户还可以查看谁访问了他区块链的审核日志，包括什么时候访问的以及具体访问了哪些数据。相同的仪表板允许用户向任何具有唯一标识符的个人授予和撤销访问权限。

访问控制权限是灵活的，并且处理的不仅仅是"全有或全无"权限。用户可以设置有权访问的人，所分配的访问时间期限和可以访问的特定数据类型。在任何给定的时间，用户可以在任意指定时间修改这组权限。访问控制规则也将被安全地存储在区块链中，并且只有用户才有权更改。这就提供了一个透明的环境，并允许用户决定收集何种数据以及如何共享数据。一旦医疗保健提供者被授权访问用户的健康信息之后，他就可以在区块链中查询用户的数据并利用数字签名来认证数据。医疗保健提供者可以利用定制的最佳应用程序来分析健康数据。

（三）比特币和私人区块链对医疗保健应用的限制

比特币以开放源代码加密协议为基础，已被证明是加密货币兑换的安全平台。虽然一些比特币交易背后的真实身份仍然未知，但该平台允许任何人都可以访问区块链查看任何比特币地址的余额和交易。

数据隐私和安全性的缺失使得公开区块链并不适合作为健康区块链来使用，因为健康区块链需要具有隐私保护和可审计等特性。此外，比特币对于区块大小和每秒最大交易次数的设定标准也考虑到了大规模和广泛使用的区块链应用的可扩展性问题。由私人和联合体主导的区块链将解决隐私、安全和可扩展性问题。然而，由于不是中立的供应商，也不会采用开放标准，这些区块链也会带来不同的挑战。

（四）医疗区块链的技术优势

区块链技术可以为医疗健康领域提供巨大帮助。区块链的组件基于开源软件、商品硬件和公共编程接口。这些组件提高了系统之间更快捷简单的互操作性，并可以有效扩展以处理大量数据和应对更多区块链用户。该架构具有内置的容错和灾难恢复功能，数据加密和密码技术被广泛使用并被大众普遍接受，成为行业标准。

健康区块链将作为开源软件被开发，也就是由专家开发的同行评审软件，它在快速变化的情况下是可靠和稳健的，因此，封闭的私有软件无法与其相匹配。开源解决方案还推动了应用市场的创新。健康服务提供者和个人可以从广泛的应用选择中受益，并可以选择符合他们特定要求和需求的应用。区块链将运行在广泛使用和可靠的商品硬件上，该商品硬件以低成本提供最大数量的有用计算。硬件以开放性标准为基础，并由多个供应商制造，对健康和基因组研究而言，这是最具成本效益和最有效的体系结构。健康研究人员可以共享无限的区块链硬件性能，更快地发现新药物和治疗手段。区块链技术还解决了健康信息技术生态系统中的互操作性问题。健康信息技术系统将使用公共编程接口来整合数据并与健康区块链交换数据。公共编程接口是在该行业实践得出的最佳选择，不仅易于操作，并且可以消除在不同系统之间开发复杂的点对点数据集成的需要。区块链将允许患者、医疗保健团体和研究人员访问一个共享数据源，以获得及时、准确和全面的患者健康数据。区块链数据结构与数据湖相结合可以支持多种健康数据源，包括来自患者移动应用程序的数据、可穿戴式传感器、电子病历、文档和图像的各种数据。数据结构是灵活的、可扩展的，并且能够适应目前不可预见但在将来可用的数据。

廉价移动设备和可穿戴式传感器的数据正在以指数速度增长。以商品硬件为基础的分布式体系结构提供了低成本高收益的高度可扩展性。随着更多的健康数据被添加到区块链中，具有成本效益的商品硬件也可以轻松地被添加进来以处理数据负荷的问题。区块链分布式架构的另一个优势是内置的容错和灾难恢复能力。在区块链的架构中，数据分布在许多不同地点的多个服务器上，因此不会出现某个单一的错误，出现的灾难也不太可能同时影响所有的区块。区块链可与标准算法和协议一起使用，用于加密和数据加密。通过深入分析，这些技术的安全性已得到确认，并广泛用于包括政府机构在内的所有行业。

（五）保健区块链的保健优势

区块链技术为医学研究人员、医疗保健提供者、护理人员和个人提供了许多便利，包括为所有健康数据创建单一存储位置，实时跟踪个性化数据，以及以细粒度级别设置数据访问权限的安全性，这些都可用于医学研究和个性化医疗。

为了深入研究疾病，加速生物医学上的发现，快速追踪药物开发并根据患者遗传学、生命周期和环境设计个性化治疗计划，健康研究人员需要广泛而全面的数据集。由区块链提供的共享数据环境将包含来自不同种族和社会经济背景以及来自不同地理环境的患者，从而提供广泛的多样化数据集。由于区块链可对患者进行终身健康数据的采集，因此它为纵向研究提供了理想的数据。医疗区块链将扩大对健康数据的获取范围，包括目前医学界服务不足或通常不参与研究的人群的数据。区块链提供的共享数据环境使得与"难以接触的"人群互动变得更容易，从而获得更具大众代表性的结果。区块链数据结构能非常有效地从可穿戴式传感器和移动应用中收集数据，因此可以为治疗的风险与收益，以及患者检查报告的结果提供重要信息。此外，将来自移动应用和可穿戴式传感器的健康数据与传统电子病历和基因组数据结合起来，将赋予医学研究人员更强的能力，把个人分类为对特定治疗反应良好或对特定疾病更敏感的亚群。每日更新的个性化健康数据可能会让患者更多地参与自己的医疗保健并提高患者的依从性。此外，医生也将获得更充分的数据（例如，每日血压或血糖水平，与患者约会时的数据比较），从而根据结果或治疗效果利用专门治疗计划改善个体化护理。

区块链将确保系统的持续可用性和对实时数据的访问权限。实时访问数据将改善临床护理协调并改善紧急医疗情况下的临床护理。实时数据还可以使研究人员和公共卫生资源在影响公共健康环境的条件下快速检测、隔离和做出调整。例如，流行病可以在早期就被发现并得到控制。移动应用程序的实时可用性，以及来自区块链的可穿戴式传感器数据将有助于对高风险患者进行持续 24 小时的全天监控，并推动"智能"应用程序的创新，在病人急需医疗帮助的情况下通知护理人员和健康提供者。护理团队可以与患者联系并协调治疗方案，以进行早期干预。医疗区块链可能会推动卫生提供商开发新一代"智能"应用程序，以此挖掘最新的医学研究和开发个性化治疗路径。健康提供者和患者可以共享信息，并且参与讨论最佳治疗方案，从而使最终方案是专业而非直觉的研究讨论结果。

五、政策建议

区块链和比特币需要适应现有的监管体系，任何新技术都是双刃剑。决策者面临的挑战将是促进比特币的有益用途，同时尽量减少其负面影响。这里提出一些建议，以帮助政策制定者应对这一挑战。

（一）鼓励区块链和比特币的发展

因为比特币本质上是网上现金，一些非法商品的在线交易需求者认为它是一种理想的交换媒介。因此，决策者希望对此项技术进行限制，但不能只看到其负面应用而限制技术本身。

第一，作为一项技术，比特币本身既不好也不坏，它是中立的。比如美元纸币也可用于非法交易，但我们不认为这种纸币账单不合法。我们只是禁止它们被非法使用。此外，随着比特币经济的增长，比特币的合法使用会使犯罪交易变得更加渺茫，就像我们用纸币票据看到的那样。

第二，限制比特币技术只会损害其合法使用的效益，而非法使用则基本上不受影响。因为它是一个分散的全球网络，比特币不可能被全面禁止。比特币及其分布式账本仅存在于其用户创建的分布式对等网络中，与对等文件共享服务 BitTorrent 一样，拆除构成对等系统的任何单台计算机对网络其余部分的影响都不大。因此，单方面限制使用比特币并不会破坏整个网络，只会限制了那些遵纪守法的用户使用该技术。结果，社会放弃享受比特币的许多潜在好处，但却没有看到任何犯罪用途方面使用量的下降。

第三，如果比特币被禁止，政府便放弃了对比特币经济中的中间商的管理机会，比如兑换商和汇款机构。政府希望对反洗钱和恐怖主义融资方面进行侦查，就更不能禁止该项技术，反而需要求中介机构记录和报告可疑活动，就像传统金融机构一样。

第四，即使美国禁止使用比特币，许多其他国家也可能会认识到该技术许多潜在的好处而推广应用。例如，芬兰中央银行已经表示，数字货币不是非法的，许多芬兰企业也开始接受比特币。通过禁止使用比特币，美国可能使自己在国际上处于竞争劣势。

（二）强化和规范管理

政策制定者不应对区块链和比特币的非法使用产生过度反应，而应该采取冷静谨慎的态度应对新技术带来的挑战。监管机构目前较为谨慎，希望将比特币慢慢地融入现有的金融监管框架。决策者可以采取一些措施来保持适当的平衡。

在短期内，FinCEN 应澄清其最近的指导意见，应该欢迎开发者、矿工、企业和用户加入比特币社区来正式发布公告和评论程序。虽然 FinCEN 的使命是保护金融系统免遭非法使用，但它也有义务不过度阻碍其技术发展。与比特币合法用户一起工作，FinCEN 无疑可以实现其目标，同时最大限度地降低监管不确定性。

从长远来看，决策者应该更好地定义比特币的监管地位。正如我们所看到的，数字货币不适合任何现有的分类或法律定义。它不是外汇，也不是传统商品，也不仅仅是一个支付网络。因此，将现有规则应用于比特币可能会不适当地妨碍比特币的合法使用。决策者需要考虑开发一个适用于该技术独特性质的新类别，还应该仔细考虑如何监管比特币交易所和支付用户。

最后,决策者不应该让比特币的发展重重受阻,应全面考虑和审视现有的监管体系来促进和规范其合理发展。在美国,比特币合法应用的最大阻碍之一是需要从事货币传输的企业从各州获得许可证,这是一个重复、费力且代价高昂的过程,阻碍了州际贸易,对消费者也没益处,联邦立法者和监管机构需重新评估是否确实需要事先购买。

参考文献:

[1] Bitcoin: A Primer for Policymakers. By Jerry Brito and Andrea Castillo, Mercatus Center, George Mason University.

[2] Blockchain For Health Data and Its Potential Use in Health IT and Health Care Related Research. Laure A. Linn, and Martha B. Koo, M.D.

[3] Blockchain and Financial Market Innovation. By Rebecca Lewis, John McPartland, and Rajeev Ranjan.

区块链技术及应用
——电子政务发展的新疆域

责任编译：冀俊峰
编　　审：王皓磊

国家电子政务外网管理中心主办

编者的话

2008年，在互联网上一个讨论信息加密的邮件组中，一个化名为中本聪的人发表了一篇文章，提出了一个以区块链为基础的比特币最初框架，从此开创了加密数字货币的时代。经过近十年的发展，比特币已从最初的几乎一文不值到现在价格已高达上万美元，市场上还涌现出林林总总上千种各类数字货币，数字货币已成为金融市场的宠儿。但种类繁多的数字货币，暴涨暴跌的价格，都对世界各国的金融监管提出了严峻挑战。目前各国政府对这些虚拟数字货币的态度不一，有的国家禁止其发行及交易，也有国家积极支持，我国央行已在2017年9月发布公告取缔比特币等代币类虚拟数字货币的发行和交易。但数字货币所依托的区块链技术却得到产业界和政府部门的普遍认可，相关应用都在紧锣密鼓的推进中。

作为新一代价值互联网的基础技术，区块链将通过各种应用形式逐渐深入到社会经济的方方面面，从而引发众多领域的业务创新、模式重构和体系再造。区块链与各行业结合，汇集不同个人及机构群体的共识，实现基于信任的价值或者资产的流动。英国发布的区块链白皮书认为，区块链将会引发包括能源、金融、医疗、教育、政府工作在内的各行业产生颠覆性变革，应被列为国家级发展战略。

本文是一篇综述性编译研究报告，首先，概括归纳了区块链的基本概念、特征原理和示例平台；其次，根据电子政务发展需求，介绍区块链技术在金融服务、政务服务以及公共服务等三个重要领域的应用及发展趋势；最后，报告分析了区块链技术的局限性，并澄清了一些理解上的误区。

我国当前正在积极推进社会信任体系、信息系统整合共享和数据开放等工作，而区块链是开放信任环境下共享记账簿，这一特性使其天然地适用于数据共享开放、身份认证、鉴证确权以及防伪溯源等相关应用领域。因此，建议我国尽快针对电子政务、公共服务相关问题对区块链关键技术和应用平台开展进一步研究和实验，这不仅能有效提高政府治理和服务水平，还可为区块链的广泛社会应用提供借鉴和范例。

责任编译：冀俊峰　　　编　审：王皓磊

区块链技术及应用
——电子政务发展的新疆域

一、区块链技术简介

(一) 基本概念

什么是区块链？目前还没有一个统一的定义。但已经有一些普遍认可的说法。从应用的角度看，区块链是以去中心化（Decentralization）、无须信任[1]（Trustless）的方式集体维护的一个分布式记账本，在这一体系之上实现安全可信的数据共享和交易。

从技术上来讲，工业和信息化部2016年发布的区块链白皮书将其定义为一种分布式数据存储、点对点传输、共识机制、加密算法等计算机技术在互联网时代的创新应用模式。区块链技术包括利用块链式数据结构来验证与存储数据，利用分布式节点共识算法来生成和更新数据，利用密码学的方式保证数据的不可篡改和不可伪造，利用由自动化脚本代码组成的智能合约来编程和操作数据。区块链是一种创新的分布式计算范式和基础架构。

---

[1] 表面上看，区块链系统无须信任，任何人都可以加入进去。但本质上区块链是一种去中心化的信任，即无须信任中央机构，信任是在交易过程中通过共识机制来保证。

（二）关键技术及主要特征

1. 关键技术

区块链是一种新的技术解决方案，可解决交易过程中的信任和安全问题。但它并非一项突然出现的全新技术，而是一系列现有技术的创新组合。按照百度百科的定义，区块链使用的关键性技术有：

第一，分布式记账本。交易记账由分布在不同地方的多个节点共同完成，而且每一个节点记录的都是完整的账目。因此，它们都可以参与监督交易的合法性，同时也可以共同为其作证。不同于传统的中心化记账方案，没有任何一个节点可以单独记录账目，从而避免了单一记账人被控制或者被贿赂而记假账的可能性。由于记账节点足够多，理论上讲，除非所有的节点被破坏，否则账目就不会丢失，从而保证了账目数据的安全性。

第二，加密和授权技术。区块链的基础安全技术是非对称加密技术，这包含两个密钥——公钥和私钥。首先，系统按照某种密钥生成算法，将输入（例如随机数）经过计算得出私钥，然后采用另一个算法根据私钥生成公钥（公钥的生成过程不可逆）。由于采用SHA256算法的密钥可以达到2256个，在现有的计算条件下难以通过公钥来穷举出私钥，因此可以认为密码学是安全的，从而能够保证区块链的数据安全。非对称加密技术在区块链中有两种用途，一是数据加密，二是数字签名。

第三，共识算法。就是通过算法促使所有记账节点之间达成共识，去认定一个记录的有效性，这既是认定的手段，也是防止篡改的手段。区块链提出了4种不同的共识算法，分别是工作量证明算法（Proof of Work，PoW）、权益证明算法（Proof of Stake，PoS）、股份授权证明算法（Delegate Proof of Stake，DPoS）以及验证池算法（Pool）。

第四，智能合约。智能合约是区块链2.0的关键技术，也可以说是一种应用。智能合约通常基于可信的、不可篡改的数据，以自动化的方式执行一些预先定义好的规则和条款。以保险为例,如果说每个人的信息(包括医疗信息和风险发生的信息)都是真实可信的,那就很容易地在一些标准化的保险产品中,以自动化的方式实现理赔。

2. 共识机制

区块链不仅是一种技术,还是一种信任机制和安全协议,而共识机制就是区块链系统中实现不同节点之间建立信任、交换价值、获取权益的数学算法。

在互联网世界中,信任问题传统上是由第三方的企业、银行机构及政府部门等大型中介机构解决的。人们在网络上利用这些大型中介机构的信任体系进行身份认证、银行转账、消费交易等。中介机构在运营平台、提供服务的同时,从交易中抽取一部分佣金作为其利润来源。与此相反,区块链使用的是一种基于规则的"机器信任"。在区块链社区的对等网络中,没有管理员之类的角色来对于人们的交易进行集权控制,而是使用共识机制对人们的交易行为进行验证确认,并在网络中直接对于价值信息进行传递。也就是说,在一个互不信任的网络中,区块链解决方案是让各个节点出于自身利益最大化的考虑,自动遵循某种规则进行交易记录的真实性验证,然后将经过判断后真实的交易记入区块链中。

不同的共识算法适用于不同的应用场景,在效率和安全性之间取得平衡。比如,比特币中使用的共识算法是 PoW 算法,网络中的节点需要通过一定工作量的计算得到随即哈希散列的数值解,才能通过节点竞争获取记账的权利(即所谓的"挖矿")。节点的计算机算力越强越容易得到记账权利及相应奖励。工作量证明只有在控制了全网超过 51% 的记账节点的情况下,才有可能伪造出一条不存在的记录。当加入区块链的节点足够多的时候,就基本上能够杜绝了造假的可能。但这种共识机制的局限是过度耗费计算机的计算资源。

在 PoW 的基础上改进而来的 PoS——权益证明机制,需要记账用户对于区块链中数字资产的所有权益的证明。相对而言，拥有数字资产越多，寻找随机数的速度就越快。因为拥有资产越多，也越不愿意蒙受损失。

3. 主要特征

尽管不同文章中对区块链的特点描述都不相同，但以下4个技术特点获得业界的普遍共识。

（1）去中心化（Decentralization）：区块链存储数据时使用的是P2P网络技术，是没有中心服务器、依靠用户群交换信息的互联网体系。由于不存在中心化的设备和管理机构，任一节点停止工作都会不影响系统整体的运作。图1右侧描述了中心化系统，左侧描述的是去中心化模式。

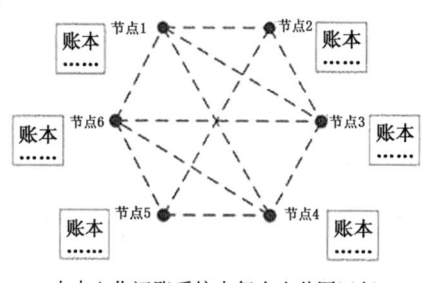
去中心化记账系统中每个人共同运行和检验，防止欺诈和人为操纵

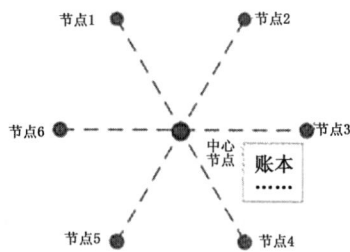
中心化记账系统需要通过一个中心化机构来管理账本、处理信息及资产流动

图1　中心化和去中心化模式

去中心化这一特征只在区块链的一种类型——公开区块链（Public Blockchain）中表现明显，这其中最典型的就是比特币，没有中央存储器，任何人都可以进行交易，并且任何一台电脑都可以记录交易。而在其他两种类型中，如联盟区块链（Consortium Blockchain）以及私人区块链（Private Blockchain），去中心化的特质虽然也有体现，但并不是绝对的。假设银行财团由10家银行组成，银行间使用的区块链系统，并不对所有公众开放，仅用于内部交易记录，该联盟区块链实际上形成了10个中心，是多中心，而不是去中心。而对于更小范围内的区块链系统，去中心化特征就更可能体现为多中心，或者是弱中心、分布式的。

实际上，完全没有中心就意味着缺乏主体推动试点和进行监管，消费者权益难以得到保护。因此，去中心化应理解为一种淡化中心、弱中心，区块链真正的核心职能是分布式账户。

（2）数据可靠性（不可篡改）：系统中每一个节点都拥有最新的完整数据库拷贝，但系统却是由其中所有具有维护功能的节点共同维护的，系统中所有人共同参与维护工作，这种模式又被称为集体维护（Collectively Maintain）。除非能够同时控制住系统中超过51%的节点（在互联网上，这几乎是不可能发生的），否则这些少数节点上对数据库的修改是无效的，因此区块链的数据可靠性很高，信息几乎是不可篡改的。

在一个彻底去中心化的区块链系统中，交易确实是难以篡改。但是在一个私有区块链中，由于并非彻底的去中心化，因此这种小范围的区块链系统中并非不存在修改交易的可能性。

（3）无须信任（Trustless）：系统中所有节点之间通过数字签名技术进行验证，无须信任也可以进行交易，只要按照系统既定的规则进行，节点之间不能也无法欺骗其他节点。也就是说，区块链可以被视为一个无须中心或中介机构的信任体系。

（4）公开透明（系统开源）：系统的开源保证账簿和商业规则可被所有人审阅。除了交易各方的私有信息被加密外，区块链的数据对所有人公开，任何人都可以通过公开接口查询区块链数据、开发相关应用。因此整个系统的信息和运作是公开透明的。

（5）匿名性（隐私保护）：节点之间的信息交换遵循固定的算法，其数据交互是无须信任的（区块链中的程序规则会自行判断活动是否有效），因此交易双方无须通过公开身份的方式让对方对自己产生信任，从而使得各个节点的隐私在一定程度上能够得到保护。

（6）自治性：区块链通常以协商一致的规范和协议，自动、安全地交换数据，整个系统中的所有节点不需要人为干预，这种规范一致的协议既包括支持系统运行的数学算法,也包括完成交易的智能合约。也就是说,在没有第三方监管的情况下,区块链应用基于机器之间的信任进行价值和信息的交易和转移,任何人为的干预都不起作用。

(三) 技术应用演变及类型

Melanie Swan 在其区块链专著中按照区块链的应用范围和发展阶段将其应用划分为三个主要类型:

(1) 区块链 1.0。主要是分布式记账簿,以支撑数字加密货币的应用,可实现转账、汇款和数字化支付等密码学货币相关应用。2009 年推出的比特币是区块链 1.0 的典型应用。

(2) 区块链 2.0。2014 年,业界开始将区块链应用到数字货币之外的金融领域。智能合约是其最主要应用技术,这是一种编码的、可自动运行的业务逻辑,应用范围包括股票、债券、期货、贷款、抵押、产权等资产的智能合约。以太坊、超级账本等是区块链 2.0 的典型应用。

(3) 区块链 3.0。通过超越数字货币、金融及经济等传统领域,区块链 3.0 致力于去中心化的社会公共项目,构建新的高效的活动组织模式和社会治理模式,从而更深刻地影响人们的生活。具体来说,区块链 3.0 的应用扩大到社会治理各个领域,包括政府服务、公共部门服务、物流供应链、医疗保健、签证、投票等,实现全球范围内日趋自动化的物理资源和人力资产的分配,促进政府、医疗、科学、文化、教育等领域的大规模协作。

根据应用场景和设计体系的不同,区块链有三种类型:公有链、联盟链和私有链。

1. 公有链:形式上去中心化

公有链就是任何人在任何时刻都可以读取或发送交易的相关信息。公有链是比特币所依据的典型区块链技术,比特币是目前公有链应用最成熟的领域。比特币之所以能迅速发展就是凭借这一技术，目前其市值已远远领先于其他数字货币，比特币也被称为"黑市交易中可信度最高的货币"。

自2008年中本聪在公布其邮件时就宣布，要借助区块链技术实现去中心化，致力于建立一个完全没有中心化机构，靠P2P网络实现价值传输。而现实情况是，以比特币为代表的公有链本质上也没有做到完全地去中心化。因为比特币的运行平台背后还是有人在制定规则，用人来维护、升级系统，所有的运行平台、运行规则还处处存有第三方的身影。除了比特币外，莱特币、瑞波币、以太币等其他数字货币使用的区块链技术也有中心机构在制定加密算法的规则，没有完全实现去中心化。

2. 联盟链：中心化特征明显

联盟链通常以有限的几个机构为节点，在这个相互联系的节点之间，节点成员通过一些系统方式实现信息共享、提高效率。在当今的发展过程中，借助区块链的安全、不可篡改的优势提高了信息传递的效率，让交易更加透明、成本更低，因此联盟链被看作是可快速发展的潜力领域。

目前，已有金融机构已经开始探索联盟链技术的运用，并且正在积极抢占联盟链应用的话语权。

联盟链提高了信息传递的效率，但它仅在几家机构内部共享，是在一定现有系统基础上、牺牲掉一部分去中心化的特性来提高运行效率的系统，联盟链本身就有中心化特征。

3. 私有链：具有天然的中心化基因

私有链通常应用于企业或组织内部。私有链的所有记账及确认权限仅由某个组织或机构所控制，私有链应用场景不对外开放，系统只在内部运行。从上述特点来看，私有链的用户数量通常并不多，系统存在中心化基因。也就是说，这一类型的区块链放弃了大部分的去中心化特征。因此，私有链的存在使得业界有颇多争议，极端的观点甚至认为私有链仅仅是一个分布式数据库，对于区块链来说，其存在并没有太多的意义。不过也有人认为,如果建立在共识机制基础上,私有链就有其存在价值。

(四) 当前主要的区块链平台

1. 比特币

比特币(BitCoin)最初由中本聪在 2009 年推出。根据中本聪的思路,比特币系统是被设计成为开源软件、建构在点对点(P2P)网络上的数字货币。因此,比特币是一种 P2P 传输方式构建一个去中心化的支付系统。

和法定货币相比,比特币没有一个集中的发行方。它是依据特定算法,通过大量的计算产生,比特币经济使用整个 P2P 网络中众多节点构成的分布式数据库来确认并记录所有的交易行为,并使用密码学的设计来确保货币流通各个环节的安全性。比特币在全世界流通,可以在任意一台接入互联网的电脑上买卖,不管身处何方,任何人都可以挖掘、购买、出售或收取比特币,并且在交易过程中外人无法辨认用户身份信息。比特币作为一种"电子货币",由计算机生成的一串串复杂代码组成,新比特币通过预设的程序制造,随着比特币总量的增加,新币制造的速度减慢,直到 2140 年达到 2100 万个的总量上限,被挖出的比特币总量已经超过 1200 万个。

很多人把区块链等同于比特币。实际上,比特币只是区块链的一种呈现方式,但区块链并不等同于比特币。区块链是比特币的底层技术和基础架构,而比特币是区块链的成功应用,但并不意味着区块链只能应用到比特币上。

2. 以太坊

随着网络技术的不断发展,区块链也从比特币中脱离开始在其他领域发挥重要作用。以太坊是一款利用区块链技术开源的底层系统,目的是实现智能合约。以太坊从 2014 年诞生到 2017 年 5 月的短短 3 年半时间里,全球已有 200 多个以太坊应用诞生。以太坊是一个平台和一种编程语言,使开发人员能够建立和发布下一代分布式应用。以太坊可以用来编程、分散、担保和交易任何事物，比如投票、域名、金融交易所、众筹、公司管理、合同和大部分的协议、知识产权，还可用于硬件集成的智能资产，即物联网。

以太坊是一个区块链应用平台，它提供了各种模块让用户来搭建基于区块链的应用。如果将搭建应用比作建造房子，那么以太坊就提供了墙面、屋顶、地板等模块，用户只需像搭积木一样把房子搭起来。因此，在以太坊上建立应用的成本和速度都大大改善。具体来说，以太坊通过一套图灵完备的脚本语言（Ethereum Virtual Machinecode，简称 EVM 语言）来建立应用。EVM 类似于汇编语言，但以太坊里的编程并不需要直接使用 EVM 语言编程，而是类似 C 语言、Python、Lisp 等高级语言，再通过编译器转化成 EVM 语言。

以太坊平台之上的应用就是智能合约，这是以太坊的核心。合约是一个活在以太坊系统里的自动代理人，他有一个自己的以太币地址，当用户向合约的地址里发送一笔交易后，该合约就被激活，然后根据交易中的额外信息，合约会运行自身的代码，最后返回一个结果，这个结果可能是从合约的地址发出另外一笔交易。需要指出的是，以太坊中的交易，不单只是发送以太币而已，它还可以嵌入相当多的额外信息。如果一笔交易是发送给合约的，那么这些信息就非常重要，因为合约将根据这些信息来完成自身的业务逻辑。

合约所提供的业务类型几乎是无穷无尽的，可以由用户自由搭建，比如储蓄账户、用户自定义子货币等。

3. **超级账簿项目**（hyperledger）

超级账簿是由 Linux 基金会主导推广的区块链开源项目。超级账簿项目汇集了金融、银行、物联网、供应链、制造等各界开发人员，目的是为了打造一个跨领域的区块链应用。目前全球已有 100 多家企业和众多开发人员投入到打造这一透明、公开、去中心化的项目中来。

作为区块链最重要的应用之一,市场已经将超级账簿项目当作开发未来金融市场市场所需要的交易网络、代币和去中心化的智能社区的重要手段。得益于它的内在特性,超级账簿项目将大大减少交易的成本和复杂度。

2016 年 3 月,在 Linux 协会的推动下,超级账本项目将正式把 Blockstream,Digital Asset Holdings(数字资产控股公司)以及科技巨头 IBM 这三个项目成员贡献的代码合并为一个新的代码库,形成一个新的企业级区块链的基础。这个代码集合被称为 Hyperledger Fabric。

(1)Fabric。在区块链中,基于 P2P 网络的分布式的记账系统通过一定的机制获得共识,并且在节点上执行"智能合约"。Fabric 致力在一个共识网络内,对指定资产的信息进行互换、维护和调阅。Fabric 的架构支持模块的插拔,例如,共识模块、会员模块等。它将进一步推广"智能和约"在容器技术中的应用,从而实现各种商业应用场景。

(2)Sawtooth Lake。在 Hyperledger Fabric 的基础上又衍生出了其他一些相关的项目。Sawtooth Lake 是 Intel 主导的区块链应用组件,目的在于实现区块链技术的多用途和可扩展性,以处理大型商业企业和组织的数字资产安全传输转账。Sawtooth Lake 架构将兼顾各类不同的需求。Sawtooth Lake 支持有许可和无须许可的不是方式,并引入了新的共识算法:Proof of Elapsed Time(PoET)。PoET 可以减少肌群达成共识所消耗的资源。交易逻辑的管理由 Transaction Families 负责,从共识管理层剥离。这样将大大减少交易逻辑的约束。

(3)Blockchain-Explorer。是为了便于超级账簿项目应用浏览/查询区块信息、交易相关信息、网络信息(名称、状态、关联节点)、智能合约信息(浏览、调用、布署、查询)和其他相关信息而设计的 Web 应用。它由 IBM 公司的 Dan Middletonmiais 和 Pardha Vishnumolakala 提出。

4. 多链（Multichain）

多链是另一个开源的区块链软件平台，任何人都可以在上面创建和部署私链（permission chain），由英国创业者 Gideon Greenspan 博士创建，多链是一个声称能够使任何人都可以创建私链（permission chain）的区块链平台。这一项目在 2016 年 2 月加入了微软的区块链即服务平台。隐私与控制的争议是比特币成为行业性金融机构的障碍，而用多链创建的私有链则克服了这个困难。

多链的特点包括：（1）各项参数可以完全自定义。多链是一种私链，交易和挖矿都要得到控制者的许可才能进行。（2）快速布署。两步就可以生成自己的区块链，三步就可以连接上其他区块链。（3）资产的原生支持。

多链是采用工作量证明（PoW）共识机制，通过对用户权限的综合管理解决了挖矿、隐私和公开性问题。多链提供了一种创新性的可信赖决策网络实体的方法来解决私有区块链的挖矿问题。该平台可将挖矿活动限制在一套可供验证的实体内，并且避免了单一方对挖矿过程的垄断。这种被称为"多样性挖矿"的方案通过限定给定窗口内同一矿工的区块数量来解决挖矿问题。"多样性挖矿"取消了工作量证明的重要性和本地加密货币的必要性，并且可使处理交易的矿工以随机轮转的方式认可交易。

二、数字货币及智能金融监管体系

（一）中央银行法定数字货币、数字票据及其标准

货币是所有基于价值交换的经济活动的通用媒介。比特币是被很多人追捧的虚拟数字货币。但目前各国对这类代币类虚拟货币的态度不一。有的国家如中国、韩国、泰国等，都禁止当前代币类虚拟货币的发行（ICO）

和交易，美国的态度是允许发行和交易，但严格监管。加拿大、德国、日本、白俄罗斯等国的态度积极。特别是日本对比特币及区块链应用非常热衷。不久前，日本内阁签署的《资金结算法修正案》，承认比特币的合法地位，日本金融监管机构已经批准了11家公司从事加密货币交易。白俄罗斯总统卢卡申科签署"数字经济发展条例"，承认数字货币的挖矿、智能合约等区块链相关业务在白俄罗斯的合法地位。

但根据经济及金融学理论，货币的本质是国家主权信用，国家还可以将货币发行作为宏观经济调控的手段，而比特币无法体现这一属性。因此，比特币等代币类数字货币在本质上并非真正的法定货币，而更像一种金融投资产品，其与黄金、白银等类似。目前，各国证券监管机构在斟酌能否对代币发行进行分类监管，即证券类代币（securities token）和效用类代币（utility token）。新加坡已经发布了分类监管的指引，仅将证券类代币纳入证券监管的目标。美国纽约联邦法官裁定美国商品期货交易委员会（Commodity Futures Trading Commission，CFTC）可以将比特币等加密货币作为大宗商品加以监管。美国证监会（Securities and Exchange Commission，SEC）的执法、交易与市场部门曾发布声明，称交易数字资产的平台提供交易的数字资产属于"证券"。

真正的法定数字货币也是采用区块链技术，但要由国家央行主导推进和发行。很多国家的央行已经开始研究国家发行法定数字货币的可行性。我国是较早开展这项工作，早在2014年，中国人民银行就成立发行数字货币的专门研究小组，专门对基于区块链的数字货币进行研究。2016年1月20日，央行专门组织了"数字货币研讨会"，邀请了业内的区块链技术专家就数字货币发行的总体框架、演进及国家加密货币等话题进行了研讨。随后发布对我国数字货币发行的战略性发展思路，并提出利用区块链相关技术打击金融犯罪活动。2016年12月，我国初步公开设计出由央行主导、在保持实物现金发行的同时，发行以加密算法为基础的数字货币，M_0（流通中的现金）的一部分由数字货币构成。为充分保障数字货币的安全性，发行者采用安全芯片作为保护密钥来保障安全。目前已经在南京试点运用区块链技术搭建冠字号码信息流通平台，投放法定数字货币。

法定数字货币与支付宝、微信支付有着本质不同。支付宝、微信支付等其实都是电子货币，并非是数字货币。电子货币都是基于电子账户实现的支付方式，本质上只是一种现有法定货币的信息化过程，还不是严格意义上的数字货币。上述应用更多的是基于中央银行提供的信任系统，中央银行在其中担任了支付结算、担保、提供信任等角色。这也说明数字货币并不必然采用去中心化。

法定数字货币跟比特币等相比，也有重大差别。比特币等数字货币都属于虚拟货币，与法定数字货币相比最根本的区别在于发行者的不同。央行的数字货币是由国家央行发行的法定主权货币，与现有的法定货币具有同等地位。

2018年2月，经济上陷入困境的委内瑞拉宣布将以该国的石油资产为担保，率先推出法定数字货币——石油币（Petro）。在石油币预售首日，该国筹集到了7.35亿美元资金。继委内瑞拉之后，伊朗和土耳其也考虑开发自己的加密数字货币。太平洋岛国马绍尔群岛最近宣布计划发行国家加密货币，被称为主权币（Sovereign，SOV）。但美国的态度目前较为谨慎。新任美联储主席杰罗姆·鲍威尔（Jerome Powell）已在此前表示，他"对由美联储来创造一种数字货币的想法持非常谨慎的立场"。

数字票据则借助区块链技术，实现点对点交易，可有效去除票据交易中心的角色。由于区块链具有不可篡改的时间戳和全网公开的特性，这就避免了纸质票据的"一票多卖"、电子/票据打款背书不同步的问题。同时，采用区块链的技术框架不需要中心服务器，可节省系统开发、接入及后期维护成本，减少了系统中心化带来的运营风险和操作风险，使数字票据成了一种更安全、更智能、更便捷的票据形态。

目前，国际区块链联盟 R3CEV 联合以太坊、微软共同研发了一套基于区块链技术的商业票据交易系统，高盛、摩根大通、瑞士联合银行、巴克莱银行等著名国际金融机构加入测试，对票据交易、票据签发、票据赎回等功能进行了公开测试。2015 年英国《经济学人》预言，基于区块链的技术基础设施将在未来会成为全球可信金融体系的基石。2017 年 2 月我国央行推动的基于区块链的数字票据交易平台也测试成功。

使用区块链推进法定数字货币实现的一个重要意义在于抢先制定国际标准。从国家战略层面上看，制定法定数字货币标准，包括制定"基本数据单元"的数据结构标准和"数据流转链条"的共识协议标准，其在金融领域的重要性类似于互联网领域的 TCP/IP 协议，或是在商业领域制定全球贸易协定标准。这种技术标准或商业规则的竞争攸关国家安全和根本利益。在法定数字货币成为全球通行货币形式的将来，掌握了法定数字货币发行、流通标准的国家，对于其他国家的金融格局会产生较大的影响，这是一种潜移默化的、深刻的全球化金融扩张的新途径。

（二）应用区块链改善金融体系安全监管

区块链的一个基本特征是"开放架构下的强安全机制"。虽然分布式账本比起普通的单一数据库更难入侵和篡改，但它的匿名性及共享性也同样加大了监管难度。如何通过监管确保分布式账本的安全是一个重要问题。

由于区块链的独特特性，利用区块链技术对金融体系的风险进行监管需要创新理念。与传统的基于密码学的"防御性"安全技术不同，区块链并非把需要保护的敏感数据集中在"云端"，然后试图构造一道抵御外部入侵的"防御长城"。从近年来发生的种种安全事件中不难发现，哪怕是再牢固的"城墙"，由于"目标"（数据）被集中化地存储在某个固定位置（如服务器），黑客总是可能通过不断尝试而找到某个安全漏洞，因此

"破墙而入"都只是时间问题。相比较而言,基于区块链的安全基础架构是一种全局性的开放安全模式,区块链中的数据被"集体共管共存",存储的位置随时变动;只有真实有效的数据才会被接入链条中,而伪造的数据将会被系统自动丢弃。

对于安全和金融监管来说,基于区块链的安全基础架构允许有一定风险,但仅限于局部,且始终不能突破扩散到全局。正是由于这个特性,区块链最先被金融行业所发现并重视,因为金融业对于安全最为敏感,但传统的安全架构难以很好地处理金融创新与金融安全的关系。同样,对于金融监管而言,传统的监管方式试图采用各种手段消除金融风险,属于一种被动的防御性机制,而基于区块链的金融监管基础架构,使监管者可以设置一种开放式的"容错"架构和机制。

这一开放式"容错"架构和机制要求众多的参与者在设定架构下进行活动且互相监督和制约,即使少数参与者不遵守"游戏规则",基于全局性的共识机制会使多数参与者立即发现这种情况并自动进行举报、纠正和惩罚。这种新型的监管模式是一种开放式的、主动的全局性强监管,监管者的作用在于设计一个基于"纳什均衡"的博弈场,使被监管者必须遵守全局性的博弈规则(共识),否则就自动出局。在运行的过程中,监管者可以主动推进博弈机制的不断迭代和改进。

2017年金融区块链合作联盟(深圳)发布的《金融区块链底层平台FISCO BCOS 白皮书》认为,区块链为金融监管机构提供了一致且易于审计的数据,通过对机构间区块链的数据分析,能够比传统审计流程更快更精确地监管金融业务。例如,在反洗钱场景中,每个账号的余额和交易记录都是可跟踪追溯的,任意一笔交易的任何一个环节都不会脱离监管视线,这将极大提高反洗钱的力度。由于区块链能增加交易的透明度和效率,用区块链储存账户和支付信息可以增强数据质量,减少在反洗钱犯罪监控中被错误划归"可疑"交易的数量。为此,全球每年节约成本30亿~50亿美元。

基于区块链的数字身份可以作为实现数字普惠金融的基础性协议。普惠金融的"痛点"在于用户触及成本高且风险控制难度大,目前利用数字技术(例如大数据)实现的"数字普惠金融",还只能局限于某个组织的生态系统之内(例如某金融服务公司)的某些场景中的应用(例如移动支付),而真正的跨组织、跨区域之间的数字普惠金融架构和合作还未能实现。其根本原因在于,跨组织、跨区域之间的数据,尤其是涉及国家安全和经济民生的敏感数据,无法通过传统方法被安全共享。

区块链作为一种"开放架构下的强安全机制",借助于建立在其两大核心模块"基本数据单元"和"数据链条"之上的数字身份,可尝试将数字普惠金融所覆盖的用户身份信息、历史活动记录,以及其他和身份有关的属性信息,安全地流转于跨越国家和地域的机构和个人之间,从而实现敏感数据的开放式安全共享。

(三)智能金融交易

金融资产交易是相关方基于一定交易规则达成合约。可编程金融代码能充分表达这些业务合约的逻辑,智能合约让资产所有者无须通过各种中介机构就能直接发起交易,进一步优化并升级了金融领域运作模式。构建超越现有价值工具的智慧金融系统将不再流于概念。

2015年,在美国证监会(SEC)的监管允许下,纳斯达克成为区块链业务的先行者,推出了基于区块链的交易平台Linq。该平台使用区块链技术实现数字资产交易,并可以作为私人股权管理工具。股份发行人在登陆Linq后可以看到一个管理控制台来显示股票期权比例,每一轮投资以后已发行股票的价格以及估值。纳斯达克认为,Linq已完全有能力完成并记录私人股票发行。开发区块链技术的创业公司Chain在一份证明文件中记录了私人投资者可使用纳斯达克的区块链技术来进行股票交易。

2016年，纳斯达克宣布在爱沙尼亚的e-Residency平台使用区块链电子投票服务系统。在纳斯达克的塔林证券交易所挂牌上市的公司股东可以利用此平台在股东大会上进行投票。塔林证券交易所是爱沙尼亚唯一一家官方认证的证券市场。该公告标志着这是公司继Nasdaq Linq之后推出第二个正式的区块链项目。

让股东能够更加便捷且安全地参与公司会议和投票并不仅仅只是一个简单的便捷、安全问题，参与会议和进行投票仅仅只是公司股东参与到企业管理和企业发展的初级形式。通过提高电子投票的便捷及安全性，区块链投票系统将能够授予股东更多权力并提高他们的参与程度。

三、政务服务创新应用

由于技术局限性，传统政务及公共服务系统有一些难以避免的缺点和不足，其中可通过区块链技术解决的主要有以下几个方面：一是难以避免人为篡改。传统的电子政务系统多采用服务器的架构，外部或内部因素都可能对已有数据进行篡改。二是数据库不统一。每个部门采用独立的数据库，部门系统之间接口标准不一，信息系统的整合难度大，无法为宏观决策部门提供个人或法人实体的社会、经济、商业等完整数据。三是缺乏多层级的法律法规权限。在传统的电子政务信息系统中，每个部门均由该部门或上级部门按照相应政策标准进行定制化的建设，但各部门之间的电子政务系统有可能在法律法规的执行上产生冲突，缺乏在数字信息层面上的统一协调，导致无法部门之间执行事务的法理相冲突。

当前，世界各国政府都在推进从"管理"到"治理"的改革。在这一过程中，区块链可提供一种让公民积极参与到社会治理中的新途径。通过区块链，政府可构建一种"服务—治理"的新型关系，这将从根本上改变政府的运行方式。区块链在政务及公共服务领域的应用主要包括创新身份认证机制，利用记录保全实现鉴证确权、数据共享开放，以及智能合约及法律执行机制等几个方面。

（一）基于区块链的身份认证

身份认证将特定参与者与特定行动联系在一起。户籍及身份管理是公共管理重要的一环，在工作和生活中经常需要用到身份证、护照等证件，证件丢失、冒用、伪造等为公共管理带来诸多麻烦。在网络时代，还有多重身份或者身份碎片化造成的重复登录，以及隐私泄露等一系列问题。将区块链引入到身份认证机制中，很多问题将迎刃而解。

建立一个数字化且分布式的个体身份信息，由于它基于共识机制，要想破坏个人身份信息将很难做到。此外，基于区块链的身份信息验证也不再由中介机构（政府机构或公司等）单方面确定，而需要参与方多方验证，区块链身份ID不可改变、移除、编辑、伪造。因此，通过基于区块链技术的身份识别将会使我们无须再通过各种复杂的手段来证明"我是谁，来自哪里"，也无须到政府机构中办事的时候跑断腿开各种证明。每个人的身份信息都会存储在政府区块链中，其中包括我们的一些基本信息和生物信息，还有一些需要特殊权限才能查阅的私密信息。

ShoCard项目是一个将实体身份证件的数据指纹保存在区块链上的服务。用户用手机扫描自己的身份证件，ShoCard会把证件信息加密后保存在用户本地，把数据指纹保存到区块链。区块链上的数据指纹受一个私钥控制，只有持有私钥的用户自己才有权修改，ShoCard也无权修改。同时，为了防范用户盗用他人身份证件扫描上传，ShoCard还允许银行等机构对用户的身份进行背书，确保真实性。Everledger则通过把一些显著特性"系在"区块链数据上，提供一种无可辩驳的身份证明，以保护保护珍贵物品。

OneName项目则提供了另一种身份服务。任何比特币的用户都可以把自己的比特币地址和自己的姓名、Twitter、Facebook 等账号绑定起来。相当于为每个社交账户提供了一个公开的比特币地址和进行数字签名的能力。Bitnation 项目则允许用户在其官网上通过区块链登记成为 Bitnation 的"公民",并获得 Bitnation "世界公民身份证"。然后凭此身份,可获得 Bitnation 认可的各种公民服务。

爱沙尼亚率先利用区块链发展政务科技(Govtech),将其网络安全基础架构(KSI)建立在区块链上,以无钥签名方式验证任何线上活动,不需要系统管理者、密钥或管理机构。爱沙尼亚几乎所有的公共服务都是数字化的,而公共服务间则利用区块链技术,让各个部门实现了数据的互通。

例如,爱沙尼亚将区块链应用到公共公证(基于已经运行的电子居留系统)和医疗记录流转等领域。从 2000 年前后,爱沙尼亚就大力发展数字身份认证。2014 年 10 月,爱沙尼亚政府宣布向全世界开放"电子公民"身份认证服务,任何人只需要在其政府官网填写简单的信息,并用信用卡缴纳 50 欧元的申请费即可成为爱沙尼亚的电子公民。2015 年,Bitnation 和爱沙尼亚签署一份协议,旨在共同经营一个去中心化的身份认证管理项目 e-Residents,为难民提供区块链身份和比特币借记卡。从 2015 年 12 月 1 日开始,区块链公证将服务所有 e-居民,无论他们身居何处、何处做生意,都可享受通过区块链提供的结婚证明、出生证明、商务合同和其他服务。

2016 年 7 月,IBM 公司与法国国民互助信贷银行(Crédit Mutuel Arkéa)合作完成了一个区块链项目的概念验证。该项目通过在分布式网络上记录了所有的客户资料,旨在创建一个基于区块链技术的身份认证体系。这个项目的概念验证阶段采用了超级账本(Hyperledger)的区块链框架,引导客户向第三方(比如本地公共部门或零售商)提供身份证明。据 IBM 声称,这个概念验证的成功同时也说明了区块链技术在非金融领域也是有其用武之地的。

根《日经新闻》报道，日本金融服务管理局（Japan Financial Services Agency，FSA）正在开发一种由区块链推动的通用身份认证平台，这一平台允许银行客户注册一个"共享 ID"，其所保存的个人信息和数据将会被记录和安全存储在一个由 FSA 和金融机构共同开发的不可更改的共享区块链上。通过这一 ID 不同银行和金融机构可即时共享用户个人信息。这个共享 ID 免除了用户在新的金融机构申请银行服务时需要重新输入个人信息。

（二）基于区块链的鉴证确权

传统的政务机制与公证机制依赖政府的维护，而有限的数据维度、缺乏历史数据信息链等问题导致政府、公共部门无法获得完整有效的信息。学历造假、政绩造假、政务信息造假等现象普遍，利用区块链可以建立不可篡改的数字化证明，在数字版权、知识产权、证书以及公证领域都可以建立全新的认证机制，全面规范公共管理。

1. 权属管理

通过密码学、共识算法和分布式账簿技术，人们可以共同维护一个完整的、不可篡改的分布式账本，它创造了一种基于技术的社会信任体系，让在没有权威中介机构的统筹下，实现产权、版权等所有权的管理和追踪，促进不同主体间实现信息和价值互换，其中包括汽车、房屋、艺术品等各种贵重物品的交易等，也包括数字出版物，以及可以标记的数字资源。

据 2015 年 10 月的《经济学人》报道，洪都拉斯的 Mariana C. Izaguirre 女士在她的房子里已经居住了 30 年，但在 2009 年，她突然遭到法院传讯，结果警察将她赶出房子，并将她的房子拆毁。这是因为该国国家产权局的记录显示，另一个人也登记了这个房子，那人说服法官下达了驱逐令。她其实拥有所居住房子的土地凭证，虽然法院最后终于弄清楚房屋的真正所有者就是 Izaguirre 女士，但为时已晚。这类事件并不罕见，几乎每天都在世界的许多地方发生。究其原因，主要是土地登记处的信息记录管理不善甚至腐败。财产权缺乏保障是不安全和不公平的来源，这也使得很难使用房子或一块土地作为抵押、投资和创业的资本。

权属管理领域存在几个关键问题需要解决：一是如何对所有权进行确认和管理；二是如何保障权属交易的安全性和可靠性；三是如何保护用户必要的隐私。其中，重要数据文件的原始性即保证其不被篡改，一直以来都是权属管理工作的重点。美国一些高级情报官员最近公开表示对未来的担心，认为将来黑客不仅会窃取政府数据，还会通过对数据的操纵来削弱人们对政府的信任和政府的决策能力。

基于区块链技术的分布式账簿特性有助于实现权公证文件等信息不可篡改。区块链创业公司 Factom 尝试利用区块链技术来政府及公共部门的数据管理和记录方式，包括审计系统、财产契据、医疗信息记录、供应链管理、投票系统、法律应用、金融系统等，这些需要确权的数据指纹被存放到基于区块链的分布式账本中，这样就可以提供资产所有权的追溯服务。目前 Factom 与洪都拉斯政府进行合作，推进该国土地所有权登记。图 2 说明了区块链登记注册权属的工作流程示例。

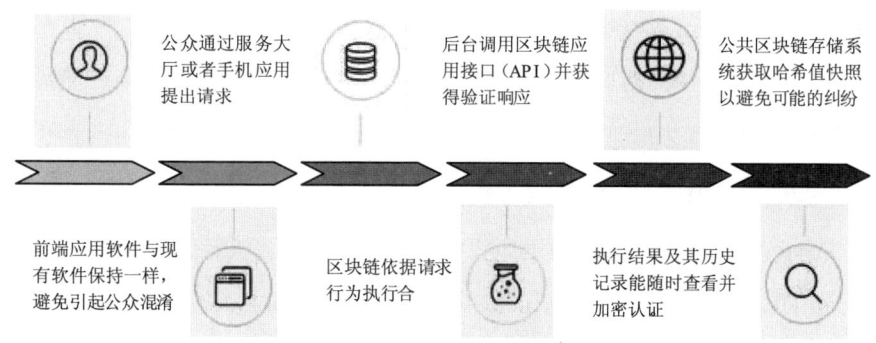

图 2　区块链登记注册工作流程

格鲁吉亚公共登记处（NAPR）与区块链公司 BitFury 密切合作，通过委托 BitFur 使用区块链技术解决本国在土地所有权方面的问题。格鲁吉亚政府将土地注册移到了区块链上，顺利处理了 16 万份的土地注册信息，而这些区块链的应用都才刚刚开始。

Stampery 公司是美国一家利用区块链代替公证人职能的创业公司。公司致力于为用户敏感文件提供具有法律约束力的证明。他们用区块链证明任何文件的存在、完整性和所有权。世界上的任何人都可以免费自动证明某个文件是在何时创建的，且是否曾改动过。使用 Stampery 的理由，与为文件做公证的理由一样。它能很好地保护知识产权，证明遗嘱、宣誓、合同、家庭纠纷中的通信等的有效性。相比作文件公证，Stampery 的优势在于你不必带着纸质文件亲自去公证人那里，能节省不少时间。

区块链的信息可追溯性、不可篡改性还可用于打击造假和防范欺诈。Ever-ledger 自 2016 年起研究基于区块链技术实现贵重资产检测的系统，将钻石或艺术品等权属信息记录在区块链上，实现对钻石或艺术品的权属保护。2017 年 Everledge 与 IBM 合作，打造一个基于区块链的全球性钻石交易市场，实现生产商、加工商、运送方、零售商等多方之间的可信高效协作。到 2017 年年底，已经加密保护了 100 万颗钻石。目前，Everledger 已经成为钻石防伪行业的领导者。该公司还围绕钻石产业形成多种商业模式，2017 年年底，Everledger 进入了葡萄酒行业，打造了一个叫作 Chai Wine Vault 的葡萄酒防伪和打假系统，通过高分辨率照片、酒庄、储藏记录等 90 多个维度来验证每一瓶葡萄酒。

阿联酋于 2016 年 10 月发布政令，实施"迪拜区块链战略"（Dubai Blockchain Strategy），其目的是 2020 年开始完全在区块链上记录和处理交易及文件。迪拜土地局（Dubai Land Department，DLD）在 2017 年创建了基于区块链的安全智能数据库系统，记录所有房地产合同以及租赁登记，并将其连接到迪拜水电部（Dubai Electricity & water Authority，DEWA）、地产账务系统、电信系统。基于区块链的房地产平台整合了租户个人信息数据库，包括阿联酋身份证（Emirates Identity Cards）和居民有效签证，允许租户进行电子支付，不需要写支票或者打印文件。整个流程完全实现电子化，在全球任何地方任何时间几分钟就可以完成，不再需要去政府机构办理。

日本政府也积极利用区块链管理产权，目前已着手基于区块链的房产登记系统，预计 2023 年建立起统一管理城市、农田和森林的所有房地产和土地产权登记的单一区块链账本系统，包括大约 2.3 亿个地段和 5000 万栋建筑，能提供详细信息和房地产出售价格。这个项目预计 2018 年会在选中的城市开始测试。

2. 版权保护

传统版权保护领域存在的问题有：一是版权登记和确权难。传统版权登记管理采用中心化的保存和认证，需要到中心化机构或平台提交材料，手续烦琐，提交材料到公证处公证，最后版权信息由版权局通过、储存并发证书，这样漫长的过程与确权的紧迫性是矛盾的。特别是在互联网时代下，无论是文字作品还是图片、音乐、视频、游戏，优秀的原创作品数量巨大，且传播速度惊人。传统的版权保护方式既不符合庞大的原创版权登记的习惯和特点，与互联网时代的发展速度不匹配。二是侵权容易、维权难。数字时代的快捷性、作品的易复制性让互联网版权管理日益困难，剽窃侵权的成本大大降低，这对著作权人和整个版权行业都造成了巨大损失。三是版权作品交易不便。市场上足够大型的版权交易平台数量少，而著作权人对于版权交易平台的信任度也不够。还有市场信息的不对等，造成了著作权人的作品无法及时变现，购买者也无法及时购得优秀作品，不利于智力成果的价值变现。

从理论上来讲，由于区块链去中心化和不可篡改的特点，无论是什么形式的版权作品，都不再需要各式各样的认证资料来证明其原创性，而是直接用区块链上的作品即可证明，并直接由全网监督。也就是说，不再需要第三方对作品的原创性进行认证、监督和管理，免去了传统认证机构需要的烦琐流程，大大节约了管理和使用成本。区块链技术对大型公司和个人一视同仁，每个人都能运用区块链全网进行登记确权，这也适应了新媒体时代个人原创者大量产生的趋势。

一方面，区块链技术能在版权登记、确权、维权方面创造新的保护体系。区块链上维护的任何原创作品的登记信息都是独一无二的，无论是作品的内容信息还是创作时间都会有唯一的印记。这为版权作品的确权提供了最优解决方案。再加上区块链每一个节点上都有登记作品信息的副本，既保障作品完整性又易于追踪。因此，无论任何一个节点被侵入或者被破坏都不会影响其他部分的运作，并能实现实时监测。这样，不仅版权侵权行为成本会大大提高，而且监测侵权更及时。

美国纽约的一家创业公司 Mine Labs，开发了一个基于区块链的元数据协议，这个名为 Mediachain 的系统利用 IPFS（Interplanetary File System）文件系统，实现数字作品（目前主要是面向数字图片）的版权保护。Mediachain 系统已经为超过 200 万张原创图片创建元数据记录，其用户包括纽约现代艺术博物馆、美国数字公共图书馆和欧洲数字图书馆。中国西安的一家创业公司纸贵版权（http://ziggurat.cn），同样开发了一个基于区块链的版权认证、确权系统"版权钢印"，可实现对版权作品的保护与实时监控。

另一方面，区块链技术还有助于建立公平的版权市场，为版权交易提供更安全、便捷的通道。由于区块链登记成本低、独一无二、不可变更，版权作品的交易则不需要第三方平台，并可解决版权市场信息不对等和差价问题，任何一个著作权人都可以通过特定算法将自己的作品加密转化为一种能方便识别的形式，比如二维码，而版权购买者只需要在区块链的任何一个节点上扫码，就能看到作品的内容，而且是无任何虚假信息与链接的。这一过程还可以由智能合约方式完成。让著作权人直接交易作品给需要购买的人,也就可实现瓜子二手车广告中所说的"无中间商赚差价",版权交易更公正更快捷,变现更容易。

(三) 区块链驱动的政府数据开放及共享

1. 区块链与透明政府

透明政府不仅为公众舆论提供了监督权力的机会,同时也将转变政府工作理念。透明政府建设不仅涉及政府部门之间的信息共享及业务协同,同时也牵涉到政府部门向社会开放数据和提供全过程监督的行政审批及公共服务。在以政府为中心的国家治理体系中,双边或多边交互行为依靠政府部门充当"信任中介"组织进行协调。在区块链技术的众多优点中,去中心化是最吸引人的特点。通过在不同利益相关者之间构建一个点对点的去中心化"自组织"网络,将有助于达成公民之间、公民与政府之间良好的合作模式,推动政府治理和公共模式创新。对于财政赋权、社会运作等领域,区块链都将颠覆传统管理模式。

基于去中心化"自组织"网络的透明政府的优势在于可有效降低社会信任成本,预防腐败。以政府预算制度为例,政府预算及预算执行情况信息是必须公布的信息之一。通过区块链技术,社会公众可追溯每笔预算的使用情况,并确保所有信息都是可靠的、未被篡改的。同时,一旦出现问题,方便追责,提升人民对政府信息的信任程度。例如,政府招标采购历来是腐败的重发区,这其中一个原因是,政府招标中,主管官员的作用过于巨大,即企业为获得政府订单,不得不保持与主管官员的良好关系,以获得对其的偏好。而区块链可以通过智能合约提升这一过程的自动化水平。在政府招标过程中,可以运用区块链上创建的智能合约,取代部分官员的决策作用,一方面,让招标结果通过招标决策程序直接在区块链上实现。另一方面,信息在区块链上发布实际产生了公示效果。因此,智能招投标将对结果产生争议较少,并且招标时间也将缩短。

联合国成立以来，来自193个成员国的会费不断增加。随着可支配资金成倍叠加，以及机构授权的重叠，如何证明这些资金使用到位成为一个难题。前UNOPS治安部主管Yamamoto通过一个故事证明当前系统的低效性：喀布尔（阿富汗首都）一家医院向多个联合国部门申请1台发电机，最后收到了5台。还有，与受助者身份信息绑定的联合国救助物资通常都被部落领导者强制征收，当成货币来交易。这类问题在联合国实施的援助项目中非常普遍，第8任联合国秘书长潘基文曾表示，腐败问题的猖獗已经导致30%的援助物资无法送达最终目的地。据全球政策论坛（负责监控联合国政策制定）提供的数据，联合国在2012年为相关损失垫付了1220亿美元。

2017年以来，联合国项目服务办公室（United Nations Office for Project Services，UNOPS）实施一项改革风暴，研究探索联合国各部门如何在区块链上实行真正的信息公开透明。目前，UNOPS已经组织了一个专门致力于区块链技术的跨机构工作组，包括联合国粮食计划署（World Food Programme，WFP）、联合国开发计划署（United Nations Development Programme，UNDP）、联合国难民署（United Nations High Commissioner for Refugees，UNHCR）和联合国发展集团（United Nations Development Group，UNDG）。联合国通过把援助资金转移到区块链上来记录资金去向和分配情况，将能够减少内部纠纷和浪费、提高资源分配效率，还能更好地向捐赠者证明资金去向。这样一来，捐赠者也会更愿意出钱，甚至吸引到一些个人捐赠者。WFP现在利用加密货币，如以太坊，向贫困地区发放救助，试点测试将会覆盖10000名救助接受对象，这一数字预计到2018年将会增长到500000名。

2. 区块链促进数据的共享开放

数据共享是网络时代实现"数据协作"的基础，但这也是多年很难解决的老问题。人人都在谈论共享数据，但都是希望其他人将数据共享出来，而不愿意将自己的数据共享出去。即使在一些不对等合作场景下不得不共享数据时，某些机构会有意或无意地提供一些低质量的数据。当数据质量得不到保障时，再好的数据模型，也无法得出正确的结果。正所谓"进去的是垃圾，出来的也是垃圾"。无法使用的数据，甚至还不如没有数据。

区块链以去中心化、集体维护共享数字化记账簿、可靠的开放信任环境等特性，使其天然地适用于信息系统数据的共享开放。这种模式将整个共享体系中的信用变成可传导、可追溯的体系，这样就不必再反复进行不必要的确认，极大地提高了资产的流转效率。不必担心由于技术或安全问题导致的业务流程变更，不必再做应急系统，这样成本就会显著降低。这是区块链实现数据共享的主要价值和优势之一。

当"你所说的每句话都可能作为呈堂证供"时，大家就会很谨慎地对待每一次回答，尽可能说出真实的结果。区块链作为信任连接器，它不需要机构将数据真正共享出来，只要把数据协作的过程，包括数据请求、数据提供、数据评价等过程信息记录在区块链上，共享数据即可逻辑化地连接到区块链上。每个参与方在协作交易中都通过这个去中性化的公共记账簿进行交互，保证每一笔发生的交易一定被可靠地记录下来，同时监管机构也可以参与到共享协作过程中。整个过程都是透明的，且不可篡改、永久可追溯。由此可逐步建立起一个公开透明的数据质量保证体系，从而让数据提供方的数据结果日趋真实、可信。另外，区块链的匿名特性有利于隐私保护。

传统数据共享模式的另一软肋是共享激励机制的不足。在基于区块链数据共享系统中，可借助虚拟货币和端到端直接交换实现信息共享，以及共享过程中的直接价值传递，即通过设计一个博弈场来实现的一种良性竞争激励机制——遵守规则的参与者将获得利益，而破坏规则将会受到制裁出局。这特别适宜于多部门共建型的信息共享系统。

基于区块链的数据共享的关键是去中心。由于系统中不存在明确的服务中心，每个参与者都能平等地发布信息，平等地获取信息，信息资源能够直接交换传输，并被自动配置到每个完全节点而非特定的服务中心，没有单点故障。并且当受到攻击后，只要尚有一个完全节点，整个系统的全部信息就能恢复并重新正常运转。因此，这种数据共享模式的可靠性很高，能有效抵御病毒和各种网络攻击。这些特性都明显优于基于云或基于Web的信息共享系统。

区块链技术的安全防护策略也是基于其去中心化架构，这与传统的C/S（客户端/服务器）架构有根本性的区别。在传统的C/S架构下，黑客可以窃取身份信息，并通过对中心化数据库的攻击及单点故障引发其他安全威胁，或者篡改数据或诱导粗心的用户落入安全陷阱。区块链技术中的数据存储及共享数据的模式与当前的安全策略截然不同。区块链在信息安全方面的优势主要在于以下三个方面：

（1）去中心化获得的高冗余数据库可保障信息的数据完整性。

（2）利用密码学的相关原理进行数据验证，保证不可篡改，其数据安全防护水平不低于电子签名的文件。

（3）在区块链数据共享的生态系统中，所有操作或交易均由政府部门的执行密钥进行签名。在权限管理方面，运用了多私钥规则进行访问权限控制。通过对敏感信息的脱敏处理和访问权限（读取、记录和添加）的设定，区块链可以对数据的共享授权进行精细化规范管控，最终将促进数据的交易与增值流通。这些技术手段的综合使用，能有效地防范安全攻击和风险威胁。

当然，基于区块链的信息资源共享也有一些局限性和不足之处：

（1）区块链受制于区块1MB大小限制，区块中可用的存储空间有限，不仅限制了区块中可容纳的交易数量，而且难以存储大粒度数据记录，也不能满足信息资源共享对存储结构的多变要求。

（2）由于区块链网络本身运行机制的制约，区块链信息资源共享系统支持的交易速度相对较低，特别是公有链的实际交易速度远低于当前主流的有中心系统的实际交易速度，也低于联盟链和私有链的实际交易速度，适用于低频次交易场合。这在大规模的信息资源共享环境中易形成瓶颈。

（3）由于区块链的不可更改特性，记录在区块链区块中的数据、信息可以查看，但无法更改，不能删除，也难以屏蔽，即便信息被证明是错误的和非法的。这给信息资源的监督和管理带来了巨大挑战。

当前对基于区块链的数据开放共享的研究还不多。美国麻省理工学院（MIT）教授桑迪·彭特兰（Sandy Pentland）领导的连接科学研究中心（MIT Connection Science）通过开发一种新的身份框架，以便在各机构之间安全地共享数据。与复制或移动数据不同，协议的查询被发送到拥有数据的机构，在数据所有者的防火墙后面执行，并且只有加密后的结果才被共享。连接科学研究中心其 OPAL 项目中正在实施这样的身份框架，它广泛使用了加密技术和区块链技术。

（四）智能合约和智能法律执行

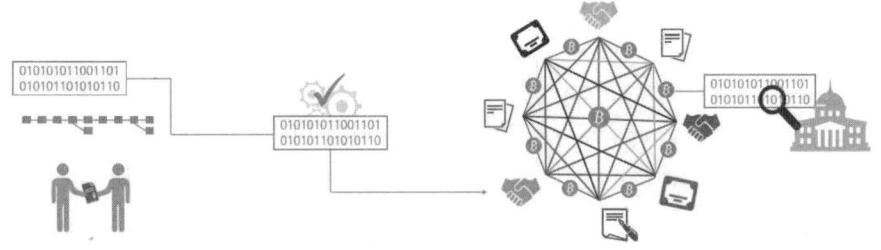

1. 合约签署，存到区块链； 2. 合约到期触发执行； 3. 监管机构了解、管理市场并确保隐私。

图3 智能合约执行机制

智能合约是代码和数据的集合，寄存于区块链的具体地址可被视为在区块链中的自动化代理。智能合约有自己的账户，在时间或事件的驱动下能自动执行一些功能。智能合约在以太坊中是特定的字节码，被叫作 EVM

字节码。图 3 描述了基于比特币的智能合约的工作方式，通过在区块链上写入类似 if-then 语句的程序，使得当预先编好的条件被触发时，程序自动触发支付，以及执行合约中的其他条款。

Code（合约）这个英语单词既有"代码"的意思，也有"法典"的意思，这暗示了智能合约的功能和意义。下面是从技术角度，说明区块链的运作机制及特点：

（1）多方之间的定期交付合同被以代码的形式写入区块链。其中的个体是匿名的，但合同记录在公共账本中。

（2）当扳机事件触发时，比如到期、执行价格达到，合约按照编程的条款自动执行。

（3）监管者可通过该区块链了解市场上的活动，同时维护个体成员的隐私。

智能合约核心就是利用程序算法替代人执行合同，从这个概念上理解合约的执行可以类比"支付宝"。当买家和卖家在淘宝网达成了某笔交易，钱货两讫将按照支付宝程序执行，买卖双方更多是配合程序执行的贯彻。因此，智能合约的前提就必须是签订的交易在执行前不能被篡改。区块链因此成为智能合约在去中心环境下的天然基石，该机制就像一个没有中介机构的"支付宝"，并能保证在合约执行程序之前得到"原汁原味"的合约。

比特币勒索病毒就是区块链智能合约的一个典型事例。给黑客指定的地址打比特币，程序自动扫描区块链，符合条件自动解密，这是标准的智能合约。相比整天鼓吹区块链智能合约的以太坊，比特币勒索病毒是真正意义上的区块链智能合约。

智能合约是未来政务链生态系统中的特别功能，它可以在推进高效政府和法律执行机制方面发挥重要作用。

1. 智能合约推进高效政府

智能合约可用来改善政府服务，推进高效政府。当前，人们对政府最大的不满之一就是其效率低下，浪费资源。而区块链恰恰可以解决系统效率低下和资源浪费问题。

一方面，企业对于政府合约有大量需求，而区块链提供了一种方法，让政府能够迅速、轻松地确定谁能够按时、按预算履行合同。

另一方面，区块链也有助于消除增加公共服务复杂性的中间商。在传统服务模式下，如果你想卖自己的车，那么就必须到车辆管理局（DMV）转移所有权。购买土地、开办企业甚至纳税都需要政府指定中间商来验证交易。而在基于区块链模式下，这些活动将通过智能合约自动执行，因而不再需要第三方验证，各方都可以访问交易记录和合约。这样，人们就可以使用手机上的 App 直接卖车，而不用去车辆管理局完成交易。

2. 智能法律执行机制

很多国家都通过立法机构制定了完善的法律法规，但政府作为执行部门并不能永远确保这些法律法规得到了遵守和执行，特别是对于环境法规。2017 年 6 月，7 名中国公民因伪造数据和篡改空气质量监测系统而被监禁。中国很多地方的空气质量都非常不好，世界上很多其他地区也都存在严重的空气质量问题，但是正在大力打击污染空气的行为——伪造监测数据现在和真正污染空气同样严重。

区块链可以在法律执行机制方面发挥重要作用。假如这些信息在收集后立即自动存储在区块链中，对所有人公开，那么将会出现什么情况呢？目前在监狱里的那些人甚至没有机会伪造数据。不可篡改的透明数据正是确保法律法规得到遵守所需要的工具。

但是，那些伪造数据的人要是把面纱塞入传感器，妨碍其记录正确的污染物数量，这时区块链也无能为力。所以区块链技术不能阻止所有决心要实施不法行为的人，但可以阻止大部分。

根据现行法律，一个人去世后，其遗嘱需要由法院来执行，而基于智能合约的遗嘱则可由计算机自动执行。智能合约签署后，添加到区块链中，一旦当事人的讣告发布到网上，计算机就会依照其此前的遗嘱合约，对其财产做自动分配：房子和汽车等财产的产权做成数字证书放在区块链上，并分发到法定继承人账号。继承人可凭借产权数字证书获取到相应财产，甚至房子和汽车的门锁都可以设定一个哈希值，与数字产权证书发生关联，通过产权证书甚至可直接打开房子和车子。如果发现该房屋或汽车中还有人没搬出去，再诉诸法律强制执行。在采取区块链技术后，绝大多数智能合约可自动执行，只有很少的比如1%的合约会发生纠纷，需借助法律强制手段执行，这样就大幅降低了社会交易成本。

对于政府来说，采取更高效且更透明的治理形式就够了吗？这个问题并不是这么简单，国家治理是一个复杂的过程，很难通过某一种技术手段就能一劳永逸解决，技术只是改善国家治理的手段之一，确实在将制度、机制流程化、程序化方面能够做出一定的贡献。

（五）各国政府区块链行动概览

当前，各国政府纷纷开展对区块链的研究和实验，成为区块链产业的最大推手。2016年1月，英国政府发布关于区块链的研究报告《区块链：分布式账本技术》，首次从国家层面对区块链技术的未来发展应用进行了全面归纳分析并给出了研究，并建议政府对区块链技术应用到政务服务进行试验。报告认为，分布式账本在政府公共事务中可以发挥重要作用，如果将区块链应用在政府内部，可以降低成本、增加透明度、提高金融的包容性。

爱沙尼亚在比特币出现之前就有类似区块链的技术。《哈佛商业评论》杂志2017年报道："自2007年以来，爱沙尼亚一直在运营使用区块链的全国数字身份认证计划。"《纽约客》杂志在2017年12月写道："爱沙尼亚数字安全的基石是区块链技术。"但据爱沙尼亚首席信息官（CIO）SiimSikkut证实，这项技术是一种哈希链接的时间戳，即使用哈希来保护数据的完整性，这是否属于区块链技术还存在一些分歧。但在 2016 年 3 月，爱沙尼亚正式应用区块链技术于政务及公共服务的身份认证中，政府还将居民的医疗记录转移到基于区块链技术的数据库中。

美国联邦政府各部门稳步推进区块链试验，包括卫生及公共服务部、国防部及国土安全部等，重点围绕着 4 个关键应用：公民服务、监管合规性、身份管理和合同管理，这些领域都需要不可篡改性和透明性。区块链也逐渐引起美国立法部门和监管部门的兴趣，国会和监管机构分别成立了"国会区块链核心小组"（Congressional Blockchain Caucus）和技术研究工作组来学习这项新技术的潜力。

俄罗斯在其数字经济报告中提出，应该制定区块链"监管法案"的时间表，实施"去中心化登记和合法证书中技术应用管理的监管法案"。联邦信息技术和通信部宣布将在 2019 年之前"合法化"区块链技术应用。总理梅德韦杰夫要求尽快研究该技术在公共管理方面应用的可能性。

2017 年，乌克兰国家电子政务机关与全球最大的区块链技术服务公司 Bit-fury 集团签署了一份具开创性意义的合作备忘录，双方将携手打造首个覆盖乌克兰全国的区块链电子政务合作计划。首先构建试点项目将区块链技术引入到乌克兰的电子政务平台，尝试在组织注册登记、公共服务、社会保障、公共卫生和能源部门等范畴运用区块链技术。

在亚洲，新加坡借鉴"沙盒机制"推进区块链发展。在特定简化审批程序下，允许进入监管企业在适用范围内对其新产品、服务、商业模式进行为期 3 到 6 个月的试应用，在创新业务和现有法律规则冲突的情况下不会被追究责任。采取这样的监管机制拉近监管者与创新者的距离，加速创新应用落地。日本政府发布区块链平台评估细则，确保其在应用于多个领域前评估成本和收益，识别炒作项目。

迪拜是世界上最积极利用区块链技术的城市。迪拜计划到 2020 年，建设 20 项区块链应用服务项目，范围涉及政务服务、公共服务、智慧城市等。迪拜已经考虑使用区块链技术整合全部政府部门，提高效率、透明度，实施项目包括健康记录项目、钻石交易保护项目、所有权转让项目、商业注册项目及数字遗嘱项目。

中国工业和信息化部于 2016 年 10 月发布《中国区块链技术和应用发展白皮书》，这是首个落地的区块链官方指导文件。2016 年年末，国务院印发了《"十三五"国家信息化规划》，区块链成为国家布局重点之一。图 4 是目前各国政府及公共部门区块链应用概况。

政府及公共部门用例：1. 数字货币；2. 土地登记；3. 电子投票；4. 身份管理；5. 供应链追溯；6. 医疗保健；7. 代理投票；8. 公司注册；9. 纳税；10. 授权管理。

图 4　各国政府及公共部门区块链应用概况

四、公共服务应用

（一）医药卫生区块链应用

通过区块链技术连接医疗健康产业的各个利益相关方，可创建一个全新的产业框架，让所有医疗平台数据通过区块链连接在一起，保证信息的实时获取和分享，同时还可采用了区块链技术还可防止隐私泄露，保证数据的安全和有效。区块链在医疗数据、药品供应、药品防伪、健康网络、基因数据、理赔等方面应用可以进一步推进医疗产业的整合。

1. 电子健康病历（EHR）

医疗健康数据的妥善保存和共享是提高医疗水平的重要手段。协调完整的电子健康记录的缺乏会影响到医务人员和行政管理系统对患者的服务质量。从患者的角度来看，每次去新的医疗机构就诊时，都必须重新录入所有的病例信息，这是一个痛苦过程。更大的问题在于错误的医疗信息，比如，如果之前的病例记录中录入了不正确的过敏或血型信息，那么当患者下次接受治疗或手术时，可能会造成非常严重的后果。从提供服务的医疗机构角度来看，日益增长的病例信息现已经成了天文数字，创建和维护这些信息将消耗很大的资源。

医疗方面，区块链最主要的应用是对个人医疗记录的保存，可以理解为区块链上的电子病历。如果把病历想象成一个账本，原本它是掌握在各个医院手上的，患者自己并不掌握，所以病人就没有办法获得自己的医疗记录和历史情况，这对患者就医会造成很大的困扰，因为医生无法详尽了解到你的病史记录。

但现在如果可以用区块链技术来进行保存，就有了个人医疗的历史数据，看病也好，对自己的健康做规划也好，就有历史数据可供使用，而这个数据真正的掌握者是患者自己，而不是某个医院或第三方机构。

另外这项技术还可以解决诸如数据复制、减少保险费用和其他支出、医疗记录分散化等问题。患者能够用来保护个人隐私数据，医生用来调取和记录医疗信息，比特币用于支付，保险公司用来调取医疗历史记录。

使用区块链技术的 EHR 系统工作原理如下：每个持有密钥的医疗机构可以在区块链医疗上查看到患者相同的病例信息。区块链医疗上所有的病例信息都有不同时间戳和加密密钥，把患者的病例数据存储在分布式的账本中。这些病例数据无法被随意篡改，它们只会被记录在相同的账本或者患者的病例中，以此来提高病例数据的保密性。

在账本信息记录于区块链上之前，通过一致性算法能够确保所有数据的准确性。例如，如果其中一条医疗信息记录患者的血型是 A 型，但在来自其他医疗机构"数据块"中记录的是 O 型血，那么则该信息将不会被记录在区块链中，并且将会在系统中提示信息不匹配。通过这种方式，保护了患者的医疗病例信息，使患者不必在每次去新的医疗机构就诊时都要重新记录病例数据。

2016 年，数据安全初创企业 Guardtime 宣布与爱沙尼亚电子卫生基金会合作（Estonia eHealth Foundation），利用区块链技术保证 100 万份病人医疗记录安全。从 1997 年开始建设的爱沙尼亚电子政务系统内就已经包含了电子病人记录。而在整合 Guardtime 技术之后，爱沙尼亚政府希望用"独立的法医品质的审计服务"来保护这些数据安全。

最近，麻省理工学院研究人员开发基于区块链的电子病历管理系统 MedRec，用于管理使用以太坊区块链的医疗记录。系统采用区块链智能合约为跨医疗机构的医疗病历数据创建分布的内容管理系统，以满足患者、治疗社区和医学研究人员的不同需求。

MedRec 系统日志具有以下特点：一是用户能够通过系统轻易访问自己的完整数据，并拥有管理数据的权限，并可授权给他人查看，如提供建议的医生、家庭成员和护理人员。二是利用独特的区块链属性，以及内含的认证系统、保密系统和问责系统，能够在处理敏感信息时为用户提供强大的保密技术，保障数据具有不可篡改的特性。三是模块化的系统设计使其可以很好地与本地数据库相集成，从而实现互操作性，整个系统运行将更为合理与便利。

MedRec 系统智能合约结构包括挂号员合约（RC）、医患关系合约（PPR）、总结合约（SC）三类智能合约。其中，（1）挂号员合约主要是将患者的身份字符串放到以太坊身份地址上，相当于设置公共密钥。（2）医患关系合约规定系统中两个节点建立联系，其中一个节点管理另一节点的数据，包括一系列数据指针和关联的访问权限，用于识别由医护人员持有的记录。该合约在系统中起到发布新合约信息的作用，即医生节点向区块链提交一份记录上传申请。（3）总结合约用于患者访问数据库查找其病历历史档案。它实际上是一个包含医患关系合约的参考列表，描述了所有参与者之前和当前与系统中其他节点的信息交互。

MedRec 系统的智能合约结构可作为"医疗目录和资源定位"的模型，使用公钥加密，并启用了来源和数据完整性的关键属性。这种区块链目录模型通过对智能合约进行状态更新，支持"在其整个生命周期内大幅增长和变化，增加新参与者和改变组织关系"的能力。

MedRec 系统所采用的运营模式也别出心裁——挖矿，即鼓励医疗利益相关者（研究人员、公共卫生部门等）以区块链"矿工"的身份参与网络，让他们保护和维持私人以太坊网络上的身份验证日志。同时，他们可以获取匿名的医疗数据，作为挖掘奖励。

2. 药品防伪

药品防伪关系患者的生命安全。从患者安全角度来看，区块链最大优势有助于遏制所谓的 SSFFC 药品，即不合格（Substandard）、假的（Spurious）、不实标签（falsely labeled）、伪造（falsified）和假冒（counterfeit）药物。IBM Watson Health 首席科学官 Ebadollahi 认为，区块链应用于药品供应链，主要关注以下几方面：

第一，药品质量和安全法规要求遵循可追溯性原则。DSCSA 规定需要一个电子的、可互操作系统来识别和追踪在美国分发的处方药。其他国家也在实施类似管理方式。FDA 要求所有处方药的制造商、分销商和各种药房都必须遵守此原则。

第二，管制类药物的监控。美国联邦政府正逐步支持制药行业负责监控供应链，监控非法和非常规订购附表 II 类药物（阿片类药物等），并对违规的分销商进行经济惩罚。制造商们也担心自己被追究连带责任。

第三，冷链药物的运输监测。根据 FDA、USP-NF、欧盟 GDP，以及 WHO（世界卫生组织）的规定和指导方针，在整个供应链中需确保药品全程冷链运输。预计在 2014—2020 年期间，冷链出货量将增长 52%。

第四，保障药物的活性成分。药物活性成分原材料阶段、生产阶段和最终生成产品阶段，从原料中监测药物活性成分来源和原产地。药物活性成分原材料过程结束的地方正是《药品供应链安全法案》所涵盖过程的起始部分。

美国的药品分销模式由三类主要贸易伙伴组成——制造商、批发商和各类药房。目前，美国的药品供应链基础设施是孤立、碎片化的，监管机构总在试图利用补丁修复方法，将追溯和跟踪技术与其他过时的方法整合在一起。支离破碎的基础设施使得病人或医疗服务机构无法实质上追溯药品的来源，而互联网为假药交易提供了便利。由此造成互联网上假药贩卖猖獗。

区块链为药品供应链提供了两个关键机会：打击假药和优化药品供应链。药品流通的区块链模式将促使三类贸易伙伴在审计和跟踪库存方面具有很高的透明度，流通各环节环环相扣。如果供应链上每一方都能看到库存，并对药品分布进行审计，就能使每个参与者共同控制着网络上每个节点，每一笔交易都需要一个共识，这样就彻底改变了药物供应链生态模式，假药想鱼目混珠进入医疗市场就极为困难了。这种安全可信、可追溯的链式机制最终确保药品尽可能安全、快速地送达患者手中。

区块链分布式管理也使它有别于其他技术。目前，多数药企使用中央数据库管理药品供应链，这些供应链拥有系统管理员，可以编辑、修改或删除记录。而使用区块链，记录则是永久性，不能以任何方式更改，而且确保数据传输的安全性。因此，药企可以通过区块链技术防止人为失误、物流延误，并且降低成本。

显而易见，区块链具有得天独厚的优势。所有客户端使用的都是原始、不可更改的信息来源。每一个按时间标记的交易都被复制到区块链上，不能修改。供应链上所有合作伙伴都知道这一事实。这让协作各方都能轻松地核实信息来源。

另外，在这种线性、透明的交易流程中，我们能清楚地看见谁为交易增加了价值，谁仅仅是"求租者"。中介机构需要被迫证明他们的价值，否则就会在交易流程中被规避掉。

在过去几年里，有6家公司一直致力于区块链药物供应链安全合规平台研发，其中包括 Block Verify, iSolve/BlockRx, Chronicled, LinkLab, Modum 和 Vechain。其中，英国初创企业 Block Verify 公司主要利用区块链技术提升供应链的透明度，以打击药品假冒现象，希望最终消除由于假冒药品导致的巨大经济损失以及每年数十万人的死亡。

BlockVerify 提供的药品防伪方案可以让用户自行验证药物的真实性，就像扫描产品包装盒上的二维码一样简单，因为每个产品都有自己的区块链身份 ID，记录所有权的变化，每个人都能够很容易进行访问。Block Verify 能够鉴别的商品包括伪造品、调换品、被偷商品、虚假交易。这一解决方案为产品提供了一个透明的环境，无须信任支撑，公司即可登记注册产品，并监视、追踪其供应链进展。

（二）用区块链构筑分布式智能电网

除了改变货币交易方式之外，区块链还有可能重塑能源、水等重要商品的分配模式。当前，用电企业或个人主要通过电力公司获得电力，即使个体或者企业能源生产者通过太阳能、风能等产生剩余电力也必须通过电力公司余电上网，再统一转售给用电企业或个人。在这种模式下，绵延无数英里的电力线路效率并不高，因为电压变化而导致电力损耗。我们预计 8%～9% 的电力从未抵达终端消费者——这导致潜在收入损失数十亿美元。另外，电力系统的可靠性也不高。根据美国国会研究服务处的报告，每年断电给美国带来的损失约250亿~750亿美元。

在接下来的数十年中，我们预计（美国）国家电网会将区块链技术引入能源领域，现有的中心化公共事业模式将向着融合更多去中心化资源、实时报价系统和更紧密匹配需求和供应的方向发展。它可将P2P的交易系统带入能源领域，让个人用户之间交易流通，交易完全点对点无须中间方，实现完全的自助交易。其优势主要有：第一，分布式总账数据强制信任、相关方点对点互动；第二，智能合约自动执行电力交易点机波动自动响应；第三，区块链实现电站收益直接证券化，基于股权平台实现电站众筹。

这一进程的核心是通过智能电表、智能装备、可再生能源和能源储存的结合实现电网的现代化，我们预计这个过程中会产生数千万甚至上亿个去中心化节点，这些节点不仅能够收发数据，也能执行P2P交易。我们认为区块链技术将在促进沟通、交易和数百万个交易方之间的安全性方面发挥重要作用。

区块链将带来一个去中心化的能源市场，这不仅极大地推动分布式能源方面的投资活动，也会将25亿~70亿美元的电力收入再分配给新的市场参与者。也就是说，可能不再是给公用事业公司。目前很多电力公司都开始试验区块链项目。2016年，在纽约布鲁克林，一家名为TransActive Grid的创业企业已经建立了这样一个基于区块链技术的P2P能源销售网络，安装了屋顶太阳能的家庭可以向同一条街上没安装屋顶太阳能的邻居出售他们生产的电力。

区块链一旦被应用，电力市场上原来活跃的中间媒介（如交易平台、交易商、银行或能源企业）可能就不再被需要了，这将会大大降低电力交易费用。这些费用可能包括上述中间媒介的利润、读表、记账的费用、用于支付提醒和催款的费用、银行手续费、运输费、可再生能源证书费等。

电动汽车应用中的痛点是私人充电桩难以实现共享。由于缺乏激励机制，动力电池梯级利用无法保证电芯质量。在区块链条件下，基于智能合约和分布式总账的充电桩按时租赁，电动汽车自动响应，启动虚拟货币激励机制，电池电芯生命周期数据区块链进行储存和认证，真正实现未来动力电池能够按照真正的价值流转到储能电站，流转到备用储能电站或者社区储能电站。

（三）区块链助力供应链体系升级

供应链应用可能是最早的区块链杀手级应用之一。随着全球化分工的不断深化，现代企业的供应链急剧膨胀，呈现出碎片化、复杂化、地理分散化等特点，这给供应链管理带来了很大挑战。比如一架波音客机，就有超过 600 万个零部件，其中 90% 由外包供应商制造，这些供应商数量巨大且分布在全球各地。但目前全球供应链的管理水平远低于人们的期望，传统的供应链流程中诸如大量使用纸质文件、验证交易单据，这些环节高度依赖人工，因此伪造及失误风险很高。此外由于供应链流程复杂，各主体之间的信任度不高，交易信任离不开复杂的书面文件作为证明，流程耗时很长且不安全，整体效率低下。

通过区块链，供应链参与各方通过透明、可靠的统一信息平台，实时查看状态，降低物流成本，追溯物品生产和运送整个过程，从而提高供应链管理效率。当发生纠纷时，举证和追查也变得更加清晰和容易。区块链有望解决供应链所存在的问题，将对供应链体系的升级发展有颠覆性的推进作用。

区块链在供应链中应用的一个重要领域就是防伪溯源。记账簿公开发行，便有可能将产品追踪上溯到所用原材料阶段。由于记账簿呈现分散式结构特点，任何一方都不可能拥有记账簿的所有权，也不可能按照自己的利益来操控数据。此外，由于对交易进行了加密，并具有不可改变的性质,所以记账簿几乎不可能受到损害。因此,将商品的ID注册到区块链上,使其拥有一个唯一的数字身份(当前商品供应链管理的颗粒度只能到SKU,没有具体到每一件产品),再通过共同维护的账簿来记录这个数字身份的信息以及供应链的环节,就可达到验证效果。

零售巨头沃尔玛是应用区块链实施供应链管理的先行者。对于沃尔玛这样的品牌零售商,食品安全事关品牌信誉,因此十分关注供应链管理的能力建设。2017年,沃尔玛就与IBM就区块链对食品供应链进行合作试验,以实现沃尔玛食品的可追溯性。沃尔玛将生产养殖场、加工厂、物流等环节拉入到供应联盟链中,从而能实时追踪掌握食品质量、储存温度、运输细节等信息,由此判断商品是否真实、安全,以及它何时过期等情况。

加入区块链的供应链治理能够对各类突发事件做出及时的反应。比如,一旦发生食品安全事件,区块链能够对食品流通环节进行溯源,从而能在几分钟内判定哪些食品受到了影响(现在需要数天的时间),沃尔玛得以从容地作出商品是否召回的决策。

利用区块链技术可提高物流配送的效率和安全性。在物流过程中,利用数字签名和公私钥加解密机制,可以充分保证信息安全以及寄、收件人的隐私。例如,快递交接需要双方私钥签名,每个快递员或快递点都有自己的私钥,是否签收或交付只需要查一下区块链即可。最终用户没有收到快递就不会有签收记录,快递员无法伪造签名,因此可杜绝快递员通过伪造签名来逃避考核的行为,减少用户投诉,防止货物被冒领误领。而真正的收件人并不需要在快递单上直观展示实名制信息,由于安全隐私有保障,所以更多人愿意接受实名制,从而促进国家物流实名制的落实。另外,利用区块链技术,通过智能合约能够简化物流程序和大幅度提升物流的效率。

沃尔玛最近向美国专利局申请了一项名为"智能包裹(smart

package)"专利,这一技术利用区块链构建智能包裹交付追踪系统,系统包含一个记录包裹信息(比如包裹内容、环境条件、位置信息等)的设备,以及一个基于区块链技术的无人机包裹寄送追踪系统,能实现包括卖家私人密钥地址、快递员私人密钥地址和买家私人密钥地址等一系列用于监管配送地址的加密技术。

将区块链用于供应链有许多障碍需要克服,如供应链中的多方主体,如制造商、托运人、海运承运人、港口运营商、卡车和铁路运营商等对这种变革可能会抵制,因为他们不愿将其拥有的或保密的客户信息暴露给他人。为此,区块链项目需要给予足够大的附加值服务来吸引企业加入。

除了区块链自身带来的不可篡改等特性,还需要在企业关心的市场份额、议价权、技术研发等领域给予支持。比如区块链初创公司"食物优",已对接全球500多家农场,在提供验证溯源服务的同时,还会提供基于物联网的农业大数据分析、精准营销获客等服务,以增加服务附加值。

尽管区块链在供应链中的应用有巨大的竞争优势,但目前还需要足够的发展时间。目前还没有听说过任何一家供应商已经将其供应链真正存储到区块链中。也就是说,在供应链这一实际应用领域,区块链还处于非常初级的试验阶段,其真正表现还有待观察。

目前,供应链的管理信息系统分散在各个不同的参与方手中,生产、物流、销售、流转、原料、监管等信息相互隔离,形成信息孤岛,没有一个围绕商品的完全可信的集合所有商品信息的平台。这些数据孤岛导致了烦琐的信息核对、数据交互困难等问题,甚至需要线下的重复检查才能完成对账,支付和账期审计成本高昂,金融风险控制业务难度大。

利用区块链技术可以打通供应链体系中的数据孤岛,链接数字资产,构建新的商业模式。区块链由于具有不可篡改、去中心化、非对称加密等特点,天然适合多方参与的信息交换共享场景,能够帮助企业将分散的数据库实现互联互通、数据共享,又能通过加密算法保护参与各方的隐私。

例如，参与的收货商能够告知供应商已经收到商品，同时又不会向生态系统中的其他组织披露供应商的名字。

利用区块链打破数据孤岛意义重大，这将会为基于供应链的大数据分析提供更多的数据源，提高数据质量、降低数据泄漏的风险，这就使得大数据征信成为可能。同时，通过对供应链上的数据进行确权，区块链还能用于建立数据交易市场。

美国的供应链区块创业公司 Skuchain，在得到数字货币集团（DCG）、分布式资本、AminoCapital 的投资支持下，开发出区块链供应链的综合解决方案，以解决贸易融资当中的痛点。2016 年，Skuchain 与澳洲联邦银行（CBA）、富国银行（Wells Fargo）一起合作完成了一次基于区块链的跨境贸易：将一批 88 包的棉花从美国的得克萨斯州运到中国的青岛，实现了分布记账簿、智能合约、物联网三种技术的综合运用。

英国伦敦的区块链初创企业 Provenance 公司致力于比特币和以太坊（Ethereum）的区块链系统研究，为用户提供一个可信任的供应链平台，使品牌商能够追踪产品材料、原料和产品的起源和历史（包括产品在哪里生产以及由谁生产，从而展现出产品的环境影响信息），并向消费者提供实物产品的有关信息，帮助他们对所购买的物品做出积极选择。另外，这一服务也能够促进社会可接受产品生产行为的普及，例如确保货物生产过程中不会存在奴隶或剥削问题。

五、技术局限性和理解误区

区块链作为一种新兴的发展中技术，存在明显的价值和广阔的发展前景，但它也有一定的局限性，还有一些对区块链的认识误区。

（一）资源利用效率问题

区块链采用分布式方式实现信任和安全。但这种模式是建立在资源利用效率低、能耗高的基础上。

一是效率低。以区块链为基础的比特币并不是一个有效的支付系统。当数据被写入区块链中，常常需要耗时10分钟，当所有节点都同步处理数据，则需要的时间更长。如对于比特币交易来说，最快的纪录是每秒处理7条记录，而VISA每秒能处理6万笔交易。改进的比特币交易效率正在研究中，但即使性能得到提升，这种新技术的起点大约仅为现有交易系统效率的0.01%。

二是能耗高。"挖矿"会造成巨大的资源浪费。区块的生成需要"矿工"进行大量无意义的计算，这需要消耗大量的能源。2014年6月曾有工程师系统计算，在比特币全网计算能力为110000000 GH/S的情况下，整个网络的"挖矿"成本约为每年8亿美元，包括电力成本约7071.2万美元和矿机投资约7.33亿美元。尽管这一数据有一定的争议，但是那些藏在"深山老林"的"比特币矿场"则实实在在展现了这一过程的耗能规模。

矿机投资方面，支持这样的算力大约需要36670台KnCMiner海王星矿机，每台功率3000GH，售价9995美元，按照一年支出2次计算，结果约为7.33亿美元/年；电力成本方面，每日需要耗电80666千瓦，按照每兆瓦100美元计算，结果约为7071.2万美元/年。另外，这些矿机产生的二氧化碳为424725吨/年。

在交易方面，现有比特币的交易效率远低于VISA系统，但其耗电量却为VISA系统耗电量的35倍。要是使用区块链技术运营现有的VISA系统，将需要5000个核电站才能满足所需要的电能，几乎相当于世界各地用电量的总和。

（二）信息安全风险

1. 恶意用户

在区块链公有链中，每一个参与者都能够获得完整的数据备份，所有交易数据都是公开和透明的。如果想知道一些商业机构的账户和交易信息，就能知道他的所有财富还有重要资产和商业机密等，隐私保障难。

此外，区块链的去中心、自治化的特点淡化了国家监管的职能。在监管无法触及的场合，市场逐利的特性会导致区块链技术应用于非法领域，为黑色产业提供了庇护所。

区块链能够强制实行交易规则和规范，但它不能强制实施人的行为规则。这在公链系统中会产生问题，因为这一体系下的用户是匿名的，区块链节点和用户之间没有一对一的对应关系。公链通常以提供激励的方式（比如加密货币）鼓励用户行为公正，但是，如果有用户可以通过恶意行为能够获得更多激励的话，就可能会产生问题。当恶意用户的力量足够大且对系统有重大利害关系，就可能对系统造成损失。恶意用户串通起来，就可以实施恶意挖矿行为，比如：（1）不处理特定用户、特定节点，甚至忽略整个国家的交易。（2）秘密创建一个修改过的替代链，当替代链的长度比真正链长的时候，就可以将其替代。按照区块链协议，真正的节点将转换到这个工作量最大的替代链上。这样，系统的不可改变性的理念就会被破坏。（3）拒绝将区块传送到其他节点，实际上就是中断了信息的分配。

由于恶意用户令人烦恼，并可能带来短期的损害，区块链可以尝试硬分叉（hard forks）来对抗他们。造成的损失（丢钱）能否逆转，将取决于区块链系统的开发者和使用者。

2. 共享机制的挑战

对于区块链技术中的共识算法现在已经提出了多种共识机制，最常见的如 PoW、PoS 系统。但这些共识机制是否能实现并保障真正的安全，需要更严格的证明和时间的考验。

区块链中采用的非对称加密算法可能会随着数学、密码学和计算技术的发展而变得越来越脆弱。以现在超级计算机的算力为例，产生比特币

SHA256哈希算法的一个哈希碰撞需要2~48年,但随着今后量子计算机等新计算技术的发展,未来技术中对于非对称加密算法可能具有一定的破解性。另外,在比特币的机制下,私钥存储在用户的本地终端中,如果用户的私钥被偷窃,依旧会对用户的资金造成严重损失。区块链技术上的私钥是否容易窃取的问题仍待进一步的探索与解决。

3. 区块链的控制问题

区块链的常见误区是认为无须许可的区块链是完全没有控制者和所有者的系统,即"没有人能够控制区块链"。但在比特币的区块链系统中,一方面,如果一个人控制节点中51%的计算资源,他就能掌控整个比特网络并可以按照自己的意愿修改公共账本,这就是"51%攻击",这也一直是比特币系统中受到诟病的设计之一。

由于真实的区块链网络是自由开放的,所以区块链网络上没有一个管理员能够阻止拥有足够多计算资源(实际上会需要花费很多资源)的人做任何事情。如果这样的攻击发生了,该种数字货币的信用可能会丧失。

拥有整个网络51%计算能力的人可以做以下这些事情:(1)他们可无须验证即可阻止交易的发生,使交易无效,最终阻止人们交易。(2)他们通过掌控网络可能改变交易记录,引发双重花费问题,并可能阻止其他人寻找到新的区块。

另一方面,尽管没有用户、政府或国家控制区块链,但仍有一组核心开发者负责系统的开发。这些开发者可能为了维护社区的利益尽量不干涉系统运行,但其实对系统还是有一定程度的运行维护。例如,2013年,比特币的开发者发布了一个新版系统客户端,但这一新版本却有一缺陷,造成开启了两个竞争性的区块链版本。开发者面临一个抉择就是继续运行新版本(尚未被所有人都同意接受)还是恢复到旧版本。无论哪一个选择都会面临要取消一个区块链,这其中包含有很多人的货币交易信息。最终开发者选择了将系统恢复到旧的版本,使其又成功地控制了比特币区块链的运转。

这个例子是一个区块链无意分叉的情况。但是，如果开发者在开发新的系统客户端时有意制造分叉，当用户的接受率高到足够程度，就会成功出现一个新的区块链分叉。这些分叉经过充分谈论，经过一段时间后才能将交易强制记录到新的主分叉上。

即便这还是一种理论上的假想，但对区块链的操控也是有可能的。因此，"没有人能够控制区块链"这一说法最好换成"在区块链系统规则规定的范围内，没有人能够控制你和什么人交易，或者什么时候交易"。

（三）用户证书数据的存储模式

由于区块链系统不是基于中心化的模式，因而系统本身没有用户密钥的管理中心。用户需要自己管理他们自己的私人密钥，这就意味着一旦密钥丢失，与密钥相关的其他资产（如数字货币等）也将随之丢失。区块链系统没有中心化系统拥有的"忘记我的密码"或"恢复我的账号"等功能。

区块链也可以采用中心化的解决方案，这当然就可能出现当前系统的中心点故障。

参考文献：

1. Melanie Swan. Blockchain: Blueprint for a New Economy. O'Reilly Media, Inc. 2015.

2. Dylan Yaga, Peter Mell, Nik Roby, Karen Scarfone. Blockchain Technology Overview. National Institute of Standards and Technology. 2018. 1.

3. 伍旭川. 区块链技术的特点、应用和监管［J］. 金融纵横，2017（5）.

4. 高盛公司. 区块链报告：从理论到实践. 2018.

5. 刘景丰，马芊，唐亚华. 资本青睐专注底层技术的区块链项目［N/OL］. 新京报，http://www.xinhuanet.com/tech/2018-02/08/c_1122384633.htm.

6. 区块链技术变革的下一个领域：供应链［OL］. http：//36kr.com/p/5057549.html.

7. 工业和信息化部信息化及软件服务业司指导. 中国区块链技术和产业发展论坛.《中国区块链技术和应用发展白皮书2016》，2016.

8. 2017年金融区块链合作联盟（深圳）发布的《金融区块链底层平台FISCO BCOS白皮书》。

9. PwC. Blockchain – an opportunity for energy producers and consumers? PwC global power & utilities. 2016.

10. Ariel Ekblaw, Asaph Azaria, John D. Halamka, MD, Andrew Lippman. A Case Study for Blockchain in Healthcare："MedRec" prototype for electronic health records and medical research data. MIT White Paper. 2016.8.

11. 容芬，时占祥. 药品供应链大事件：用区块链技术整治假药［J］. 全球医生组织，2018（3）.

12. yh_wang_tiger. 基于区块链的信息资源共享模式研究. CSDN博客. http://blog.csdn.net/yh_wang_tiger/article/details/78919494.

13. 徐思彦. 区块链如何重塑公共服务：两种路径和三大挑战［OL］. 腾讯研究院，2017. http://www.nongjindata.com/show-22-5714.html.

14. Government Office for Science. Distributed Ledger Technology：Beyond Blockchain. the UK Government Chief Scientific Adviser.（英国政府首席科学顾问报告）. 2016.

15. Brett Scott. How Can Cryptocurrency and Blockchain Technology Play a Role in Building Social and Solidarity Finance? United Nations Research Institute for Social Development. Working Paper 2016-1.

16. IBM商业价值研究院. 全速前进：随着区块链，重新思考企业、生态系统和经济模式［M］. 2016.

全球挑战：区块链解决方案
——全球区块链商业理事会（GBBC）
2018 年度报告

编　译：司宏伟

译　审：舍日古楞

国家电子政务外网管理中心主办

编者的话

有别于传统的信息处理模式，区块链以分布式记账技术（distributed ledger technology，DLT）为核心，通过网络上多个主体的共同参与，完成计算、认证、存储等任务，并以共识算法达成一致的方式，大幅增强了数据的安全度和可靠性。区块链技术正在引领产业信息化的发展方向，在全球范围内不断衍生出新应用，拓展出新业态，与金融服务、身份认证、房地产登记、投票选举、医疗健康、物流仓储等众多领域进行了深入和多样化的融合，区块链有潜力成为自互联网以来最具变革性的技术。

在2017年达沃斯世界经济论坛年会（World Economic Forum Meeting）期间，全球区块链商业理事会（Global Blockchain Business Council，GBBC）正式成立。GBBC对区块链项目和区块链使用的监管进行了全球调查，并形成2018年度报告《全球挑战——区块链解决方案》。报告指出，与各行业、领域对区块链的强烈兴趣形成鲜明对比的是，各国政府对区块链技术的应用持不同态度。以日本政府为代表的一些国家将基于区块链技术的应用（尤其是金融应用）合法化，以期进一步刺激国内经济的发展；以美国为代表的一些国家对该技术的应用采取观望态度，既不大力推广，也不严格约束；中国采取相对谨慎的做法，一方面对虚拟货币等技术及应用进行积极研究和探索，一方面出台了一些有关监管政策以防范其潜在的风险。此外，该报告还介绍了一些卓有成效的基于区块链技术的行业应用解决方案以及一些政策建议。

作为一种极具潜力和快速发展的新技术，区块链技术必将对各国经济社会发展的各领域产生深远影响，改变人们生活方式。各国政府需要采取更加灵活和有针对性的政策措施，以引导和促进区块链技术的发展，满足社会需求。希望此文可以为我国相关部门和机构在区块链政策制定方面提供参考，促进区块链在我国健康快速发展。

编　译：司宏伟　　译审：舍日古楞

全球挑战：区块链解决方案
——全球区块链商业理事会（GBBC）2018 年度报告

一、区块链呈现快速可持续发展态势

以下各节综合概述了全球各地的最新发展情况和监管重点，为区块链技术的全球监管格局提供了高层次概述。

（一）各国主要监管措施

区块链技术的出现给社会带来了巨大的机遇与挑战，世界各地许多国家政府和组织机构都在探索区块链技术的使用。虽然关于该技术的监管体系尚处于萌芽阶段，但总体而言，立法者试图避免过早监管而使区块链技术的发展潜力遭到限制。

基于区块链技术的产品和服务需要遵守其所在行业和领域的监管体系。加密货币处在消费者保护、反洗钱、反非法融资等众多相关法律法规的监管范畴内，但很少有国家能够完全接受加密货币、赋予其法币地位，并为其交易提供许可证，包括中国、冰岛在内的一些国家甚至限制了加密货币的使用，其他国家则尚未决定如何及何时采取行动。

对首次代币发售（Initial Coin Offerings，ICO）的监管趋势与加密货币类似。首次代币发售（ICO）是一种为区块链项目筹措资金的方式。出于保护消费者、稳定金融等方面的考虑，一些国家对首次代币发售（ICO）

进行了管控，有些国家还发布了相关的指导建议。

1. 美国

（1）区块链监管。美国目前没有任何专门管理区块链和分布式记账技术（DLT）的法律法规，而支付业务、数据分析等区块链技术应用领域的行业法律法规已经制定。所以，试图使用区块链技术的公司，必须先熟悉其产品、服务、交易等领域的所有法律法规和规章制度。此外，美国几个州已经开始考虑通过立法和监管来开展区块链技术在某些特定情况下的应用。

联邦政府、州政府正在积极探索区块链技术及其可能带来的机遇与挑战。这些工作包括了解区块链技术的工作机制，讨论是否应该通过立法或者修改现有法规来规范区块链技术的应用等。

虽然美国商品期货交易委员会（Commodity Futures Trading Commission，CFTC）将比特币和其他虚拟货币归为豁免商品的类别。但该机构认为，比特币和其他虚拟货币是适用《美国商品交易法》的商品，可以对其交易实行反欺诈和反操纵。

美国商品期货交易委员会（CFTC）对虚拟货币现货和现金交易的管理权有限，但就加密货币而言，该机构对其期货和期权合约，以及掉期交易进行全面监管。

（2）加密货币监管。管理或交易加密货币的公司需要遵守《美国银行保密法》（Bank Secrecy Act，BSA）中反洗钱（Anti-Money Laundering，AML）方面的规定，其中的一条即为这些公司需要在美国财政部金融犯罪执法机构（Financial Crime Enforcement Network，FinCEN）注册，使用加密货币的公司有可能需要遵守同样的规定。

此外，这些公司可能还需要在经营所在地的州级监管机构中，申请和开具货币转发许可证（或类似的许可证件）。例如，纽约州金融服务管理局已经开始为那些存储、持有、控制虚拟货币，买卖、交易虚拟货币，以及控制或发行虚拟货币的公司提供"比特证"（BitLicense）。

美国商品期货交易委员会（CFTC）和美国证券交易委员会（Securities and Exchange Commission，SEC）还就比特币交易、首次代币发售（ICO）等比特币的应用发布了指导意见。

2. 欧盟

（1）区块链监管。欧盟委员会（European Commission，EC）对区块链技术和分布式记账技术（DLT）持支持态度，并认为几乎无限量的潜在应用场景，使该技术的前景充满机遇与挑战。欧盟委员会认为，该技术正处于发展的早期阶段，对其过早的监管会限制其进一步发展，因此，欧盟对区块链技术和分布式记账技术的管理侧重于透明化和网络安全化方面。

欧盟正在开展区块链观察站（Observatory）、欧盟政策实验室Blockchain4EU等项目的研究，以探索区块链的应用。

2017年3月，欧盟委员会成立了一个内部金融科技特别小组，该小组负责对各成员国的监管框架进行评估，并与各利益相关者沟通，以测试欧盟对分布式记账技术和虚拟货币等的反应。

欧洲央行也承认分布式记账技术的潜在优势。最近，欧洲央行汇集了一批金融创新和网络安全方面的专家，成立了一个分布式记账技术特别小组。

（2）加密货币监管。欧盟各成员国的央行不认为虚拟货币等同于金钱，也未将其视为法定货币。这将会为欧盟的虚拟货币用户带来麻烦，比如，在发生虚拟货币丢失或诈骗的情况下，没有补偿和赎回机制来挽回损失。另外，许多成员国没有出台专门的虚拟货币管理条例，只有央行和监管机构发布的一些意见或警告。德国是欧盟成员国中拥有最详尽的虚拟货币规定的国家，并将虚拟货币视为没有法币地位的记账单位。

此外，欧盟于2017年12月修订了《第四反洗钱法令》（the 4th Anti-Money Laundry Directive，4AMLD），将托管钱包供应商（Custodian Wallet

Providers，CWPs）和虚拟货币交易平台（Virtual Currency Exchange Platforms，VCEPs）均纳入了管理范围，通过使这两者落实相关政策并规范其相应流程，来实现对洗钱和非法融资等行为的监测、预防和报告。

在代币和首次代币发售（ICO）方面，欧盟尚未出台相关的监管政策。

3. 冰岛

冰岛由于拥有世界上最大的比特币采矿设施，而在区块链领域具有独特的地位。同时，该国禁止了比特币的对外贸易。

2013年，冰岛政府发表声明，禁止使用比特币进行外汇交易，但是这一决定并未禁止冰岛公民在境内拥有、使用或开采比特币。相反，冰岛不认为比特币是一种货币。该声明似乎旨在阻止资金外流。

4. 中国

（1）区块链监管。与冰岛类似，中国拥有一些世界上最大的比特币采矿设施，但监管机构禁止将比特币作为法币使用。

自2014年以来，中国人民银行一直积极地研究数字货币和区块链技术，并于2017年1月成立数字货币研究所。

2016年7月，中国人民银行启动了测试区块链技术的数字票据交易平台项目，2017年1月，实现该平台的上线模拟运行。

（2）加密货币监管。2013年，中国的监管机构正式宣布，比特币是一种特定的虚拟商品，不具有与货币等同的法律地位。同时，禁止各金融机构和支付机构从事与比特币相关的业务。

此后，虚拟货币一直受到限制。2017年9月4日，中国叫停了首次代币发售和虚拟货币交易，并禁止金融机构和非银行支付机构开展任何与首次代币发售相关的活动。然而从长期来看，人们并不认为中国政府会放弃加密货币。

5. 日本

2017年，日本成为世界上第一个承认比特币为法定货币的国家，这一措施,以及中国对首次代币发售、比特币交易的叫停,使日本成为亚洲加密经济市场的中心。

在日本,金融厅(Financial Services Agency,FSA)负责实施与比特币相关的法令,这些法令中包含对虚拟货币交易所的管理规定。2017年10月,日本金融厅宣布向国内11家加密货币交易所颁布授权许可证。

日本的监管行动提高了比特币的价值,并增强了投资者对加密货币的信心。这可能引起全球性的立法举措。

2017年,在日本央行的支持下,瑞穗金融集团和日本邮政银行组建财团并推出J-Coin计划,该计划可能会帮助日本从高度现金依赖型国家转变为数字货币国家。

6. 新加坡

近日,新加坡央行表示拒绝承认加密货币为法币,并且不会对加密货币进行监管。新加坡金融管理局(Monetary Authority of Singapore,MAS)将加密货币视为降低金融交易成本的一种创新,如果虚拟货币相关的活动造成某些特定的风险,新加坡金融管理局将只会对这些活动进行管控。

2017年8月10日,新加坡金融管理局发布了《关于消费者投资数字代币和虚拟货币的咨询报告》,在这份报告中,新加坡金融管理局建议消费者对数字代币、虚拟货币有关投资计划的风险保持警惕。

虽然虚拟货币本身在新加坡没有受到监管,但新加坡金融管理局对进行虚拟货币交易的中介机构实施反洗钱和反非法融资等风险管控。2017年10月,新加坡金融管理局透露,其正在制定新的支付服务监管框架来应对这些风险。

7. 澳大利亚

在澳大利亚,加密货币未被视为法定货币。2017年12月,澳大利亚政府批准通过了《2017年反洗钱和反非法融资修正案》,修正后的法案涵盖比特币、数字货币交易等方面,并授权澳大利亚交易报告分析中心

（Australian Transaction Reports and Analysis Centre，AUSTRAC）负责加密货币交易的监管。此外，数字货币交易所必须在澳大利亚交易报告分析中心，以及数字货币交易登记名录中进行登记。

8. 印度

（1）区块链监管。印度关于区块链和数字货币的政策已初具规模，并在不断地积极探索中，印度政府已经对区块链技术在金融等行业的应用进行了研究。

2017年12月，印度国家银行（State Bank of India，SBI）开始对基于区块链的智能合约进行beta测试，测试之后将推出一系列基于区块链的用户友好型（KYC）平台。印度安得拉邦政府正在开发一套基于区块链的土地登记系统，以打击房地产行业的欺诈和腐败行为。特伦甘纳邦政府也在开发一套基于区块链的类似系统，来为税收部门提供服务。

（2）加密货币监管。2017年4月，印度政府成立了一个跨学科委员会，评估现有的虚拟货币监管框架，并收集公众对规范此类货币使用的相关政策的反馈。尽管该委员会尚未公开发布任何调查报告，但据了解，该委员会将建议对虚拟货币的使用实行严格管理。2017年11月，印度最高法院要求印度政府对一份关于监管比特币的请愿书作出回应。政府如何回应最高法院的要求，以及印度数字货币政策框架如何演变，将对该国数字货币发展和使用产生重大影响。最近，印度中央储备银行发布了关于使用比特币等加密货币的潜在风险警告。

无论比特币和其他非法加密货币最终得到何种处理，现阶段印度官员对区块链技术更感兴趣。据报道，印度政府可能会推出一种名为"拉克希米"（Lakshmi）的法定加密货币。

9. 非洲

数字货币拥护者认为，区块链技术和加密货币可能在非洲引发一场"金融革命"。然而，非洲各监管机构对区块链和加密货币技术的反应多种多样，许多机构对加密货币尤其是比特币的态度极度谨慎甚至质疑，其他机构则为加密货币的使用打开便利之门。

2015年12月，突尼斯成为首个通过区块链发行本国货币的国家。2016年11月，塞内加尔央行（BanqueRégionale de Marchés，BRM）与电子货币铸造有限公司联合，在西非经济货币联盟（West African Economic Monetary Union，WAEMU）推出一款数字货币 eCFA，塞内加尔央行（BRM）将在遵守西非国家中央银行（Banque Centrale des Etats de l'Afrique de l'Ouest，BCEAO）和西非经济货币联盟央行的电子货币规定的前提下，发行这款数字货币。塞内加尔是西非地区首个宣布基于区块链技术的 eCFA 为法定数字货币的国家，并宣布 eCFA 享有与该国官方货币——非洲法郎同等的法律地位。

其他非洲国家对加密货币并不热衷。2015年，肯尼亚中央银行（Central Bank of Kenya，CBK）发布警告称，比特币及类似产品不是法定货币，并命令公众投资者停止比特币及类似产品的交易。南非储备银行（South African Reserve Bank，SARB）在2014年发布的《虚拟货币意见书》中表达了类似的观点。然而，南非储备银行（SARB）最近缓和了立场，并于2017年7月宣布将开始对比特币和其他加密货币进行监管试验。最近，尼日利亚中央银行（Central Bank of Nigeria，CBN）表示需要进一步研究加密货币。

（二）对首次代币发售的监管方式

1. 美国

全球大多数监管机构对首次代币发售（ICO）都持谨慎态度，并且不希望损害区块链技术可能带来的利益。然而，在许多情况下，首次代币发售的参与者主要是为了投机和资本收益的目的而购买代币，这使得全球的证券监管机构难以保持观望态度。

2017年，几乎没有任何首次代币发售相关的国际协议发布，大部分市场都在观望美国证券交易委员会（SEC）是否会将首次代币发售叫停。在调查了德国分散自治组织（Decentralized Autonomous Organization，DAO）Slock.it公司之后，美国证券交易委员会发布了一份调查报告，认为Slock.it公司发售代币违反了美国联邦证券法。在美国证券交易委员会看来，Slock.it公司的代币属于美国联邦证券法律中定义的证券，而该代币的发售未在美国证券交易委员会注册，也未进行免除注册的操作。美国证券交易委员会在报告中称，一项特定的交易无论是否涉及证券的发行和出售，也无论使用什么术语描述，判定其是否属于证券交易范畴，取决于事实和环境以及交易的经济属性。

美国证券交易委员会关于Slock.it公司的报告并未禁止在美国进行代币交易，也未禁止美国人购买代币。但是，美国证券交易委员会发布了一项重要提醒：根据特定的事实和情况，美国联邦证券法律适用于包含分布式记账技术（DLT）在内的各种证券活动，而不论该证券通过何种组织或使用何种技术来发行或出售。

从美国证券交易委员会关于Slock.it公司的报告中可以得出的第一个结论是，如果一款代币看起来或者表现得像证券，那它可能的确是证券，至少是处在美国证券交易委员会的监管范围内。美国证券交易委员会在报告中重申，美国证券交易相关的法律适用于使用分布式记账技术或区块链技术来促进融资、投资、证券发行和出售的虚拟化组织或融资实体。任何通过智能合约技术实现的自动化功能，都不能脱离美国联邦证券法律的监管。

从美国证券交易委员会关于Slock.it公司的报告中得出的第二个结论是，如果一种代币是美国联邦证券法下的证券，那么，简单地将美国人排除在首次代币发售外是远远不够的，在二级交易市场中也需要阻止其购买。其他司法管辖区在2017年也加强了对首次代币发售的监督。

2017 年 12 月，美国证券交易委员会就 Munchee 公司通过发售数字代币，集资开发基于区块链的餐厅就餐应用程序，对其提起诉讼。美国证券交易委员会发现 Munchee 公司出售的代币属于证券发行，而该公司既未向政府注册，也未拿到豁免注册的资质，从而违反了美国证券法。

在 Munchee 公司诉讼案中，美国证券交易委员会重申了其早些时候在 Slock.it 公司案件中的声明。此外，美国证券交易委员会还指出，Munchee 公司在博客、播客和 Facebook 上发表的关于利润的说明为购买者提供了合理的利润预期，这种行为对投资者造成一定的诱惑。

Munchee 公司案件中的一个重要教训是，代币出售时，公司的业务和平台的状态也可能是被监管的一个重要因素。Munchee 公司要开发的平台尚未投入运行，其代币的买家可以持有该代币并等待平台投入运营，也可以出售给第三方。

让美国证券交易委员会尤其感到困扰的是，不管 Munchee 公司代币购买者是否使用过 Munchee 公司的应用程序或平台，这些购买者都坚信他们能够通过持有或者交易该公司的代币获利。假如，Munchee 公司没有以如此明确地关注未来利润和投资潜力的方式进行营销与推广代币，而是专注于代币在公司生态系统中的重要性和使用方式，那么，结果可能会有所不同。

2. 德国

德国联邦金融监管局（German Federal Financial Supervisory Authority，BaFin）发布了一份关于虚拟货币的指导性说明，将虚拟货币视为受《德国银行法》监管的金融工具。代币在德国有可能被归为虚拟货币，假如这样，代币发售将成为一种受监管的活动且享受一定的豁免权。

3. 日本

日本将加密货币定义为虚拟货币，因此，加密货币在日本受到监管，而且必须在日本金融厅（FSA）注册。但是，日本在 2017 年并未出台针对首次代币发售的具体规定。

4. 新加坡

2017年8月，新加坡金融管理局发布通知，如果数字代币组成的产品在新加坡《证券期货法》（Securities and Futures Act，SFA）的管辖范围内，那么该数字代币也要受到监管。相应地，在数字代币代表发行人的资产和财产的所有权或担保权益的情况下，这些代币可被视为包含在受新加坡《证券期货法》监管的集体投资计划中，并且提供股份或单位股权的要约。在2017年11月15日，新加坡金融管理局发布了《数字代币发行指南》，为新加坡数字代币发行项目提供了适用的法律和监管政策等的汇总。

5. 澳大利亚

澳大利亚证券投资委员会（Australian Securities and Investments Commission，ASIC）主席在2017年6月指出，符合澳大利亚法律意义下传统证券概念的首次代币发售，将被视为等同于其他任何被特别强调披露的金融工具。但是，澳大利亚证券投资委员会对过早监管首次代币发售表示担忧。

2017年9月28日，澳大利亚证券投资委员会发布指导意见，表示将帮助首次代币发售的发行者了解其发售代币时必须遵守的法定义务。澳大利亚证券投资委员会的MoneySmart网站上，也发布了面向广大投资者的首次代币发售的投资风险指导。

根据澳大利亚证券投资委员会的说法，在澳大利亚，首次代币发售的法律地位取决于实施首次代币发售的具体情况，比如其构建和运作方式，以及代币附带的权利等。

6. 其他国家和地区

2017年，许多首次代币发售（ICO）发起于瑞士、列支敦士登、新加坡、开曼群岛和美国等。虽然影响代币发行地选择的因素很多，但是，美国证券交易委员会（SEC）的行动，以及中国和韩国对首次代币发售（ICO）的限制，使市场意识到代币购买者所在地的监管比代币发行者所在地的监管更加重要。从理论上讲，这意味着代币的发行人必须确认，代币发售在每一个购买者所在地是否为被管制或禁止的活动。

二、区块链应用概况

（一）区块链面临的国际挑战

以下介绍了区块链技术可能帮助解决的一些国际挑战，以及致力于研究区块链技术解决方案的组织。

1. 数字身份：可持续发展的数字生态的基础

人们的数字身份由所有网上的信用关系组成，包括银行和电话账户、税收记录、营业执照、犯罪和债务记录，以及检索、购物和通信数据等。基于这些数据关系的凭证使我们可以在网上进行一系列的操作，比如，办理与政务相关事项、检索信息、聊天购物等。

然而，数字身份并不归我们自己所有，我们甚至不知道数字身份记录中包含哪些信息、这些信息存储在何处，以及如何对这些信息进行审查。事实上，这些信息分布在大量的组织机构中，存储在许多我们接触不到的计算机里。这使得我们作出重要决策时所根据的信息往往是时而秘密、时而错误的。另外，我们的信用卡号、政府识别码等各种身份凭证仅仅是一张包含所有数字身份信息的薄片，这使得我们的身份信息很容易被窃取。

在过去的现实世界中，我们的信息很少被记录，而且这些有限的记录被身份不明确的政府雇员所管控。我们争取了解和控制自己数字身份信息的权利的斗争才刚刚开始。

区块链技术是这场斗争的核心，如果所有的信息都记录在一个不可破坏的数字账目上，那么我们可以方便地证明我们的社会关系，比如，证明我们缴纳税款、获得营业执照等。同样重要的是，我们还可以证明那些我们没有做过的事。基于此，与征税者的争论会减少，身份信息盗窃将会变得极其困难，同时我们也能更加全面地认识自己的线上身份与状态。

2. 数字货币、代币和首次代币发售

无论是令牌还是代币、发行还是发售、区块链众筹还是首次代币发售，事实远比精确的术语更加重要：区块链技术可以有力支撑融资创新，主导着风险投资的未来，并改变了企业筹集资金的途径。鉴于其受欢迎程度，我们使用首次代币发售和代币等术语进行描述。截至 2017 年年底，通过首次代币发售方式筹集的资金已经超过 40 亿美元。那么，首次代币发售究竟是什么？监管方面的考量和挑战又是什么？

正如区块链技术的许多方面一样，首次代币发售也在不断地发展中。但从根本而言，首次代币发售是一种基于区块链或分布式记账技术的商业或应用项目通过众筹方式筹集资金的行为。尽管许多人倾向于将首次代币发售与首次公开募股（Initial Public Offerings，IPO）进行类比，但从理论上讲，它们筹集资金的方式截然不同。与首次公开募股中发行者发行股票对比，首次代币发售中发行的是通过智能合约或者说一段计算机代码创建的加密数字货币。

首次代币发售中发行的代币并不是公司实体在发行证券的意义上发行的。这些代币的创建者可能是未注册的公司、软件开发小组，甚至是个人。比如，首次代币发售的发起人可能会说他们正在创建一家公司，但这并不意味着存在一家拥有雇员、资产、合法合同的实体公司在发行代币。

如何理解首次代币发售与其他集资方式的区别呢？

进行代币发售的目的各不相同，但通常情况下，代币发行者通过向一个相当大的群体以远低于其未来潜在价值的价格分发代币，并鼓励早期采用者购买，来筹集资金并向开发者支付酬劳，且资助相关的项目和正在进

行的开发。这与传统的证券发行有许多相似之处，例如，在传统的证券发行中，投资者预期某公司未来会成功时，则会选择购买该公司股票。

通常来说，参与首次代币发售活动并持有代币，代币购买者需要使用专业软件、具有相关的知识，并使用比特币或以太币购买代币。代币的所有权体现在持有允许转移或使用代币的数字密钥上。代币购买者和发行者的地域所在可以不同，通过首次代币发售集资的项目和发行者可能位于某一特定司法管辖区，而存放代币的数字钱包使代币购买者能够分布在世界各地。包括中国在内的一些政府在2017年尝试限制并完全取缔首次代币发售（ICO），但基于分布式技术的智能合约，使得监管机构难以将这些基于无国界技术的数字代币排除在市场之外。表1对首次公开募股（IPO）或风险资本融资与首次代币发售进行了对比，图1显示了2017年首次代币发售的行业分类情况。

表1　首次公开募股（IPO）或风险资本融资与代币发售的对比

首次公开募股（IPO）或风险资本融资	代币发售
在首次公开募股（IPO）或风险资本融资周期中，一家公司出售其所有权股份或股权比例，以从投资者处获得资本。这些资本用于维持公司的运营和增长，同时，股东权益增加反映在资产负债表上。随着公司收入和利润的增加，投资者可以从股票中获得现金价值、股息分红，或者股权收益等。 传统上，早期的创业公司从天使投资人或风险投资公司那里获取启动资金来开始运营。成功的创业公司通常会获得多轮融资，直到公司有能力独立运营或在首次公开募股（IPO）中获取足够的吸引力为止。然而，由于代币发行市场的高回报率和流动性，创业公司和风险投资公司都对代币发行产生了浓厚的兴趣。	在代币发售中，公司拥有独特的技术和商业价值定位，将代币作为其未来运营模式的核心部分。基于自定义代币和产品效用之间的关联性，大多数公司都开发了自身的分布式应用平台，通过发行代币，使投资者与产品交互。 这里的关键区别在于，代币在发售中使购买者接触了产品的实用性。一方面，代币作为激励新产品用户、参与产业生态系统、增强平台技术效用的方式发售，为公司募集了营运资本。另一方面，购买者通过"消费"他们的代币来获得产品价值。除了那些被"锁定"的之外，代币可以通过Ethereal协议自由兑换，因此，用户还可以选择其他加密货币或法令进行交易。

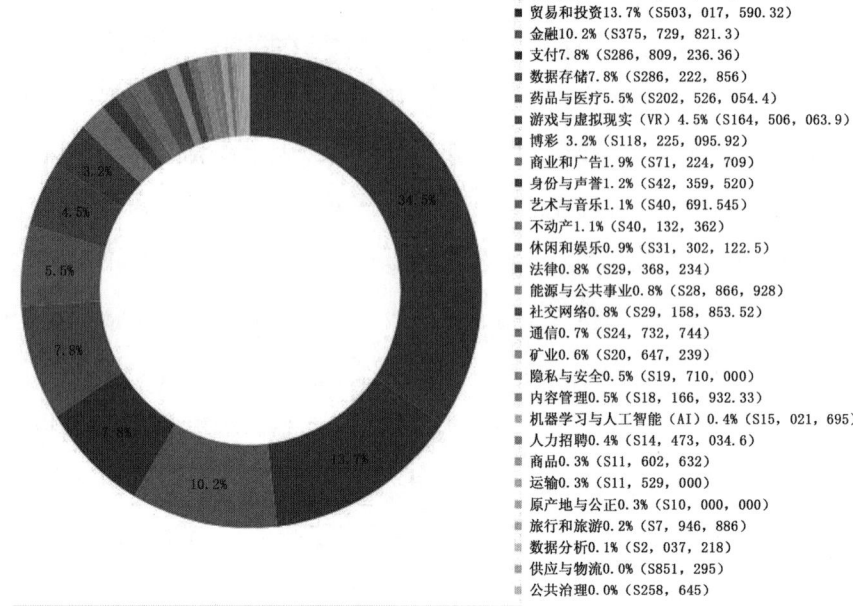

图 1 2017 年首次代币发售（ICO）行业分类

3. 智能合约

智能合约是大多数基于区块链的平台和应用程序的关键组成部分。了解其运作方式和面临的挑战，对理解区块链技术如何彻底改变个人乃至大规模全球交易的方式至关重要。

智能合约是指在区块链上自动执行某些合约条款的计算机软件。例如，买卖双方达成协议，如果货物提前交付，卖方有权获得 5% 的溢价。在以往传统中，卖方需证明货物提前交付，并为溢价的处理分配相应的资源。当买方拒不支付溢价时，卖方还需花时间解决纠纷。而在基于区块链的供应系统中，智能合约可以自动地将实际交货日期与预定交货日期进行比较，当货物提前交付时，自动地将溢价从买方账户提取并转移至卖方账户。

通过自动执行某些合约条款，智能合约简化了许多合同关系中的事务性成分，并减少了各行各业的中间商介入。例如，在发展中国家，智能合约可以在一定天数没有降雨的情况下，为农民提供即时的农作物保险赔偿；也可以通过提供透明追踪机制，监控非政府、非营利组织的资金链条，从而打击腐败和挪用行为；甚至可以为公民提供更好地实行选举等公民权的平台。合约的快速、高效和自动执行可以使任何企业受益，对于中小型企业而言，甚至可以使其从亏损转向盈利。此外，存储在区块链中的智能合约具有更高的网络安全水平，这是区块链技术的另一标志。

值得注意的是，虽然称其为智能合约，但在不使用人工智能解析复杂或主观条款的时候，智能合约并不智能；同样，智能合约的代码也不能被视为合约本身，智能合约不会取代标准的合约关系。依赖于智能合约的各方，以及法院和仲裁机构，都需要明确这一点。

4. 区块链和产权

区块链解决方案正在测试我们想象力的极限，而迄今为止，一些最有前景和影响力的试点项目都与产权有关。在每一个繁荣的社会中，财产所有权的登记都起着不可或缺的作用，安全的财产登记具有深远的经济和社会影响力。全世界近70%的人口生活在无房产证明的房子中，这种被称为"死亡资本"的资产价值近10万亿美元。著名经济学家赫尔南多·德·索托研究了"死亡资本"如何伤害无公民权的人，他认为与无证所有权有关的问题是多种多样的。首先，法律证明文件的缺失限制了人口的流动性。在发展中国家，财产未经过法律公正的人，必须切实保护其家园，这限制了他们的就业范围和行动自由。其次，法律公正文件的缺失使人们无法出售财产。最后，缺乏产权证书使人们不能以这些资产作为抵押品来获得信贷。以上这些影响对个人、企业和公司而言都是非常巨大的。

2010年海地地震后，安全的财产登记需求被重新提出。海地地震造成全国范围内的建筑物倒塌，由于没有备份的记录系统，财产认证成为一项不可完成的任务，即使对于那些曾经做过财产登记的人，土地所有权的认证也难以进行。一套稳健、分散、安全的认证系统的重要性显而易见，但是，如果记录不准确的话，无论多么有前景且安全的技术，都不能提供这种系统的解决方案。

格鲁吉亚拥有一家准确度世界领先的土地登记处，这家土地登记处在世界银行的排名中位居全球第三。在土地所有权和用户记录等方面的投入，使得格鲁吉亚成为试验基于区块链的土地登记处的理想场所。格鲁吉亚房地产试点项目始于 2017 年年初，现在，在基于区块链的新土地登记处，数据的存放是安全分散的，实时审计成为现实，交易摩擦和成本也大幅降低，过去可能需要几天才能实现的过程现在可以在几分钟内完成。乌克兰政府最近宣布了一个迄今为止最大、最有潜力、最重要的区块链项目。在全球领先、全方位服务的区块链公司 Bitfury 集团的帮助下，该项目将建立一个基于区块链技术的土地登记电子政务平台，并为全国 4500 万公民提供服务。如果成功，该项目有可能彻底改变乌克兰公民的生活。

格鲁吉亚和乌克兰只是探索区块链解决方案的众多国家中的两个，其他国家还包括瑞典、阿拉伯联合酋长国、澳大利亚、丹麦、日本和爱沙尼亚等。在全球范围内，恢复对经济增长的信心，增强经济实力和包容性所面临的挑战是非常现实的。公众对政府、商业领袖、银行以及其他机构的信任正在减弱，这引发了广泛的不安甚至动荡。通过区块链技术，我们看到政府、组织机构和引领者正在担负起职责并打开眼界，通过建立更灵敏、更透明的系统来应对这些新出现的信任危机。

（二）可持续的解决方案

1. 区块链如何改变能源行业

能源行业正在发生转变。随着太阳能电池板的普及，家庭正在向能源自给自足的方向迈进，开始摆脱依靠电网的能源供给并告别昂贵的能源账单。电力网络运营商、零售商必须采取措施来阻止客户流失。

Power Ledger 公司将区块链技术应用于能源市场，使可再生能源可以在没有第三方介入的情况下出售,这种新概念被称为 P2P 分散式能源交易。从历史上看,集中式发电站提供客户所需的能源,在这种模式下,长距离的传输将造成能源消耗。虽然拥有太阳能电池板的客户可以将多余的能源卖给电力公司,然后电力公司在获利的情况下将其转售给其他客户。但是,从能源收回电网到再次输送给最终用户,长距离的传输最终会使出售能源的客户利益蒙受损失,并造成电力公司能源的浪费。

Power Ledger 公司开发的能源共享平台使用区块链技术解决能源交易问题。由于该平台管理财务交易,数据库的安全性得到保障。除了安全之外,对于大量的能源交易,使用区块链技术比使用传统数据库技术更加划算和高效。

Power Ledger 公司代币持有者还可以通过即将推出的资产萌芽事件,投资风能、太阳能和电池等发展项目。此外,该公司还计划在澳大利亚各地的电动汽车充电站部署其能源共享平台,目前,此项计划已经在澳大利亚的白谷地区开展。Power Ledger 公司已与澳大利亚 Origin Energy 公司、新西兰 Vector 公司合作,成功完成能源共享平台的试验,并与泰国 BCPG 公司、印度马恒达科技有限公司、欧洲列支敦士登战略发展研究所,以及澳大利亚珀斯市的多个项目签署了合作协议。

Power Ledger 公司与上述公用事业公司合作,允许其将用户搭载到 Power Ledger 的平台上,使得公用事业公司在提供更便宜的能源的同时,让所有客户都活跃在电网上。这是一种能够颠覆传统公用事业公司的创新型商业模式,在某种程度上,这蚕食了公用事业公司的现有市场,但如果他们不参与,他们的对手就会参与进来。

BitLumens 是一种用户友好型、环境友好型的智能物联网(Internet of Things,IoT)设备提供商,能够将电力输送给生活在无电网覆盖地区,供没有银行账户的人使用。根据《世界能源展望》报道,全球超过 10 亿的女性因为缺乏户籍资料而被银行系统拒之门外,12 亿人得不到电力供应,

27亿人无法使用清洁能源烹饪。在拉丁美洲的农村地区，有超过3100万人依靠木材、煤油、塑料、电池、蜡烛等低效率、高风险的燃料获取能源。仅仅一盏煤油灯，每天使用4小时，一年内即会产生超过100公斤的二氧化碳。BitLumens可以为这些人提供数字身份、小额信贷和清洁能源。

BitLumens提供了一种非传统的可再生能源解决方案，利用风能和太阳能解决拉美地区的电力可靠性和能源安全性问题。该公司将为拉美地区没有银行账户的妇女提供小额贷款，并在当地推出随收随付系统，一旦所有的付款分期都被支付，BitLumens将为用户提供技术所有权以及一套新的应用系统。

对于金融决策者来说，长期存在的一个盲点是无法看到环境、社会和治理的回报，从而无法对资本定价。BitLumens将影响力投资引入到加密、区块链等领域，提供了一种新型环境友好型资产类别。该公司通过P2P网络，提供了一种基于区块链技术的"软件即服务"（Software as a Service，SaaS）应用模式。除了交易透明外，他们还提供客户尽职调查（Know Your Customer，KYC）、数字ID、室内空气质量数据、用户负载情况等信息，这些将综合显示每个家庭的发电和消费情况，以及贷款资金使用情况。投资者可以使用BitLumens平台来查看硬件位置、生成电量，以及借款人信用评分等信息。

BitLumens将致力于推进联合国可持续发展目标，尤其是在获取廉价和清洁的能源、建设可持续发展的城市和社区、改善民居的健康与福祉、支持性别平等和气候行动等方面。

2. 区块链消除环境负债风险

全球大部分超大型公司都面临着环境负债风险，其额度相当于数万亿美元的潜在资产减值和股票价值损失，但他们几乎没有缓解措施。这些公司获得环境抵消信贷的额度是有限的，最有效的获取方式是进行场外交易，而这样会使得环境抵消信贷缺乏流动性，且难以成为企业的长期对冲。这种垄断和非流动性导致了环境抵消信贷的严重估值偏低和利用不足。

上述两种现象意味着数万亿美元的风险价值，以及数万亿美元的未实现的价值。Veridium 公司提供了一个平台和一套协议，将环境资产搭载到以太坊区块链上，并为其提供流动性和透明的定价机制。这些额外的特征和应用层的进一步发展，使得搭载到以太坊区块链上的环境资产有效地缓解了嵌入到企业供应链层面的环境威胁，最终也会使股东价值免受损失。如图 2 所示。

图 2　环境方面的区块链解决方案

3. 区块链促进金融科技创新

UWIN 公司是一家盈利性的金融科技公司，它为那些被排除在实体商品市场之外的弱势商品生产者，尤其是中小农民股东，提供新一代市场基础设施产品。UWIN 采用最新的技术来降低成本、提高效率、提升透明度并促进价格提升。

这些技术包括简单的、基础性的前端用户交互技术、云存储技术、后端区块链技术,以及前沿的、分析性的分布式系统架构技术、物联网技术、大数据技术和机器学习技术等。通过这些技术将市场中的各种数据进行清洗,可以得出能够使用的详尽数据。

UWIN 最先推出的一系列服务,旨在关注融资和抵押确认、资产所有权评估等农民面临的最大问题。这些服务包括:(1)身份注册;(2)资产和土地注册;(3)抵押品验证和信誉指数服务;(4)本地和国际价格反馈;(5)电子交易市场;(6)确认、结算、交付、支付服务;(7)信贷和保险服务。UWIN 通过与不同的技术和解决方案供应商合作,提供上述服务,并将针对每个独特的市场提供合适的产品。

4. 区块链改变发展中国家的支付方式

对在非洲经商的人而言,非洲现有的支付系统在很大程度上是低效且充满挑战的,当跨境交易成为公司业务中不可分割的一部分时,体验尤其如此。在非洲的跨境交易通常成本高、速度慢,并且具有严重的美元依赖性。持续可能数周时间的交易,将非洲成长型企业与现金流紧紧捆绑在一起。而银行开展业务要求提供大量盖章的纸质文件,并要求本人亲自办理交易手续,一旦办理人提供材料出现失误,银行则会当即取消交易。

BitPesa 通过提供即时的外汇和财务结算服务,降低了在非洲做生意的时间和成本。该公司使用自身在当地的流动性货币或比特币,直接给银行账户或移动支付账户提供超过 15 种新兴市场货币和全球货币的互兑功能,使一些在传统银行中不提供的货币兑换功能也成了可能。这大幅提高了货币兑换的便利性,并降低了货币兑换成本。BitPesa 的用户可以自主选择是否使用比特币交易,但无论如何,用户都能享受快速高效的服务。例如,使用 BitPesa 的服务,可以以最小的风险,在短短几个小时内实现仅以 1% 手续费从尼日利亚到欧洲供应商的付款。

BitPesa 目前服务于在非洲开展业务的大型公司,同时也与在非洲寻求进行外贸交易的小型企业合作。从 2013 年创立,实现用户使用比特币购买肯尼亚先令，并即时转移至移动钱包开始，比特币使 BitPesa 打造出一款鲁棒性极强的产品。目前，BitPesa 可以同时处理数百万用户和上百万美元交易，并已经发展成为一家能够应对市场基础设施不足，保持高效运转的全球性公司。

5. 区块链、数字货币与中央银行

在不到 10 年的时间里，比特币和以太币等数字和加密货币的估值已经超过 6000 亿美元，迅速追赶上苹果等跨国公司的市值。在此背景下，加拿大央行、欧洲央行、日本银行、瑞典央行和巴西银行等中央银行，已经开始研究它们是否应该通过分布式记账技术（DLT）或区块链技术，发行自己的数字代币。本部分回顾了这一问题及其调查结果。

（1）政策问题。一般来说，中央银行通过商业银行、金融市场、政府基础设施建设等三类存款账户，以及向公众拨付现金，来提供央行货币使用权。存款账户与央行大额支付系统相挂钩，用于实施国家的货币政策；现金则通过银行分发给公众，以实行惠民补贴。这种存取原则很容易被应用到央行发行数字货币（Central Bank Issued Digital Currency，CBDC）中。原则上，银行同业支付可以通过央行发行数字货币进行，相应地，通行货币也可以被基于区块链技术的数字货币所替代。

政策方面的一个考虑是中央银行业务的竞争性，即央行是否应该提供私营企业也能提供的服务。从法律上讲，许多中央银行是不被允许与私营企业竞争的。而事实上，央行提供资金作为结算资产并担当支付系统的运营者，这样所引发的风险最小。央行作为大规模和大额资金支付系统的运作者并进行资金垄断是经过系统风险考验的。当央行发行数字货币（CBDC）用于银行同业支付时，上诉论断同样适用。

然而，这对于零售支付来说可能会有所不同。迄今为止，许多国家都存在高效率、低成本的私营企业支付系统。在这一领域，关于市场失灵的论断则是相当少的。

（2）基于央行发行数字货币的零售交易。基于分布式记账技术的数字货币交易允许点对点的价值交换。因此，数字货币拥有了许多传统货币的特征。暂且不考虑竞争性因素，作为传统货币的替代品，央行可以向公众提供央行发行的数字货币。为此，央行将必须像在纸币发行流通时那样与私营企业密切合作。例如，商业银行可以代表中央银行发行代币，并确保每一个代币的持有者被"了解你的客户"（KYC）和反洗钱（AML）规定适当鉴别过，而且，网络与软件的开发必须外包给私营企业完成。但值得关注的是，迄今为止，分布式记账技术还不足以实时处理类似于现实中现金交易这样的巨量交易。

一个经常被提及的反对向公众发行央行发行数字货币的观点是：这将引发突发的挤兑，导致银行存款在压力大的情况下大量外流到央行发行数字货币中。但是，只要有可靠的存款保险，并限定央行发行数字货币的持有量，这种风险是可以消除的。

央行发行数字货币也可以作为非现金零售交易的一种替代手段，例如，信用卡或者自动清算所（Automated Clearing House，ACH）支付。除了上面提到的能力限制外，还应注意到，传统的集中式的零售支付系统大大提高了结算速度。例如，在欧洲、美国、澳大利亚及许多新兴经济体中，即将应用的零售支付系统都能提供7×24实时清算服务。换句话说，在现有的集中式的系统面前，基于分布记账技术的系统在结算速度方面不具备竞争优势。

（3）基于央行发行数字货币的大规模大额交易。现如今，大规模银行同业支付提供即时结算功能，即实时支付结算系统（Real Time Gross Settlement，RTGS）。这种无条件且不可逆的实时清算，极大地降低了银行同业市场的系统性风险。为保证不间断的支付结算，实时支付结算系统需要依靠两个数据同步和高度精密的数据中心。从原理上讲，使用分布式记账技术将涉及两个以上的数据中心，这可能会增加系统的弹性和安全性。

一个基于分布式记账技术的央行运营大额支付系统的方法是：在结算

日开始时,将商业银行的央行结余转化为数字代币,然后,银行同业支付使用数字代币进行双边结算。最后,在结算日结束时,将每家商业银行持有的数字代币转换为央行存款,然后将数字代币销毁。

尽管在安全和弹性方面有潜在的优势,分布式记账技术仍然有两个重要的缺陷。其一是,基于分布式记账技术的系统处理能力仍然过低。例如,瑞士现有的实时支付结算系统在高峰日每秒处理大约 70 次交易,日交易量可达 500 万次。而基于分布式记账技术的系统目前无法实现这一点。其二是,现有的实时支付结算系统能够在几分之一秒内直接结算支付,而基于分布式记账技术的系统耗时要高出几个数量级,一般为几秒钟到几分钟。从系统风险的角度看,这些缺陷是不可接受的。但可以预见的是,几年之后,分布式记账技术可以足够演化到克服这些缺陷的水平。

(4) 对货币政策的影响。货币的部分或全部代币化,对货币政策实施的影响是非常有限的。实施货币政策是中央银行的独特能力,央行通过设定存款利率和再融资操作来影响市场利率。换言之,央行设定短期的市场利率波动区间,即使央行货币需求为零,市场利率仍能维持在波动区间内,央行唯一要做的就是随时维持流动性并保证储蓄。

三、政策建议

世界各地的企业家和技术专家都在为加密货币和区块链技术的应用开发新途径。而不同的应用可能会落入不同的法律和制度的监管中。为了应对这一问题,有远见的政府从一开始便会对比特币等加密货币制定规范。

政府有责任在实现诸如消费者保护等监管目标的同时,兼顾为新技术的发展提供良好的环境。对加密货币和区块链等的压制,可能会让一个国家在金融创新浪潮中退居二线。然而,这些新技术通常复杂难懂,政府如何才能既拥抱这些技术,又不限制其发展呢?以下原则是业界实现成功的政府监管和自身约束的方法的核心：

第一，明确监管的主体。对于通过网络为用户保管比特币等加密货币的个体户，监管是有可能的，但对于分散式分布的整个网络群体，其监管难以实现。

第二，明确监管的目标。为加密货币制定的监管政策应该有明确的监管目标。总体而言，分为两个：保护消费者和打击洗钱。

第三，仅监管"控制"消费者加密货币的人。在加密货币领域，很难确定哪些参与者实际持有，从而有可能损失客户资金。美国统一法律委员会对"控制"的构成做了明确的定义：单方面执行或无限期阻止加密货币的交易。

第四，与企业合作以保持可见性。在反洗钱政策实施方面，堵不如疏，重要的是与公司合作。公司能够提供有关加密货币网络的专业知识，并提升风险的可见性。假如没有合理的执法标准，则市场上只会留下不合法的参与者。

第五，对所有加密货币一视同仁。试图将交易所交易的加密货币限定为某一种类型的行为可能会适得其反。用户如果喜欢另一种加密货币，只需找到以该种加密货币进行交易的交易所即可。此外，相互竞争的加密货币种类的激增，预示着一个高度创新的市场会即将到来。

第六，确保监管要求的合理。在使用任何特定的监管框架前，都需要认真确认监管要求的合理性和可行性。

以上这些探索仍然是区块链技术的早期阶段，却也足以令我们振奋。区块链技术研究的广度，加密货币惊人增长的估值，以及不断扩展的区块链技术使用领域，都直指这一技术更广泛的应用。正如互联网使 P2P 自由信息交换成为可能一样，区块链也拥有开辟自由资产交换新纪元的潜力。区块链技术的潜力，以及其增强公众对世界各地逐渐失信机构信心的潜能，将会对未来全球经济和社会产生深远的影响。

英格兰与威尔士的国家监控摄像机战略

编 译：朱 雷
译 审：冀俊峰

国家电子政务外网管理中心主办

编者的话

公共安全在当今社会的重要性越来越突出，从国际恐怖主义到国内的社会治安群体事件时有发生，特别是互联网及信息化的迅猛发展，使社会及公共安全问题更加复杂。英国是视频监控系统建设及应用水平最高的国家之一。在过去的 40 年里，随着社会的进步、科技的发展，以及民众安防意识的不断增强，英格兰和威尔士（乃至整个英国）在公共场所的视频监控系统取得了很大的进步和发展。

本文是英格兰和威尔士在 2017—2020 年间的国家监控摄像机战略，作者为英国政府视频监控专员。这一战略基于英格兰与威尔士的安保需求，通过对英国历史经验总结，提炼出现行监控摄像机政策中存在的关键问题。为确保这些问题得到全面解决，该战略提出了一系列交付计划，以及保证贯穿这一战略的提高标准和定义最佳实践成果的决心，确保这一战略的颁布可以保证公共场所的视频监控被合法、公开、高效地使用。这也将更有助于公众保持对它们持续性使用的信心，可以在不侵犯隐私权的同时，维护个人和社区的治安。

近年来，党中央和国务院多次强调公共安全视频监控建设联网应用是新形势下维护国家安全和社会稳定、预防和打击暴力恐怖犯罪的重要手段，是动态化、信息化条件下社会治安防控体系建设的重要组成部分，对于提升城乡管理水平、创新社会治理体制具有十分重要的现实意义。这一视频监控战略，将对我国有关部门制定相关政策具有一定的借鉴作用。

编 译：朱雷　　译审：冀俊峰

英格兰与威尔士的国家监控摄像机战略

(托尼·波特 监控摄像机专员)

前言

我很高兴向大家介绍英格兰和威尔士的国家监控摄像机战略。

监控摄像机专员的设立,用以鼓励、监督、建议在遵守《监控摄像机守则》的前提下于公共场所使用监控摄像机。

在过去的40年里,公共场所的视频监控一直是英格兰和威尔士(甚至整个英国)生活的一部分,它的使用和存在已经变得无处不在。事实上,没有人知道到底设立了多少台监控摄像机,也没有适当的工作机制来衡量它们的有效性。

从20世纪90年代起,监控摄像机的使用呈爆炸式增长。目前,使用人体穿戴摄像机、无人机技术和支持此类摄像头的人工智能趋势,仍然受到媒体的广泛关注。核心问题依然存在——社会如何有效地平衡公共安全需要与个人隐私权之间的关系?

在过去40年里,为提高相应标准进行了许多有益的工作。然而,在我担任专员的最初3年里,我清醒地认识到,实际上仅通过努力协调沟通我们就可以做得更多。

摄像机的制造商和集成商需要明确地关注英格兰和威尔士的市场需求

和最佳使用场景。那些操作和使用监控摄像机的人要有把握,确保他们购买的监控系统确实能够符合他们的需求。公众则需要了解这些摄像机的功能,并了解它们发展的技术复杂性——如果他们不了解公共安全场所设置的监控摄像机能做什么,那么社会公众如何能同意在公共安全场所使用监控设备呢?

您将看到,这些问题在本战略和相应的交付计划中将得到全面解决。贯穿这一战略始末的是努力提高标准和定义最佳实践。它的结果将是,公共安全场所的视频监控将被透明、高效地使用。同时这些监控也将被合法地使用,这将更有助于公众保持对它们持续性使用的信心,可以在不侵犯隐私权的同时,维护个人和社区的治安。

透明度是贯穿这一战略的主线,我将确保它的发展和进程受到公众监督。我的咨询委员会将会持续对其执行情况进行监督。每年,我都会在年度报告中向内政大臣汇报——这份报告也将提交国会审议。

在截稿之际,我必须感谢诸多个人和组织自愿提供的支持,得以将这一倡议发展成战略并成为可实际交付的成果。这包括我的咨询委员会,领导工作队伍的一些个人,在咨询期间面对挑战、提供支持的团体组织,以及我办公团队的不懈努力。他们接受了这项工作的挑战,并且做得非常出色。

来自英格兰和威尔士政府、独立监管机构、行业专家,以及许多其他广泛支持这一战略(参见本文附件 A)的机构,就是这项工作的证明。

我期待为国家监视摄像机战略(英格兰和威尔士)提供详细的最新修订。

执行概要

(1)政府完全支持在公共场合公开使用监控摄像机,只要用途是合法的、满足迫切需求的、适当的、有效并符合任何相关法律义务的。

（2）按照 2012 年《自由保护法》（*PoFA*），监控摄像机摄像专员由内政大臣任命。警务处处长的职责是确保公共场所的监控摄像系统可以支撑他们保障人民的安全。专员的职权范围适用于英格兰和威尔士，以及政府的监视摄像机业务守则《SC 守则》。

（3）监控摄像涵盖的范围包括闭路监控系统、人体穿戴摄像机、自动车牌识别摄像机、车载摄像机和无人机。闭路摄影机的数量是通过指标性数据估算得到的，但这些只代表了一部分监控摄像机的覆盖范围和能力。

（4）专员咨询委员会于 2016 年 1 月商定了一项战略，同意支持制定一项全面的国家级监控摄像机工作战略，该战略寻求制定一种整体性方法，以提高标准并遵守《SC 守则》的 12 项指导原则。战略的核心是合作伙伴关系。

（5）2016 年 10 月发布了战略文件草案，随后进行了为期 6 周的密集磋商。磋商期间收到的意见建议已反馈到了战略及附带的交付计划并提交政府。在修订战略的同时，还公布了对磋商意见的回应。

（6）这是一项雄心勃勃的战略，其长期目标将延续到 2020 年以后。第一个 3 年周期（2017—2020 年）的每个目标都制定了交付计划，我们充分认识到技术变革正在迅速进行，因此我们周围的世界也正发生着变化。我们希望在 2020 年前建立更强大的实证信息库，为进一步的战略规划提供信息，以保持增长势头。该战略是"与时俱进的"，因此将不断保持审查和修订，作为立法、技术革新和良好实践的证明，以积累在实施该战略时所获得的实践经验。

（7）专员的策略目标是：公众可以放心的是，在公共场所使用任何监控摄像系统都有助于保护他们的安全，同时尊重他们个人的隐私权。这种保证既属于合法部署，也基于遵守良好道德惯例和相关法律的透明度。

（8）专员将通过以下方式表达这一策略的远景：在监控摄像机业内起到指导和带领作用。让相关系统的操作者能了解和体会最佳的用户体验，同时向公众证明可以遵守《SC 守则》及任何相关法律法规和条例。

（9）因此该战略与有关立法相呼应，如 2012 年的《保护自由法》、1998 年的《数据保护法》、2001 年的《私营安全产业法》、1998 年的《人权法》、1998 年的《犯罪与混乱法》以及其他指引条例。它将鼓励提供视频监控服务的行业遵循展示良好、最佳实用的原则。

（10）该战略将面向所有系统运营商和负责处理通过摄像机获取个人数据的人员，以了解他们作为资料控制人的责任。这其中包括有法定义务遵守《SC 守则》的有关单位，以及在自愿基础上自由采用《SC 守则》的相关组织。

（11）该战略由以下几个部分组成，每个部分的专家都各自制定了战略远景及规划：

①标准和认证；

②远景瞭望；

③公民参与；

④警察；

⑤当地政府；

⑥自愿采纳者；

⑦国家重要基础设施；

⑧安装人员、设计师和制造商；

⑨培训；

⑩监管。

（12）每一环节分别制定了目标，并同时制定了一项支持交付计划，规定了有助于实现战略目标的具体行动和产生结果。交付计划将与此策略一起发布。

（13）专员制定这一战略，并通过向上下两院提交的年度报告向议会和公众负责。

一、引言

1. 政府完全支持在公共场合使用公开监视摄像机[1]，只要用途是合法的、满足迫切需求的、适当的、有效并符合任何相关法律义务的。

2. 保护自由法案旨在维护公民自由，减轻政府对个人生活的侵犯。条例草案部分内容涉及进一步规范管理监控摄像机，并引入法定的业务守则（旨在将所有相关的法例和指南归结在一起，为系统营办商带来更大的一致性）及委任监察摄像专员。该法案于2012年获得皇家认可，成为议会法——《保护自由法》（PoFA）。

3. 监视摄像机专员由内政部长根据《保护自由法》指定。监控摄像机专员的职责是确保公共场所监控摄像机系统保证人们的人身安全，保护和支持人民并保护其"隐私权"，这些已被纳入《欧洲人权公约》（EHRC）第8条。专员的法定职能是鼓励遵守《监视摄像机操作规范》[2]（以下简称《SC规范》），检查其操作，并就SC标准及相关立法的任何修改向部长们提供建议。《SC规范》于2013年由内政部发布，并提出了12条指导原则，如果遵循这些原则，将确保监控摄像机得到有效、高效和成比例地使用。这适用于英格兰和威尔士以及这一战略。该战略由专员拥有和管理，并得到附件A所列组织的支持。

4. 该战略将提供一个强大的透明框架，专员可以履行《保护自由法》规定的法定义务，并将其年度报告上报内政大臣。它将为政府提供附加价值，因为其不仅有关于目标的进展情况的定期信息更新，还会有关于监控系统演变发展过程的信息更新，以及如何更好地向公众解释这一点，并在

---

[1] 保护自由法（PoFA）的第29（6）节定义了什么是监控摄像机系统：包含闭路监控（CCTV）IP网络协议监控、人体穿戴监控、车牌自动识别监控、安装的监控系统，以及相关软件和可用于分析所收集的数据。

[2] https://www.gov.uk/government/publications/surveillance-camera-code-of-practice.

必要时作出回应以保护它们。

5. 《保护自由法》规定有关部门必须考虑《SC 规范》中的指导。一般而言，有关部门的规定与警察、国家犯罪局和地方政府一样[1]。《SC 规范》明确规定，任何其他在公共场所运营监控摄像系统的组织都应自愿采用其指导原则并公开发布承诺会这样去做[2]。

6. 监控摄像机的使用也属于其他立法以及《保护自由法》的管辖范围。如果是符合《SC 规范》的机构，它可能会支持遵守立法和指导的相关章节，例如信息专员的"CCTV 实践守则"（其中关于监控摄像机和个人信息的数据保护实践守则[3]），以及这里列出的监控摄像机的操作规范：

- 1998 年《犯罪和动乱法》（CDA）
- 1998 年《数据保护法》（DPA）
- 1998 年《人权法案》（HRA）
- 2000 年《信息自由法》（FoIA）
- 2000 年《调查权力法》（RIPA）
- 2001 年《私人安全法案》（PSA）
- 2016 年《调查权力法案》（IPA）

7. 因此，监控摄像机领域的立法环境非常复杂。即使监控摄像机专员监督这一战略，他也将与其他监管机构、政府和其他机构合作，确保所有使用监控摄像机的相关立法得到遵守，并保护个人的自由。

8. 《保护自由法》的第 29（6）节定义了什么是监控摄像机系统：

（a）闭路监控（CCTV）或自动车牌识别（ANPR）系统；

（b）以监控为目的而记录或查看可视图像的任何其他系统；

（c）存储、接收、传输、处理或检查由（a）或（b）获得的图像或信息的任何系统；

---

[1] 2012 年《保护自由法》33 节。
[2] 2013 年 6 月，《监视摄像机操作规范》1.17 段。
[3] https://ico.org.uk/media/1542/cctv-code-of-practice.pdf.

（d）与（a）、（b）或（c）相关的任何其他系统，或与（a）、（b）或（c）形成连接关系的系统。它不包括根据《1988年道路交通违法者法令》第20条批准的相关型号的任何摄像机系统，这些摄像机系统专门用于执法目的。它们仅在检测到相关违法行为时，或无意用于任何监控目的的执法时才捕获和保留图像。例如，关于超速犯罪的执法。

9. 在实际操作中，这意味着可安装在一系列平台，如杆、墙、无人驾驶飞行器、人的身体等上面，以用于捕获数据的前端摄像头。这还包括通过摄像机对捕获的图像和信息进行处理、存储、分析和导出系统的任何软硬件。

10. 这一策略为监控摄像机业务提供了方向和指导，使系统操作员能够理解和使用最佳和良好的实践，并了解其法律义务，例如上述立法中包含的法律义务以及相关指导，比如信息专员办公室提出的闭路监控守则。这将使他们能够应用这种理解来证明符合标准守则的原则和任何其他相关指导。无论系统运营者是否有责任遵守《SC规范》的法定职责或自愿采用《SC规范》的相关权利，该法规都适用。

11. 关于该策略的工作是在监控摄像机专员顾问委员会[1]于2016年1月6日提交的大纲愿景文件之后达成的[2]。咨询委员会批准了这项工作，并同意支持一个项目，以制定全面的国家监控摄像机战略。这项战略的核心是保护人们的权利（如隐私权），并力求提出一种全面的方法来提高和维护标准，以确保这些权利得到保障且有效。

12. 战略文件草案于2016年10月发布，随后进行了为期6周的密集磋商。在磋商期间收到的意见已反馈到战略配送计划和政府。对这一磋商的回应已经与修订后的战略一起发布。

---

[1] https：//www.gov.uk/government/publications/surveillance-camera-advisory-council-terms-of-reference.

[2] https：//www.gov.uk/government/publications/national-surveillance-camera-strategy-outline-document.

13. 相关利益方对国家战略的支持、鼓励和参与使专员们印象深刻。显而易见，更多的协调工作能够提高合规性并提高监控摄像机领域的标准，同时我们拥有一批技术领先的专家团队，并与其他监管机构和利益相关方合作来推动这项工作。这个项目提供的蓝图和交付计划，将可以为制造商和供应商带来显著的运营成本收益及规模经济效益，并扩大他们商业历练的机会，为他们提供更专注的发展方向。最终结果是对公共场所的监控采用更加透明、高效和有效的方法，并提供可交付产品，帮助人们了解监视摄像机的影响。真正的受益人是公众——他们知道监控摄像机能够保护他们并保障他们，同时又不破坏他们的权利和自由。

二、构想

14. 该战略雄心勃勃，其长期目标延伸到了 2020 年以后。我们为每个目标制定了交付计划，在前 3 年（2017—2020 年），我们将充分认识到技术变革正在以指数速度改变我们周围的世界。专员的雄心是在 2020 年之前构建更强有力的证据基础，以便提出进一步的战略规划以保持强劲的势头。

15. 专员的战略构想是：让公众确信，在公共场所使用监控摄像头系统有助于保护并保障他们的安全，同时他们的个人隐私权得到了尊重。这一信念的依据是与合法部署，以及表明遵守最佳实践和相关法律义务的透明度。

三、任务

16. 监控摄像机专员将通过以下方式实现这一战略愿景：为监控摄像机社区提供指导和领导。使系统操作员能够理解和使用最佳操作，然后向公众证明符合《SC 规范》的原则和任何相关指导或法律法规的要求。

四、为什么我们需要一个战略

17. 许多组织都在公共场合使用监控摄像机系统，所有这些组织都对这一领域的政策和法律法规的发展走向感兴趣。这些包括地方当局、警察、运输供应商、医疗保健和教育提供商、零售商、系统安装商、制造商、政府、监管机构、企业和公众成员等。公共场所的监控摄像机具有保护人们安全等多种目的，包括调查和遏制犯罪和反社会行为，保护人员和财产，保持我们的城镇和城市的交通。监控摄像机也越来越多地用于访问控制、物业管理和建筑物管理，并可能通过互联网连接到其他数据库和软件系统中。

18. 鉴于公众对监控摄像机系统的范围，以及可能存在的无理侵犯隐私或其他滥用的可能性表示担忧，议会批准了在《保护自由法》法典中使用其他监管措施。该立法通过《业务规范》（将所有监控摄像机的使用归纳在一个相关立法中）来保护公民自由，构建了由内政大臣任命并独立于政府且向议会报告一年一度的监察摄像专员基础制度。该战略及其交付计划将提供一个年度报告的框架。

19. 《SC 规范》的目的是通过一致决定来促进监督，但不是大众一致认为系统操作员没有问题[1]。遵守《SC 规范》的 12 项指导原则并不能保证遵守所有相关立法，而是支持系统运营商确保对公众进行任何监督都是必要的、相称的、目的合法的、有效达到既定目的并且是透明的。

20. 政府希望对此监管的目的在于提高决策质量，确定监督是否必要，以及如何有效地进行监督且不会过度干涉隐私。《SC 规范》与 1998 年《数据保护法》紧密相关。由于监控摄像机拍摄的个人素材是个人数据，

---

[1] 《监视摄像机操作规范》1.17 段。

因此属于1998年《数据保护法》的范围。通过将《SC规范》与1998年《数据保护法》联系起来，可以确保数据得到满足，并提高使用监控摄像机系统的透明度，例如通过设置适当的标志指明由谁来操作摄像机。它也是对1998年《人权法案》的补充，因为强化公共场所的原则在进行监督时表现得尤为迫切，因为这可能会妨碍《欧洲人权公约》第8条所规定的尊重私人和家庭生活的合法权利。

21. 政府和监控摄像机专员仍然认为，尽管监控摄像机的数量可能代表着监控的规模和他们需要解决的问题，但在评估这些监控摄像机监视的必要性时应始终谨慎对待。例如，这些估算不考虑相机捕获的图像的质量、图像的有用程度，或者相机是否用于特定目的以追求满足迫切需要的合法目的。也没有考虑到监控摄像头捕获的数据是如何完成的。有一个强有力的论点认为，我们真正应该考虑的是监控摄像是否有必要或者它们对公众人身自由的影响——制定摄像机的数量应该增加还是减少的政策和法规是基于这项考虑的。

22. 自20世纪90年代以来，监控摄像机的使用大大增加，并且没有具体的定制的立法。《保护自由法》首次提供了一个单一的立法框架——将相关立法合并为一个执业守则。然而，专员的标准小组和制造商、安装商、顾问和终端用户的咨询委员会[1]等成员仍然发出呼吁，要求就采用何种标准和做法提供更明确的指导。目前有许多标准、业务规范和指导说明。纯粹的数字可能会造成监管摄像机部门的管理混乱，这意味着，除了达到标准或遵守立法和监管要求，他们可能什么都不做。过度处理个人数据可能会导致信息专员对其进行罚款。监控摄像机专员标准组已经在简化标准框架方面取得了一些进展。这一做法将有助于进一步明确和指导该项战略的开展。

---

[1] https://www.gov.uk/government/publications/surveillance-camera-standards-group-terms-of-reference.

23. 监控摄像机行业规模庞大，并且这个行业可能会持续增长——2015 年，英国在视频和闭路监控方面的营业额达到了 21.2 亿英镑[1]。最近的估计表明，英国大概有 400 万～600 万个闭路摄像机[2]。考虑到这些数字不包括以下类型的监控摄像机，如自动车牌识别系统、车身视频摄像机、车载摄像头和无人驾驶飞行器等，这一数字可能会高于 2013 年报告的数字。这些数字代表了规模但并没有真正说明监督是否必要，也没有说明是否符合操作规范、是否符合立法要求或对个人隐私的影响。该战略将力求推动操作规范化，帮助思考安装运营监控摄像机的必要性，并有助于理解操作摄像机的立法要求，从而保护公众的隐私。

24. 考虑到该部门投入的金额，以及参与保证公众安全的许多团体（一些团体已经在共同工作），有必要制定一项总体一致的战略，以支撑使用监控摄像机，将所有相关团体聚集在一起。这种方法将提供更好地理解组织间的合作关系和合作机会，从而提高规模经济效益并确保资金（通常是纳税人的）谨慎使用。这种规模经济不仅可保护公共资金，还可确保系统有适合用途，以确保"物联网"[3]的发展和改进可以迎接这一挑战。这也意味着，使用监控摄像机的组织可以将个人作为他们所做事情的核心，以确保他们的安全，但也要权衡是否与《欧洲人权公约》第 8 条中所包含的基本人权相冲突。

25. 该战略需要不断调整，以适应技术的发展。技术发展的速度有时令人惊愕，并可能增加侵入个人或社区隐私的风险。确保战略的灵活性并随着技术的进步而发展，将有助于减轻对个人和社区的影响，从而保护他们的隐私。

---

[1] http://ec.europa.eu/mwg-internal/de5fs23hu73ds/progress?id=jWb-O0uwDNIMmb_JX-clPsvrnDFQL7HlKRf_fjMgoZ5I,-(Table 6., pg. 117).

[2] http://www.bsia.co.uk/Portals/4/Publications/195-cctv-stats-preview-copy.pdf.

[3] 具备网络联通性和计算扩展性的设备，如传感器、相机等（并不一定是计算机）可接入互联网，并允许这些设备以最小的人为干预来生成、交换和使用数据。参见网址：http://www.statewatch.org/news/2007/nov/uk-national-cctv-strategy.pdf.

26. 这已经不是英格兰和威尔士关于监控摄像机国家战略的第一次尝试。2007年CCTV战略（监控摄像机战略）曾试图对闭路监控系统这样做[1]。这是一项雄心勃勃、系统化和创新性的工作，但由于许多原因，其中许多项目并未从推荐转向交付。在发布该战略之后，政府决定任命一个临时的中央监管机构[2]，然后进一步规范CCTV作为联合政府协议的一部分[3]。这些事态的发展导致该战略的实施被停止，并且政策向《保护自由法》下的监管转变。如今这一战略的制定需要了解2007年《CCTV战略》，以其目标为基础。

27. 由于监控摄像机在20世纪90年代成为英格兰和威尔士街道上的固定装置，因此该领域的立法可能与监视摄像机的操作员部分一致，这些监控摄像机必须符合议会的各项法案。通过制定《保护自由法》并引入《SC规范》，政府将所有相关立法汇集在一起。由于内政部于2013年发布《SC规范》之前和之后，摄像头在英格兰和威尔士普遍安装并取得了重大进展。（这些内容参见本文附件B。）

五、挑战

28. 公众有权期望监控摄像系统作为一项措施以帮助保持他们的安全和保障，而不必担心监视系统会侵入他们的私人生活。然而，这只有在系统适合目的、有效运作、透明并且遵守任何相关法律义务的情况下才有可能。地方当局闭路监控系统通常可以发挥主动作用，确定可能发生的罪

---

[1] http://www.statewatch.org/news/2007/nov/uk-national-cctv-strategy.pdf. http://www.statewatch.org/news/2007/nov/uk-national-cctv-strategy.pdf.

[2] http://www.publications.parliament.uk/pa/cm200910/cmhansrd/cm091215/wmstext/91215m0004.htm. http://www.statewatch.org/news/2007/nov/uk-national-cctv-strategy.pdf.

[3] https://www.gov.uk/government/uploads/system/uploads/attachment_data/file/78977/coalition_programme_for_government.pdf.

案，并指示警方如何回应。然而，CCTV 的地方机构资金一直在下降。最近 Big Brother Watch[1] 的一份报告显示，自 2012 年以来，地方当局在安装、维护闭路监控上所花费的资金减少了 46.6%——从约 5.15 亿英镑降至约 2.77 亿英镑。这种花费的下滑可能表明一些委员会停止或减少了 CCTV 的拨款。仅在 2015—2016 年度，哈凡特和纽伯里等城镇已经终止了一些计划以节省开销，威斯敏斯特议会也质疑 CCTV 的作用。一些证据还表明，闭路监控经理的角色，以前一直是独立存在的，现在已被取消，或与其他管理角色合并，这也降低了地方当局对这方面的专业知识的重视。

29. 事故发生后，执法机构必须确定存在哪些视频图像，找到探头的所有者，访问该探头，然后检索和分析图像——所有这些都必须在现行立法的范围内完成。如果有超过 900 种不同的文件格式可以存储素材，这可能会变得非常困难——执法机构如何管理文件格式的这种多样性会直接影响调查效果。

30. 与此同时，我们看到了网络犯罪活动的增加和传统犯罪[2]活动的减少，因此监控摄像机在这种动态变化中应该扮演什么角色？它们是否有效？我们是否应该依靠私人所有的系统或公众（其中许多人携带可录制镜头的移动设备）在公共场所中记录事件？此外，由于目前严重的恐怖主义威胁，监视摄像机在识别和对抗这种威胁方面将发挥什么样的作用？地方政府系统将扮演什么角色？

31. 在这种背景下，地方政府（和其他机构）可以就监视摄像机的使用作出明智的决定，并向当地社区解释其用途且通报他们的权利，以及他们为了确保他们的隐私权正在做什么，这些显得尤其重要。现在通过监控摄像机专员和 ICO 等其他组织可以获得的指导和方法，使任何组织都能够

---

[1] https://www.bigbrotherwatch.org.uk/wp-content/uploads/2016/02/Are-They-Still-Watching.pdf.

[2] http://www.ons.gov.uk/peoplepopulationandcommunity/crimeandjustice/bulletins/crimeinenglandandwales/yearendingmar2016.

清楚地证明它能够成比例、高效和有效地使用监控摄像机,并符合《SC规范》和其他相关法规。

32. 我们看到持续的技术进步意味着现在和将来监控摄像机的使用情况正在发生重大变化——它们所捕获的数据也是如此。例如,2016年,伦敦警察局在诺丁山嘉年华活动中使用自动面部识别技术,使用禁止参加狂欢节的公民数据库,以及可能参加嘉年华[1]的通缉犯的个人数据库来进行联合安全防范。技术公司正在快速改进自动面部识别软件和其他分析功能,例如可以检测爆炸物的传感器。我们正在推出超快WiFi和5G连接,可以分析更广泛来源的数据,并与监控摄像机图像和信息进行比较。智慧城市[2]和物联网不再是科幻小说,而将成为现实。随着监控摄像机采集数据的方式被接收和使用,公众可以确保完全理解数据发生的情况,以及在如何影响他们的人权。

33. 虽然这些技术进步为我们带来了许多鼓舞人心的机会,但我们必须注意它将如何影响个人的隐私权并让人们意识到这些影响的挑战。《SC规范》涵盖了如何公开使用监控摄像机的规则。但是,个人是否知道一旦捕获到视频图像会发生什么?——它可以与数据库相匹配,进入国家ANPR数据中心并可以进行交叉引用、数据挖掘等。公众是否充分意识到监控摄像机捕获的个人数据会如何处理、处理方式如何,以及处理是否影响其隐私权?如果没有,必须采取什么必要的措施来提高这种认识?这些挑战将通过战略的民事参与部分来解决。

34. 随着更多的监控摄像机与互联网连接,这意味着网络需要完全安全,这样摄像机才不会受到网络攻击的危害,并被用作进入系统和网络的入口点。因此,网络安全措施必须嵌入监控摄像机社区,并按照例如2016年《调查权力法案》等立法要求开展工作。当我们看到从模拟系统转向连

---

[1] http://news.met.police.uk/news/notting-hill-carnival-2016-181523.
[2] 容纳了数字技术和智能基础设施的城市,可以更有高效的方式与市民沟通。

接到无线网络的数字系统时,这个问题可能会变得更加紧迫,比如我们应如何使这些操作系统来实施网络安全措施?网络安全包含在标准工作中。

35. 随着新技术的普及或广泛应用,我们如何确保其在立法框架内使用——例如自动面部识别的立法,其立足点是什么?当无人驾驶飞机普及使用时,我们如何确保使用无人机的组织或个人遵守数据保护法律法规?我们如何赶上技术前进的速度来做到这一点?

36. 同样,技术可以用来提供创新的解决方案以保护隐私。例如,有一款正在开发的软件,允许对监控摄像头捕获的数据进行匿名处理,以进一步保护个人的隐私——该软件可以将人们变成监视器上的一个个替代头像,所以在屏幕上查看的所有内容都是计算机生成的图像而不是人们现场的图像。只有在事件发生时才会查看实际图像,事件发生之后还会恢复为计算机生成的图像,以便图像再次变为匿名——隐私仍然永远不变。

37. 现有的证据表明,公众仍然支持使用监控摄像头。2014 年的研究[1]显示,86% 的人支持在公共场所使用闭路监控。但是随着设备使用方式的变化(如增加使用自动面部识别和身体佩戴视频),它们可能变得更加具有侵略性,那么公众的这种支持是否保持不变?随着技术进步的挑战,我们对公民隐私权的认知、透明度和理解将成为须更加优先处理的问题。基于此,同样可以理解个人对监控摄像头的态度,这种监控可能会对人们的生活更具侵略性。

38. 政府表示,按照《保护自由法》实施监管是增量式的[2]。现在有一整套工具可以支持《SC 规范》的遵守,我们的目的是鼓励相关机构(和其他机构)进一步遵守标准。这通过合规凭证(以前称为操作要求),还有证书来证明。这涉及实践标准和遵守法律的传播和提高,以及其他立法,如《数据保护法》、《人权法》和《私营安全行业法》,这是该战略的

---

[1] http://www.synecticsuk.com/images/pdfs/press/CI55_ Synectics%20survey_ spring2014.pdf.

[2] https://www.gov.uk/government/publications/circular-0112013.

核心。

39. 《SC规范》的制定是为了使法律和监管的复杂局面变得一致。修订的ICO CCTV标准和路线图[1]无疑是有帮助的，但仍有许多仍在使用的业务守则、繁杂的指导文件和许多重复的机构。监管混乱仍然存在，这对系统运营商或公众来说都不利。

40. 这一战略试图将这些众多参与者集合在一起，以便专业知识、精力和资源能够发挥最大的作用。它是通过汇集一批专家并制定一套与各专业领域相关的交付计划（2017—2020年）来实现的。它着眼于这些领域的联系，试图帮助他们在一个连贯的战略中一起合作。如果达到这个目标，这意味着监控摄像机的使用将在必要、适当、有效和透明的原则下保证公众的安全。

41. 证据基于监控摄像的有效性、它们可以提供的结果，以及成本和收益。我们必须促进数据收集（绩效指标，刑事司法系统对涉及监控摄像机的起诉的反馈等）和研究，以提供更丰富的图像，以便系统操作员能够作出明智的决定，接受监控的公众可以参与对其利弊的有意义的讨论。《保护自由法》授权公众质询监控摄像机操作员。我们必须确保这项工作能够以知情的方式完成，以解决媒体上不断出现的一些误解——如果我们有充分的证据作为基础来挑战这些认知，这将会实现。这些证据对于制定未来监管形式的任何法案至关重要，并且便于人们理解他们对监控摄像所拥有的权利。

六、前景

42. 该战略的实施目标是公开操作公共场所的监控摄像系统的任何组织或个人，在这些公共场所操作可能会侵犯个人的隐私权。这就表明，有

---

[1] https://www.gov.uk/government/publications/surveillance-road-map

必要优先考虑在这 3 年期间预计可实现最大利益的可用资源。

43. 鉴于有关部门对公共空间监视的比例相对较少，该战略将鼓励更广泛地认识和通过自愿原则来遵循《SC 规范》的活动。然而，该战略将重点放在公共场所使用监视摄像机，而不是用于住户或公众成员的家用摄像设备。交付计划的每一条目将阐明如何实现这一目标。

44. 当被该行业视为合规的促进者时，该战略将优先考虑大型设计和安装机构，因为它们更有在公共场所安装或维护大型监控系统的经验。考虑到这一点，有必要优先考虑 3 年期间预期效益最大的可用资源，并在此之后与该行业的其他部门合作。

45. 公共场所具有《1986 年公共秩序法令》第 16（b）条所赋予的含义[1]，并包括任何高速公路及任何在特定时间公众所在的，或任何公众有权所在，或付款后可以进入的区域，或凭借明示或暗示的许可可以进入的区域，这可能包括公共高速公路/街道、公园，以及商店、银行、建筑物接待区、体育场、公共交通系统，但不包括公共场所通常无法进入的区域，如工作场所办公室、储藏室等。

46. 监控摄像系统一般覆盖公共场所和非公共场所，例如零售店铺的车间和仓库。实际上，除非承担监督的组织安装了两个独立的系统，否则安装在公共场所时所需考虑的合规性也会涉及非公共场所的合规性。这在技术上可能超出了《保护自由法》的范围，但它似乎给系统运营商带来了额外的好处。

47. 各机构应该明确地说明为什么使用监视摄像机，谁在操作监视摄像机，以及他们利用摄像机捕捉到的数据后做了什么。在不断变化的技术世界中，如何挖掘数据，与其他数据对比，并与图像数据库相匹配，这种透明性对于保持对监控摄像机适当、有效和高效运行的信任机制至关重要。

---

[1] http：//www.legislation.gov.uk/ukpga/1986/64/enacted.

七、目标

48. 通过网络磋商，战略小组确定了较高目标。为了支持实现愿景和使命，每个目标都有一位专家负责制定工作，为专员创造工作便利条件。一共有10个分项负责人。在实施计划方面有11项（较长远的目标），这个计划取决于范围、内容、约定所有权、资助和在线信息中心——目前还没有设立负责人。这些目标是：

（1）在提供监控摄像机解决方案的同时，针对整个行业（制造商、安装商、设计人员、系统操作员）的一系列可识别标准进行认证。

（2）建立预警系统，对技术发展进行全景扫描。主要针对监控摄像机的范围和能力。

（3）免费向公众提供有关监控摄像机系统运行的信息。

（4）警方主动公示有关监控摄像系统运行情况和数据使用情况的相关信息。

（5）地方政府积极公示有关监控摄像机运行和数据使用的信息。

（6）建立鼓励自愿采用《SC规范》的奖励机制。

（7）与国家重要基础设施保护相关的监视摄像机系统按照《SC规范》运行。

（8）涉及监控摄像机系统制造、规划、设计、安装、维护和监控的组织能够证明他们理解并遵守最佳实践和法律义务。

（9）免费提供培训信息并为所有运行或支持监控摄像机系统，以及使用该数据用于犯罪预防/检测或公共安全为目的的人员提供相关信息。

（10）在监管机构和那些与监控摄像机相关的审计和监督职责的机构之间建立强有力的协调机制。

（11）开发一个公开数字门户，发布关于监控摄像机监管如何达到合规性，以及保护个人权利的相关信息。

八、实施和时间安排

49. 这 11 项战略目标中的每一项都将有一个支持性的交付计划，列出具体的行动方案和预期结果，以实现战略使命。这些交付计划从属于分项负责人，每个负责人都是其领域内公认的专家，并且能够代表专员施加影响力、发挥作用。为支持每个目标而采取的行动和产出的优先事项由负责交付资源的分项负责人设计。

50. 目标中的第 11 项是例外设计，该目标涉及建立一个数字门户网站，以提供有关监控摄像机系统监管信息的单一的权威入口。它可能涵盖完成自我评估或获得第三方认证的标准、最佳实践、法律义务、培训要求和规定，以及组织架构。专员负责实现这一目标，并将在 2020 年之前制定其范围、资助和实施计划。

九、管理

51. 专员负责这项战略，并向议会和公众负责。

52. 战略由战略工作组推动，该工作组由专员、10 个分项负责人（见本文附件 C）、内政部官员和专员支持小组组成。该小组由专员担任主席，并至少每季度举行一次会议，以审查与交付计划相关的进展情况，并考虑解决过程中出现的新问题、风险和机遇。战略小组会议将由负责人之间的沟通和会议来补充。

53. 每分项负责人负责代表专员行事，并负责制定分项工作的有效治理安排，以推动其交付，包括审查进展情况和可用资源以满足要求。为了保证目的，这些安排必须向专员办公室报告。为了实现战略目标和使命，保证工作部门的一致性,分项负责人共同承担专员的责任。

54. 战略工作组向专员顾问委员会报告,该顾问委员会将就战略优先事项提供咨询意见,同时考虑到这3年战略期间和后续活动的新问题、风险和机遇。

55. 专员办公室向分项负责人提供支持和挑战,并为战略工作组提供服务。

56. 专员由内政大臣任命,并通过提交上下两院报告的年度报告向内阁负责。年度报告将包括报告年度内战略的最新进展情况,以及战略剩余部分工作的详细工作安排。

附件A 以下组织已经致函专员，支持英格兰和威尔士的国家监控摄像机战略

Association of University Chief Security Officers 高校首席安全官协会

British Parking Association 英国停车协会

British Security Industry Association 英国安全行业协会

British Standards Institution 英国标准协会

CCTV National Standards Forum 闭路监控国家标准论坛

CCTV User Group 闭路监控用户组

Centre for the Protection of the National Infrastructure 国家基础设施保护中心

Facewatch 观察者机构

Home Office 英国内政部

International Parking Community 国际停车社区

IQ Verify IQ 验证

Local Government Association 地方政府协会

National Association of Local Councils 全国地方议会协会

National Security Inspectorate 国家安全监察局

National Police Chiefs' Council 国家警察局长委员会

Public CCTV Managers Association 闭路监控经理人协会

Security Industry Authority 安全行业管理局

Security Systems and Alarms Inspection Board 安全系统和警报检查委员会

Transport for London 伦敦交通局

UK Accreditation Service 英国认证服务

Welsh Government 威尔士政府

附件 B 英国监控摄像机的发展和监管

这份清单并非详尽无遗，但说明了自 20 世纪 80 年代以来英国在监控摄像机使用和监管方面的一些重大进展。

- 1985 年——在伯恩茅斯镇中心安装了第一个大型公共空间闭路监控系统。

- 1986 年《公共秩序法》——第 16（b）条将公共场所定义为：任何公众所在，或有权所在，或在付款或以其他方式获得权利或凭借明示或默示许可后可进入的任何场所。

- 1994—1999 年的 CCTV（闭路监控）挑战赛——为全国 585 个计划区域提供 3850 万英镑的政府资助。

- 1998 年的《犯罪和动乱法》——赋予英格兰和威尔士地方当局制定和实施减少其地区犯罪和混乱的策略的责任。这些策略中有许多关键部分是闭路监控系统的安装和/或升级。

- 1998 年数据保护法——适用于数据管理员处理个人数据。个人数据包括可以单独使用的数据，也可以与可能在同一控制器中拥有或涉及的其他信息一起使用，以识别个人身份。CCTV 监控系统的运行必须符合 8 项数据保护原则。

- 1998 年人权法——欧洲人权公约（ECHR）第 8 条保护个人尊重私人和家庭生活的权利。因此，如果 CCTV 监控系统由公共机构或代表公共机构运作，该机构必须考虑更广泛的人权问题，尤其是 ECHR 第 8 条的含义。

- 1999—2003 年《减少犯罪计划》——在公共空间 CCTV 监控计划招标过程之后，总计 1.7 亿英镑的内政部资金资助已提供给地方当局。由于这笔资金的支持，在中心城区和其他公共场所安装了超过 680 套闭路监控系统。

• 2000 年《信息自由法》——向公众提供公共机构掌握的信息,包括获取有关 CCTV 的信息。

• 2000 年调查权力法——规定秘密操作的监视摄像机。当一个公开的监视摄像系统被用来跟踪一个特定的、已知的个体进行有计划的操作时,应该考虑"定向监视",这个系统属于《调查权力法》(RIPA)。

• 2000 年信息专员办公室发布《CCTV 行为规范》——该规范的制定是为了解释监控摄像机的运营商在《数据保护法案》(DPA)下需要遵守的法律要求,并倡导最佳实践。该规范还涉及当时各行业采用的不一致的标准,以及公众对越来越多地使用 CCTV 和其他类型监控摄像机的关注。

• 2001 年私有安全法案——设立安全行业管理局(SIA),一个负责监管英国私营安保行业的独立组织。该法案规定,执行公共空间闭路监控操作员的可许可活动,以及为任何合同的目的或与之相关的消费者提供服务需要安全行业管理局许可证。安全操作人员需要此类许可证。

• 制定《国家 CCTV2007 年战略》——联合首席警务官(ACPO)的设置和该战略的发布旨在确保公共空间 CCTV 电视基础设施的有效发展。

• 2008 年 ICO 更新了《CCTV 实践标准》——该修订版建立在第一个标准的指导下,以反映技术使用方式和法律环境的变化。

• 2012 年《自由保护法》——保护公民自由,减轻政府侵犯个人生活的负担。该法案进一步规范了在公共场所公开使用的监控摄像机,并要求引入法定的实践规范和任命监控摄像机专员。该法案不局限于 CCTV 监控技术,包括其他平台,如身体佩戴的视频和自动车牌识别,以及自动面部识别和视频分析等后端技术。

• 2013 年《监控摄像机操作标准》——将所有相关法律法规总结到一起的标准。该标准制定的目的是确保个人和广大社区有信心使用监控摄像头来保护和支持他们的安全和隐私,而不觉得是在监视他们。有关当局必须适当考虑他人采取或执行或接纳该标准是自愿的。

• 2013 年《监控路线图》的制定——2013 年首次发布（自修订以来），由信息专员办公室主持制定，该路线图阐述了负责监督英国监督立法机构的作用和责任。

• 2014 年修订 ICO CCTV《监控操作标准》[1]（图示监控摄像机和个人信息的数据保护操作标准）——该标准列出了信息专员关于监控摄像机系统的运营商如何能够满足"数据保护法"法定要求的建议。更新后的版本包含针对自动车牌识别、可佩带视频和无人驾驶飞行器的操作员的专门建议。它还解释了更广泛的监管环境，包括信息专员的职权和监视摄像专员之间的关系。

• 2014 年自我评估工具[2]——由监控摄像机专员发布的一款易于使用的自我评估工具，使任何在公共场所使用监控摄像头的组织都能够确定摄像头的使用符合 12 个指导原则或指出缺乏摄像头的地方。该工具允许他们制定行动计划以表现对《SC 规范》的尊重。

• 2015 年在专员网站上发布的介绍英国、欧洲和国际标准的清单[3]——这是首次将闭路监控运营商、安装人员、维护人员、制造商，以及闭路监控公司的标准集中在一个清单中。

• 2015 年第三方认证计划——由监视摄像机专员启动第三方认证计划[4]，组织实施可申请由独立认证机构对《SC 规范》执行程度进行评估，如果成功，可使用专员认证标志 12 个月或 5 年——遵守《SC 规范》的彰显标志。

• 操作要求（合规性通行证）——关于将操作系统的开发责任交付给

---

[1] https://ico.org.uk/media/for-organisations/documents/1542/cctv-code-of-practice.pdf.
[2] https://www.gov.uk/government/publications/surveillance-camera-code-of-practice-self-assessment-tool.
[3] https://www.gov.uk/guidance/recommended-standards-for-the-cctv-industry.
[4] https://www.gov.uk/government/publications/surveillance-camera-code-of-practice-third-party-certification-scheme.

操作系统开发人员的操作要求文件。遵守通行证将能减少技术术语，使组织内的采购专家有能力妥善地把不符合 SC 标准和其他相关立法和指导方针的供应商记入名录。从希望安装监控摄像系统到实际操作和使用该系统的角度来看，这需要一种"从摇篮到坟墓"的方法。该操作要求目前正在测试中。

• 2016 年《英格兰和威尔士国家监控摄像机战略》起草——监控摄像机专员监督该战略和随后的咨询，制定一项战略草案，旨在确保公众确保公共场所的监控摄像头能够保证其安全。这些相机的使用都是担责的和透明的，其使用方式与其合法目的相称，并且不会影响个人的隐私权。

• 2016 年《调查权力法案》——为执法机构和安全及情报机构对调查权力的使用和监督提供了一个新的框架。

• 2017 年《英格兰和威尔士国家监控摄像头战略》——由监控摄像头专员发布该战略和随行交付计划。

附件 C 国家监控摄像机战略管理结构图

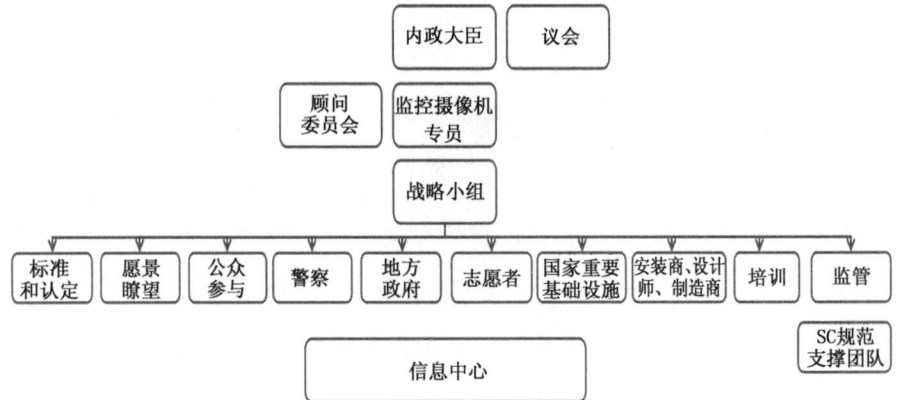